Michael Jürgs
SEICHTGEBIETE

Michael Jürgs

SEICHTGEBIETE

Warum wir hemmungslos verblöden

C. Bertelsmann

Verlagsgruppe Random House FSC-DEU-0100
Das für dieses Buch verwendete FSC-zertifizierte Papier *Munken Premium*
liefert Arctic Paper Munkedals AB, Schweden.

6. Auflage
© 2009 by C. Bertelsmann Verlag, München,
in der Verlagsgruppe Random House GmbH
Umschlaggestaltung: R·M·E Roland Eschlbeck/Rosemarie Kreuzer
Satz: Uhl + Massopust, Aalen
Druck und Bindung: GGP Media GmbH, Pößneck
Printed in Germany
ISBN 978-3-570-10009-7

www.cbertelsmann.de

Inhalt

KAPITEL I
Unternehmen Seichtgebiete 9

Aufbruch: Expeditionen zu den Blöden + Achtung: Ansteckungsgefahr im Dschungel + Vorsicht: Bedürfnisanstalten des Volkes + Geheim: Die Strategien der Blödmacher + Attacke: Verbale Intifada statt Operation Klugscheißer

KAPITEL II
»Ich bin ein Depp, lasst mich hier rein!« 22

»Superstar«-Experiment auf Arte und 3sat + Im Osten lauern mehr Süchtige als im Westen + Wo sich das Prekariat am liebsten tummelt + Unter aller Sau oder Die Helden der Blöden + TV Total: Verschuldete und Verzweifelte, Geschmacklose und Verblödete + Die Welt der prallen Prolo-Möpse

KAPITEL III
Menschenversammler 62

Der König der Blöden + Klowitze als Massenbelustigung + Was Comedians und Komödianten unterscheidet + Kerzen und Teddybären oder die verlorene Würde des Todes + Wenn Bohlen unterm Teppich pupst + Sind Supermarios grölende Horden schlimmer als grölende Neonazis? + Helmut Schmidt darf nie sterben

KAPITEL IV

Little Monster Horror Schools   85

Wie sich Lehrer quälen und von wem sie gequält werden + Die Bildungsfernen der Unterschicht + Die Eingebildeten der Oberschicht + Fastfood fürs Leergut Kopf + Lehrbeauftragte ohne Auftrag: Super-Nannys und Gameboys + Wenn Kinder Kinder mobben

KAPITEL V

Kante statt Kant.   114

Wo die Sitten längst schon verkommen sind + Die Herrschaft der Rücksichtslosen + Respekt ist uncool + Warum es viele Kröten besser haben als manche Alte + Rüpelnde Drotschkisten + Die Handyterroristen des Alltags

KAPITEL VI

Das Versagen der Eliten   135

Das Tribunal gegen Blödmacher + Warum Politiker lieber was lesen sollten, statt sich was schreiben zu lassen + Die Kunstbanausen von Berlin + Die Bluthunde der Medien

KAPITEL VII

Die Sprache der Sprachlosen   166

Gedruckt wird, was geil klingt + Artenschutz für die letzten Verleger + Wie sich Buchhändler wehren könnten + Frankfurt als Jahrmarkt eitler Schwätzer + In der Gosse liegen Gassenhauer + Der sagenhafte Erfolg des Unsäglichen

KAPITEL VIII
Die Gärtner der Seichtgebiete 190

Wo es täglich zotet und quotet + Die Totengräber des Qualitätsfernsehens + Nicht die Liebe, nur die Masse zählt + Was ein Shitpoint bedeutet + Schmonzetten im Einheitsbrei + Wenn der Sachse singt und der Braunbär jodelt und die Heide wackelt + Öffentliches Sterben als Live-Event + Der Pate der ARD

KAPITEL IX
Nicht gesellschaftsfähig 219

Wenn Friseure Kopfnoten verteilen + Von der Hintertreppe auf die Freitreppe + Wo selbst Heino die Brille abnimmt + Die Prolos mit den A-Quotienten und wer wohin gehört + Ein Hannoveraner mit Schnauzbart + Berufsziel: Charity Lady

KAPITEL X
Und wo bleibt das Positive? 241

Die Taktik der Listigen + Sonderzug statt Kreuz-Zug + Kultur als Bückware für alle

Personenregister 252
Medien- und Titelregister. 255

KAPITEL I

Unternehmen Seichtgebiete

Gegen Dummheit kämpfen Götter selbst vergebens. Bei Gott kein überraschender erster Satz für ein Buch, in dem es um Blöde und um Blödmacher gehen wird und warum es ihnen – seid hiermit verschlungen, Millionen – Arm in Arm, gelungen ist, die Gesellschaft grundlegend zu verändern, indem sie diese tieferlegten so wie einen Opel Manta. Autos dieser Marke, Spoiler und Blondine im Preis ab Werk inbegriffen, waren für armselige Unterschichtler das, was ein Porsche für neureiche Oberschichtler verkörperte: Statussymbol und Penisersatz in einem.

So vereinfacht lassen sich heute weder diese noch jene einordnen. Allgemeine Verblödung und sie fördernde Blödmacher und die wiederum tragende Blöde müssen vielmehr auf einer Expedition erkundet werden. Spurensuche in den Seichtgebieten also. Nur wenn das gelingt, werden die wahren Ursachen sichtbar, hörbar, spürbar. Und bevor die nicht erforscht sind, fehlen die Voraussetzungen für die Bekämpfung der Wirkungen. Dann bleiben Gegenmaßnahmen wirkungslos. Die Suche dürfte vor Ort nicht immer lustig sein, und für zart Besaitete ist zudem die Gefahr groß, sich anzustecken. Im Tiefland lauern Viren auf sie. Die machen mitunter blöde. Wer sich fürchtet, sollte deshalb hier schon die Reise abbrechen und das Buch verschenken.

Doch neugierig?

Auf eigene Gefahr also.

Los.

Freiwillige Teilnehmer an den Exkursionen in die Dschungelcamps des Fernsehens, des Internets, des Radios, der Zeitschriften, der Bücher, der Schulen, der Politik, der Gesellschaft, der Familien müssen sich zuvor jedoch impfen lassen. Nicht nur wegen der stets möglichen Ansteckung durch Dumpfsinn-Viren. Wer sich selbst errötend dabei ertappt, gelegentlich hemmungslos unter seinem Niveau zu lachen, gehört zwar noch nicht automatisch gleich zu den Blöden. Für den ist's nur mal momentan dumm gelaufen, und falls es niemand miterlebt hat, bleibt der Ausrutscher sogar ohne Folgen. Vorsorglich muss deshalb geimpft werden, um immun zu sein gegen selbst gezüchtete Erreger in Kulturen wie Arroganz, Einbildung und Besserwisserei. Von oben herab zu lästern über die Blödheit derer da unten ist erstens nicht komisch, zweitens nicht schwer und drittens nicht besonders originell.

Sind wir doch mitunter alle mal blöde.

Auch Oberlehrer der Nation, von denen die Deutschen, erst recht seit der Einheit, mehr haben als andere Nationen, könnten das Buch jetzt zur Seite legen und sich wieder auf die eigenen wohlfeilen Klagen über die Blödheit ihrer Mitbürger stürzen. Die Hölle, das wissen sie, sind ja immer die anderen.

Wer sind die anderen?

Dass es Sender gibt, die bei den Blöden erste Wahl sind und Heimvorteil genießen – weil die Dummies nicht allzu viel wissen, aber eines dann schon: Bei RTL und Sat.1 und ProSieben und VOX würden sie täglich die ihrem IQ entsprechenden Showformate finden, bei ARD und ZDF nicht immer –, ist auch eines jener Vorurteile, die vor Antritt der Forschungsreisen abgelegt werden müssen. Zwar hat an einem März-Samstag des Jahres 2009 die Übertragung der wöchentlichen Mottoshow zu *Deutschland sucht den Superstar*, moderiert von Marco Schreyl, auch »Karteikarten-Marco« genannt, 5,61 Millionen Zuschauer zu RTL gelockt, doch der zeitgleich in der ARD laufende *Musikantenstadl*, moderiert von Andy Borg, auch »Schunkel-König« genannt, kam locker auf 5,68 Millionen Fans.

Da es sich aufgrund des Lebensalters der Zuschauer um unterschiedliche Zielgruppen handeln muss, sind mögliche Überschneidungen durch Doppelseher ausgeschlossen. Was wiederum den Schluss zulässt, dass insgesamt 11,29 Millionen Deutsche die beiden ihren Bedürfnissen am meisten zusagenden Angebote unter allen TV-Programmen am betreffenden Samstagabend ausgewählt haben. Eines ausgestrahlt von einem privaten, das andere von einem öffentlich-rechtlichen Sender. Beide wären in diesem Fall zu definieren als klassische Bedürfnisanstalten des Volkes.

Womit zwei der bekannten Vorurteile begraben werden könnten. Das Vorurteil, kommerzielle TV-Anbieter seien hauptverantwortlich für die Ausbreitung der Seichtgebiete und die dort gelagerten Container voller Leergut, sowie das Vorurteil, die Alten seien nicht so leicht für blöd zu verkaufen wie die Jungen. Es gibt offenbar keine typische Generation Doof minus x und keine auffällige Generation Doof plus y, sondern ein generationenübergreifendes gesamtdeutsches Bedürfnis nach der Seichtigkeit des Seins. Die Unart älterer Mitbürger, einer ihnen fremd vorkommenden Gruppe von eindeutig Jüngeren das Etikett »Generation« aufzukleben, um dann als Experten für Jugendprobleme in Talkshows eingeladen zu werden, ist gleichfalls symptomatisch für die allgemeine Verunsicherung und gemeingefährliche Verflachung. Dass junge Blöde auffälliger doof sind als alte, liegt nur daran, dass sie sich lautstark äußern – Boah, Ey, Super, Geil –, während die Alten allenfalls laut mitsingen.

Bei aufkeimender Verzweiflung während der Forschungsreisen auf der Suche nach den Wurzeln des Übels hilft allerdings kein noch so starkes Serum. Gegen Depressionen schützt entweder Zynismus oder aber Gelassenheit. Was nicht mehr zu ändern ist, muss offenbar als Bodensatz der Gesellschaft akzeptiert werden. Zudem ist ja niemand verpflichtet, sich auf Niveau null aufzuhalten. Es lassen sich deshalb die meisten Begegnungen mit Blöden dadurch vermeiden, dass man die Stätten ihrer Vergnügen meidet; es lassen sich traumatische Erfahrungen verhindern, indem man bestimmte Fernsehprogramme nicht einschaltet, bestimmte Bücher, bestimmte Zeitschriften und Zeitungen ignoriert, bestimmte Veranstaltungen und Partys meidet.

Hilfreicher ist es, um wenigstens die Schieflage der Nation zu justieren, die Blöden nicht als gottgegeben zu akzeptieren oder schweigend zu verachten, sondern sie lächerlich zu machen. Was nur dann funktioniert, wenn Blödmacher und Blöde ernst genommen werden in ihrer vielfältig sich zeigenden Einfalt. Sinnvoller ist es, in heiterer Gelassenheit jeden Erfolg der Dummheit zwar ehrlich als verlorene Schlacht zu registrieren, aber unverdrossen an einen noch möglichen Gesamtsieg zu glauben.

Früher hieß das Weisheit.

Eine gewisse Schar von Blöden gab es immer schon, und die gab es auch in jedem Land. Doch die Blöden der anderen Nationen berühren uns nicht, solange wir ihnen nicht am Strand über den Weg laufen müssen oder sie mit ihren Handtüchern unsere Liegestühle am Pool besetzen. Die eigenen Blöden sind uns gut genug. Es ist einfacher als früher, sie aus der Nähe zu beschreiben, weil ihre Dummheit nicht mehr im Verborgenen blüht. Um ihre Wünsche zu wecken und ihre Instinkte zu befriedigen, sind Fernsehanstalten gegründet, Zeitschriften entwickelt, Bücher gedruckt, Helden erfunden worden. Die Prinzipien der Marktwirtschaft haben sich bei der Eroberung auch dieser Klientel bewährt. Wo es eine Nachfrage gibt, die in diesem Fall einem dringenden Bedürfnis entsprach, wäre es schlicht blöde, keine entsprechenden Angebote zu entwickeln.

Das geschah in vier Phasen einer wohlüberlegten Strategie: Zielgruppe erkannt. Zielgruppe analysiert. Zielgruppe eingekreist. Zielgruppe gefangen. Strategen in Sendern und Verlagen, die erfolgreichen Gärtner der Seichtgebiete, haben sich deshalb im Gegensatz zu Bad Bankern ihre Boni verdient. Weil sie clever genug waren, früh die Möglichkeiten zu erkennen, die sich Investoren boten, denen so etwas wie Schamgefühl, Moral, Anstand fremd war. Blöde sind fruchtbar und wachsen nach. Der TV-Markt, bei dem hohe Renditen garantiert sind, weil er sich auf niedrigem Niveau selbst stets neu erfindet, ist deshalb ein Wachstumsmarkt.

Das befreit die Marktbeschicker aber nicht von ihrer Verantwortung. Mit Hinweis auf die geistigen Bedürfnisse der Unterschicht, zu der – was Verstand und Geschmack und Stil betrifft – auch viele gehören, die sich aufgrund von Einkommen, Einfluss und Einbildung zur Oberschicht zählen, entschuldigen sie sich zwar. Weil es aber einen solchen Rabauken-, Rummel- und Rammelplatz nun mal gebe, wäre es schön blöd, ihn nicht mit eigenen Produkten zu beschicken und dort nicht selbst gezüchtete Sumpfblüten anzubieten, bevor andere die ihren auf die Plätze, fertig, los schicken.

Dennoch wird ihnen keine Vergebung zuteil. Denn sie wissen, was sie tun. Das können sie täglich an den Quoten ihrer TV-Formate ablesen oder an den verkauften Auflagen von Produkten bemessen, denen selbst die karge Bezeichnung »Druckerzeugnisse« noch schmeichelt. Früher galt die stillschweigende Übereinkunft, dass über Sex und Geld öffentlich nicht geredet wird. Basta. Heute ist die offenhosige, die Beine breitmachende Bereitschaft, Privates öffentlich zu machen, die Voraussetzung dafür, um überhaupt bei gewissen Talkshows eingeladen zu werden. Mitschuldig am Zustand einer Gesellschaft diesseits aller Tabus sind gleichgültige Eltern und frustrierte Lehrer und moralfreie Manager und geschwätzige Politiker – aber auch wir Journalisten, die sich übers dumme Volk und seine Helden lustig hermachten und dadurch ungewollt viele unbedarfte Deppen zu Stars hochgeschrieben haben.

Allen vereinfachenden Schlagzeilen zum Trotz gibt es also keine Generation von Doofen, ebenso wenig, wie es einst eine Generation der besonders klugen 68er gab. Es sind immer nur wenige, die das Denken oder Nicht-Denken und den Stil oder die Unsitten von vielen prägen. Ende der Sechzigerjahre im vergangenen Jahrhundert begannen die überfälligen Denkprozesse mit den Demonstrationen von Studenten gegen den tausendjährigen Muff an deutschen Universitäten, gegen braunes Gesindel im Amt. Daraus wuchsen dann Proteste von vielen Tausenden auf den Straßen mit den bekannten Folgen.

In Frankreich, wo Revolution allerdings zur Tradition gehört und im kollektiven Bewusstsein der Nation im Gegensatz zur deutschen positiv verankert ist, brannten im Mai 1968 die Barrikaden. In England blieb es britisch ruhig, weil die Klassengesellschaft ungerührt die Parolen der Klassenkämpfer über sich ergehen ließ, sowohl die Ober- als auch die Unterklasse. In den Vereinigten Staaten vereinten sich in leidenschaftlichem Protest gegen den Vietnamkrieg Jung und Alt, weil die einen nicht sterben und die anderen nicht ihre Söhne verlieren wollten. Von diesen gewalttätigen Auseinandersetzungen wurde weltweit berichtet. Die gesendeten Bilder beflügelten Anti-Kriegs-Demonstranten im fernen Europa.

Da es um kritisches Bewusstsein ging, blieben die Protestierenden in Deutschland auch innerhalb ihrer Generation eine lautstarke radikale Minderheit. Die Mehrheit der Jungen war zufrieden mit einem kleinen Glück, so wie es ihnen ihre Eltern vorgelebt hatten, aber sie waren letztlich gemeinsam mit denen irgendwann doch dazu bereit, mehr Demokratie zu wagen. Angesichts erreichter Wohlstandsziele schien gegen ein wenig undeutsche Leidenschaft prinzipiell nichts einzuwenden zu sein. Sie wählten 1969 Willy Brandt zum Bundeskanzler.

Im anderen Teil Deutschlands gab es auch 68er, deren mutiger Protest gegen die steinernen Verhältnisse sich jedoch an einem speziellen Datum festmachen ließ, dem 21. August 1968, jenem Tag, an dem die Truppen des Warschauer Paktes den Prager Frühling erstickten. Bevor aus dem Protest von wenigen Mutigen im Osten eine die Verkrustungen der Gesellschaft zerbrechende Bewegung werden konnte wie die im Westen, brachen ihnen die Machthaber das Rückgrat und sperrten sie ein.

Nur Rockmusik übertönte alle Mauern, wurde zur Internationale von Jugendlichen über alle nationalen Grenzen hinweg und zur Mutter aller Jugendbewegungen. Rock 'n' Roll als vielfältige Hymne einer Generation verstanden weltweit alle.

Auch die Einfaltspinsel.

Nach 1969 gingen im Westen die Gleichaltrigen, die nur kraft und dank ihres Alters zu einer Generation gehörten, wieder getrennte Wege. Die einen begannen den langen Marsch durch die Institutionen, die anderen richteten sich in ihren Verhältnissen ein. Wie groß das Potenzial an Blöden schon damals war, fiel nicht weiter auf, weil sie nicht als geschlossene Gruppe auftraten und sich nicht als kommende Kraft der Zukunft verstanden.

Es gibt heute zwar mehr Verblödete denn je, aber auch das ist einfach zu erklären. Mittlerweile ist eine ganze Generation von Deutschen – hier stimmt endlich mal der Begriff »Generation«! – aufgewachsen mit *Tutti-Frutti*-TV. Das konnte nicht ohne Folgen für den Verstand bleiben. Im Westen waren es seit Gründung des Privatfernsehens 25 Jahre, im Osten, wo RTL und Sat.1 bis zum Untergang der DDR nicht empfangen werden konnten, nur 20. Inzwischen ist zusammengewachsen, was zusammengehört, wie an den Quoten bestimmter Sendungen deutlich wurde. Doch ebenso viele tapfere Widerständler haben, im Westen wie im Osten, alle Attacken der Blödmacher abgewehrt und sich jenseits der Seichtgebiete in bewässerten Oasen behauptet. Auch unter den Nicht-Blöden ist zusammengewachsen, was zusammengehört. Die neue deutsche Grenze, an der nur verbal geschossen wird, verläuft zwischen Wissenden und Unwissenden.

Letztere müssten mit allen Mitteln aus den Fesseln der Blödmacher befreit werden. Denn auch sie werden für die Zukunft der Nation gebraucht.

Aber wie soll das gelingen?

Weil heute weder Weise noch Götter helfen, weil verbretterte Köpfe mit Argumenten nicht zu löchern sind, weil auch das Recht auf Dummheit zu den unveräußerlichen Menschenrechten zählt, ist im Kampf gegen die Blöden außer selbstverständlicher Tapferkeit eine Strategie bestehend aus List, Tücke, Witz, Fantasie nötig.

Auf Altkluge, die ungebrochen an sich und die Überlegenheit ihrer göttlichen Gedanken glauben, muss dabei verzichtet werden. Die Alten sind zwar immer noch klug und weise, doch nicht mehr so beweglich wie einst. Deshalb schweben sie über den Niederungen des Alltags. Wenn auf Erden alle gültigen Normen zum Teufel gehen, wenn die letzten Tabus sterben, wenn singende, grölende, tanzende Prolos die Mattscheiben bevölkern, wenn Lehrer von ihren Schülern gemobbt, Eltern von ihren Kindern beschimpft, wenn sprachlose Bücher die Hirne verkleben, wenn brutale Killerspiele echte Killer produzieren, wenn eine Gesellschaft Shakespeare mit einem Hersteller von besonderen Angelruten statt mit jenem Besonderen assoziiert, bedarf es sprachgewaltiger, laufstarker Guerillataktik statt mahnender Worte. Gegen die Besatzungsmacht der Kopflosen ist eine verbale Intifada nötig.

Darf man das?

Darf man.

Wie so oft im Leben gibt es zwei mögliche Wege zum Ziel. Alternative drei, den Blöden das Tiefland zu überlassen und sich in den nah wie fern vorhandenen Hochburgen der Kultur – Kunst, Literatur, Theater, Musik – an den Freuden schöner Götterfunken zu ergötzen, ist keine Option. Ein solcher Rückzug wäre Feigheit vor dem Feinde.

Auf, auf zum Kampf also.

Alternative eins: Einmarsch mit offenem Visier ins Feindesland, im Tornister profunde Bildung verstaut, die passende Munition gegen alles, was im Fernsehen stinkt oder was nach sprachlosen Büchern riecht oder was im Internet die Luft verpestet. In den eigenen Schützengräben lauern zur Unterstützung Gleichgesinnte, ebenfalls mit Sprache bewaffnet. Wackere Kämpfer fürs Wahre, Gute, Schöne aber, so grimmig entschlossen sie auch sein mögen, wecken jedoch selten Leidenschaft, erreichen Blöde nicht, reden bedeutend, aber unverständlich, sind ausgerüstet mit schusssicheren Überzeugungen, die in ihrer Jugend 1968 revolutionär waren, aber mittlerweile Patina angesetzt haben. Ihre Schüsse gehen sozusagen nach hinten los.

Das sehen sie natürlich anders. Ihre Erzählungen, wie mutig und leidenschaftlich sie mal die Welt verändert haben oder zumindest verändern wollten, wenn ihnen nicht leider im letzten Moment was dazwischengekommen wäre, will jedoch niemand mehr hören. So wenig, wie sie es einst hören wollten, wenn ihre Väter die ewig gleichen Geschichten erzählten, wonach früher alles besser war – die Kirche im Dorf, die Ordnung im Staat, der Respekt vor dem Alter.

Die hartleibigen Besserwisser unter inzwischen Zweifelnden sind aber immer noch und nichtsdestotrotz überzeugt davon, wenn auch nicht mehr recht überzeugend, besser als andere zu wissen, was Schüler lernen müssen – siehe da: Ordnung einhalten; warum sich Erwachsene so benehmen sollten, dass sie in ihrem Tun ein Vorbild sind – siehe da: Beispiele geben; wie Eltern ihre Kinder erziehen sollten – siehe da: Disziplin durchsetzen. Die Anhänger von Alternative eins glauben vor allem – außer an die genannten Tugenden, die Böswillige sekundäre nennen würden – unerschütterlich daran, dass sich mit den klassischen Methoden Humanismus, Bildung, Vernunft der Sumpf trockenlegen ließe. Ihre auf intellektuelle Einsicht in das Notwendige bauende Taktik versteht jedoch keiner von denen, die sie erreichen wollen, weil die nun mal keine Intellektuellen sind. Und sie erzielt keine nennenswerten Quoten bei noch unentschlossenen Schlachtenbummlern, die zögern, wem sie sich anschließen sollen, um am Ende bei den Siegern zu landen, den Kämpfern oder den Bekämpften.

Niemand mag Oberlehrer.

Niemand schätzt Besserwisser.

Deutsche Blöde schon mal gar nicht.

Hiermit wird die »Operation Klugscheißer« beerdigt.

Alternative zwei ist erfolgversprechender: Der Einmarsch ins Feindesland wird angepasst an die zu erobernde Umgebung. Visier heruntergeklappt, um sich als Blödkopf getarnt dem tümelnden Volk nähern zu können. Die Massen werden nicht in offener Feldschlacht gestellt, sondern unauffällig und klammheimlich unterwandert. Das macht zudem grundsätzlich mehr Spaß als die im deutschen Wesen verankerte Neigung, andere mit ernster Miene zu belehren.

Sobald die Blöden ihre diversen Dschungelcamps verlassen, um schwimmend neue Ufer zu erobern, werden sie unauffällig unter Wasser begleitet. Das schaffen nur die Besten unter den Klugen. Jede Art von Ekel muss zuvor abtrainiert werden, man braucht einen langen Atem, und die Guerilleros müssen lernen, ihre Intelligenz so zu verbergen, dass ihnen niemand von den Blöden auf die Schliche kommt. Ihr verborgenes Wissen macht sie zwar stark. Doch die Stärke dürfen sie um Himmels willen nicht ausspielen, denn Taktik zwei verlangt, ihr Mehrwissen nur unauffällig trickreich einzusetzen.

Wie denn nun?

Wer Blödmacher besiegen will, muss sie lächerlich machen. Werden sie ausgelacht statt ausgezählt, veräppelt statt verehrt, verlieren sie ihre Anziehungskraft bei den Blöden. Das Volk lässt dann seine bloßgestellten, entblößten Helden fallen, statt ihnen zu verfallen.

So erging es bekanntlich einst jenem Kaiser aus dem Märchen von Hans Christian Andersen. Ein eitler Tropf. Er hielt sich mehr in seiner Garderobe auf als bei seinen Staatsgeschäften und er ging nicht ins Theater und er las kein Buch und er hörte keine Musik. Doch weil er nun mal der Herrscher war, konnte er sich seine eitle Blödheit, ohne Folgen befürchten zu müssen, erlauben.

Wie eitel und wie blöde er tatsächlich war, erkannten zwei kluge Betrüger, die ihm einredeten, ihr neues Format, anschmiegsame Haute Couture, das sie ihm auf den Leib schneidern könnten, sei nicht nur unglaublich schön und würde ihn noch schöner machen, als er eh schon war, sondern hätte auch die sensationelle Eigenschaft, für alle unsichtbar zu sein, die »unverzeihlich dumm« seien. Blöde, wie er war, glaubte ihnen der Kaiser. Die Behauptungen der Betrüger, die heute als *Unique Selling Point* (USP) bezeichnet würden, sprachen sich im Lande herum, wurden nicht hinterfragt. Der Kaiser gab bei Anproben nie zu, dass er im Spiegel nichts sah, um nicht als unverzeihlich dumm zu gelten, bewunderte stattdessen Muster und Farben, obwohl die beiden Schneider noch keinen einzigen Faden gesponnen, aber bereits viel Geld für die teure Seide kassiert hatten.

Endlich war es so weit, dass sich der Kaiser in den neuen Kleidern zeigen konnte. Er wollte es, denn zur Dummheit gehört die Eitelkeit. Das wollte er öffentlich zelebrieren und ging, von seinem Hofstaat begleitet, durch die Stadt. Des Kaisers Untertanen, die ebenfalls nicht für blöde gehalten werden wollten, stießen bewundernde Rufe aus und lobten seine neue Kleider. Heute würden ihre Hochrufe als Quotenhoch gewertet werden. Keiner aber wollte zugeben, nichts zu sehen. Bis auf einmal ein kleines Kind rief, der Kaiser habe doch gar nichts an. Der sei ja nackt. Da merkten alle Erwachsenen, für wie dumm sie sich hatten verkaufen lassen, und erst dann lachten sie ihren dummen Kaiser aus.

Was für dessen Ego und dessen Ansehen natürlich tödlich war.

Was wäre also, würde nach der Art dieses wunderbaren Märchens verfahren werden beim Kampf gegen die allgemeine Verblödung? Zum Beispiel die Welt der Blödmacher auf den Kopf stellen, um zu sehen, wer hinten runterfällt, statt wie bisher als bewunderter Popanz auf den Seichtgebieten zu agieren? Zum Beispiel im nächsten Kapitel mit der Realität spielen, statt sie tief grübelnd ändern zu wollen?

Zum Beispiel schauen, ob die beim Volk beliebten Kaiserinnen und Kaiser auch dann noch so beliebt wären, wenn man sie nackt, wie sie im Geiste sind, gegeneinander antreten ließe in einem einzigen furiosen Showdown?

Schauen wir doch einfach mal.

KAPITEL II

»Ich bin ein Depp, lasst mich hier rein!«

Gegen die herrschenden Spießer und Spaßmacher, Blödmacher und Banausen in die entscheidende Schlacht zu ziehen – ach, wäre das schön! Ach, wäre das unterhaltsam! Ach, wäre das spannend! Motiviert durch beispiellos freche Ideen, bewaffnet mit grenzenloser Fantasie, ausgebildet von abtrünnig gewordenen Blödmachern ließen sich die Blöden besiegen.

Die verdeckt operierenden Spezialkommandos von »Enduring Wisdom« müssten sich der Mittel des Gegners bedienen, ohne Bedenken ihre Taktik kopieren und dürften – insbesondere aus moralischen Gründen – keinen der schmutzigen Tricks scheuen, mit denen die von der anderen Straßenseite arbeiten. Bis zu einer Entscheidung, die jedoch erst am Ende des Buches fallen wird, müssen die feindlichen Heere mit verbalen Gemeinheiten attackiert und, sooft es nur machbar ist, mit überraschenden Ein- und Ausfällen konfrontiert werden.

Am einfachsten wäre es, ihnen eines ihrer populären Formate zu klauen und listig mit anderen Inhalten zu füllen.

Geht das?

Und ob das geht.

So zum Beispiel:

Deutsche ab sechs Jahren werden nach diesem notwendigerweise in strikter Geheimhaltung entwickelten Plan X aufgerufen, während eines live übertragenen Fernsehevents aus der Schar der ihnen bekannten Blödmacherinnen und Blödmacher eine Königin oder einen König zu wählen. Mittels Teledialog (TED) soll das gesamte Volk telefonisch einen Superstar unter all denen küren, die ansonsten in ihren als Show getarnten Seichtgebietsvergnügen selbst nach einem Superstar suchen lassen. In Deutschland lebende Ausländer dürfen, falls sie ein Handy bedienen können – aber das können die meisten, bevor sie zu lesen gelernt haben –, bei der Wahl mitmachen. Deutschkenntnisse sind nicht erforderlich. Die werden bei gebürtigen Deutschen ja auch nie hinterfragt. Jede abgegebene Stimme zählt. Damit dabei möglichst viele aus der Zielgruppe derer mitspielen, die sich dumm und dämlich lachen, wenn sie mal wieder nicht merken, dass sie für dumm verkauft werden, müsste als Sponsor ihr Zentralorgan gewonnen werden, die »Bild«-Zeitung.

Schon wären zwei Essentials aus dem skizzierten Strategiepapier verwirklicht – ohne moralische Bedenken ein Erfolgsformat kopieren und ohne Scham den stärksten Verbündeten wählen. Geistiger Diebstahl als Vorwurf kann mit der Bitte gekontert werden, in dem Zusammenhang doch gefälligst mal das Wort »geistig« zu definieren.

Das Spiel wäre ein Spiel ohne Grenzen, weil der Fantasie keine Grenzen gesetzt sind. Die unterscheidet sich von der Realität unter anderem dadurch, dass mit ihr Seit' an Seit' auf der Welt alles möglich ist. Es soll zwischen Himmel und Erde bekanntlich mehr geben, als Schulweisheit sich träumen lässt. In diesem Zwischenreich siedeln die Erfinder des Unvorstellbaren ihre ultimative Show an, verankern sie aber aus taktischen Gründen Richtung Erde in den unterirdischen Wünschen des Publikums und lassen sich trotzdem nach oben gleichzeitig alle Möglichkeiten offen.

Übertragen wird das nicht, wie es im realen Fernsehalltag Sitte ist, als übliche Freakshow von RTL oder Sat.1 oder ProSieben, den für Ausscheidungen zuständigen Kanälen der Unterschicht. Sondern als Themenabend, der ohne Beispiel ist in der Geschichte des seriösen Fernsehens, von Arte oder als *Kulturzeit* in 3sat, die in diesem einmaligen Fall in gelassener Selbstironie der Macher als »Kultzeit Extra« angekündigt würde.

Wer den gewaltigen Unterschied zwischen Kultur und Kult kennt, freut sich auf seinem gehobenen Niveau, wer ihn nicht kennt, versäumt auf seiner Ebene auch nichts. Denn der Begriff des Kults, der eigentlich die unsterblichen Mythen der Kultur umfasst und zutrifft auf Legenden wie Jim Morrison, James Dean, Jimi Hendrix, Jerome D. Salinger, Marilyn Monroe, Greta Garbo etc., ist über Jahre systematisch entseelt worden durch sprachlose Dummschwätzer, weltweit werktätige Leichenschänder, die sich inzwischen in allen Medien herumtreiben. Hier geht es zwar vorrangig um deutschsprachige Deppen, um heimisches Leergut, doch im globalen Netzwerk lässt sich jede Dummheit innerhalb weniger Sekunden online in alle leeren Köpfe pflanzen.

Prominente Nullnummern werden von Gossenguys und -girls in bunten Blättern oder TV-Magazinen schon in dem Moment als »kultig« bezeichnet, wenn sie bei ihren Auftritten von pubertierenden Kreischkindern bedrängt oder auf Jahrmärkten der Eitelkeiten umschwärmt werden, obwohl sie eigentlich nichts weiter können, als zu massieren, zu frisieren, zu frittieren. Es gab Zeiten, da hätte man ihnen nicht nur geraten, sondern befohlen, uns mit ihren Dummheiten zu verschonen und sich auf- oder untereinander zu vergnügen – aber das ist lange her.

Solche Pauschalurteile sind verlockend wie Pauschalreisen. Der Verzicht auf Originalität macht beide billiger. Pauschal urteilend schreibt es sich deshalb leichter. Doch ist es wirklich besonders originell, die Frage zu stellen, wie viel Dummheit eine Gesellschaft verträgt, ohne dass die demokratische Kultur in Gefahr gerät? Wer sie so pauschal stellt, gilt fast als Philosoph, zumindest als Leser von Peter Hahne, und gehört zu den nicht ganz so Blöden. Die in diesem Zusammenhang rein zufällig passende Metapher des unvergessenen Heinz Erhardt, wonach viele deshalb einen Kopf besitzen, damit sie ihr Stroh nicht mit beiden Händen tragen müssen, beweist nur, dass Verblödung kein neues Phänomen ist. Früher waren nicht schon automatisch alle besser, weil alles besser war oder die Klugen klüger oder die Blöden nicht gar so blöd.

Man könnte tatsächlich recht haben mit der Vermutung, dass es damals in der Gesellschaft kaum weniger Blöde gab als heute. Die fielen nicht weiter auf. Jedes Dorf hatte seine eigenen Trottel. Die vom Nachbardorf lernte man nie kennen.

Eine Massenbewegung, vernetzt durch eigens für sie produzierte Zeitungen, Zeitschriften und TV-Programme, sind die als Individuen unauffälligen und ungefährlichen Seichtmatrosen erst seit dem Start des privaten Fernsehens, der Stunde null im Jahre 1984. Auf Kiel gelegt wurden die Kommerzdampfer von Politikern, die sich von einer ihnen dankbaren Masse massenhaften Zuspruch für ihre Partei versprachen, die zufällig CDU hieß. Gesteuert wurden die fröhlichen Wellenbrecher von ausgebufften Blödmachern, die sich als Pioniere fühlten.

Wichtiger als irgendwelche Inhalte war ihnen von Anfang an, für die angebaggerte Masse Blödköpfchen zu zeugen und die populär zu machen. Profis wie sie wussten, dass jedes Rudel einen Leitwolf braucht, jede Gruppe einen Führer und viele Gruppen entsprechend viele Helden. Bis dahin hatten die Blöden keinen Überblick darüber, wie viele sie waren. Sie ließen höchstens im engsten Freundes- und Familienkreis die ihnen vertraute dumme Sau raus. Erst an dem Tag, an dem sie eine für die Werbung relevante Zielgruppe wurden, begann ihr Aufstieg. Seichtes gibt es inzwischen für jedes Alter. Die Jungen treffen sich bei Castings oder bei Übertragungen der für sie produzierten Freakshows, ihre Eltern und Großeltern, die Alten, bei Festen der Volksmusik.

Zurück zum Geheimplan.

Die Lieblinge der Unterschicht ausgerechnet auf den Sendern der geistigen Oberschicht, Arte und 3sat, gegeneinander kämpfen zu lassen wäre schon deshalb unter strategischen Gesichtspunkten betrachtet ein genialer Einfall, weil die Grundbedingungen für spannende Unterhaltung erfüllt sind – durch Verfremdung mit genau den Inhalten zu überraschen, die allen wohlvertraut scheinen.

In dem Fall sind Arte und 3sat das fremde Terrain, das die aus RTL und Sat.1 und ProSieben und VOX und Kabel eins bekannten Helden der Unterschicht betreten müssten. Millionen von Deutschen würden, um ihre Lieblinge live zu erleben, zwei Sender einschalten, von deren Existenz sie bisher nichts ahnten; es würde deswegen überraschend Kulturgut auf Leergut prallen. Und alle Stammkunden von Arte und 3sat, die sich als was Besseres dünken, die nie gesehen haben, wie spielend es in sich geschlossenen Anstalten gelingt, mit talentlosen Trotteln und tapsenden Vollidioten, mit kultigen Knallchargen und furchtlosen Zotenlümmeln traumhafte Einschaltquoten zu erzielen, würden durch diese Show auf ihren Heimatsendern erschaudernd die »Wonnen des Trivialen« (Medienforscher Norbert Bolz) erfahren. Über die haben sie bislang, eigenen Angaben zufolge bei jeder Zeile von Ekeln geschüttelt, allenfalls in den Feuilletons der Gebildeten gelesen.

Der Begriff »Massenkultur« bekäme in einer solchen

Show eine ganz andere Bedeutung, denn Anspruch und Amüsement sind bekanntlich selten miteinander kompatibel. Es ist also ein Experiment. Wird es gelingen, die simplen Vergnügungen der Massen dadurch kulturell wertvoller zu gestalten, dass ihre Stars auf einem ganz anderen Feld auflaufen? Werden die Blöden trotz ihrer Blödheit die böse Absicht merken? Die fantasiereiche Taktik durchschauen, ihre Lieblinge lächerlich zu machen? Sie bloßzustellen und nackt vorzuführen?

Bestimmt hätten 3sat und der deutsch-französische Kulturkanal Arte einen in ihrer von hohem Anspruch statt von hohen Quoten geprägten Geschichte noch nie erreichten und bestimmt nie wieder erreichbaren Marktanteil in der sonst den anderen Sendern hörigen Zielgruppe zwischen erster Zahnspange und erstem Zungenkuss. Und eventuell bliebe was hängen bei denen. Zum Beispiel ein noch zaghafter, aber zu Hoffnungen doch berechtigender Gedanke, diese Sender auch dann mal auszuwählen, wenn es nichts zu gewinnen gibt außer Erkenntnis.

Der harte Kern der Fernsehsüchtigen lebt im Osten Deutschlands. Nicht nur bei den dortigen Jugendlichen wird mehr geglotzt als unter Gleichaltrigen im Westen. Die Ostdeutschen triumphieren in allen untersuchten Altersgruppen, von den Dreijährigen bis zu denen über siebzig. Liegt es daran, dass die Arbeitslosigkeit nach wie vor trotz aller Aufbauhilfen Ost doppelt so hoch ist wie die im Westen, also mehr Zeit totgeschlagen werden muss, und dies nun mal am besten, und winters sowieso, vor dem Fernseher geschieht? Wie ist der diesbezügliche Vorsprung der Kleinen Ost vor den Kleinen West erklärbar? Hat der von ARD und ZDF gemeinsam betriebene Kinderkanal KiKa etwa deshalb einen sich in Quoten niederschlagenden Heimvorteil, weil die Verantwortlichen in Erfurt sitzen? Oder lassen Eltern und

Großeltern ihre Nachkommen im Osten so lange vor dem Familienmittelpunkt TV-Apparat sitzen, bis auch sie selber eingeschlafen sind?

Bei *Superstar-Extra* muss die ganze Nation vereint wach bleiben, auf ihre Stimmen kommt es schließlich an. Gesendet wird deshalb im Oktober am Abend vor dem Tag der deutschen Einheit, damit alle anderntags ausschlafen können. Die Teilnehmer an dem als Mega-Event angekündigten Showdown müssten selbstverständlich nach den gleichen Kriterien ausgewählt werden wie die Kandidaten für die täglich versendeten Formate, die als unterhaltend gelten, weil sie vor keinem unterirdischen Thema und keinem unterschichtigen Volksvertreter haltmachen. An den gewohnten Abläufen – eene, meene, muh, raus bist du, hässliche Kuh – würde ebenfalls nichts geändert. Doch bei dieser Premiere, einmalig in der Geschichte des Fernsehens, würden erstmalig nicht die Verführten vorgeführt, sondern ihre Verführer.

Bei deren Anblick dürfte zwar den geistig normalen Zuschauern von Arte und 3sat das Lachen im Hals stecken bleiben, aber das müssten sie nun bitte mal schlucken. Sie dürfen auch nicht den Ton wegschalten – es gehört zu ihren Pflichten als Staatsbürger, sich anzuhören, wie die ihnen unbekannten anderen reden und was sie reden und worüber sie reden. Verglichen mit dem Erkenntnisgewinn über die wahren Bedürfnisse ihrer Mitmenschen, ist der Preis, den sie zu zahlen haben, nachgerade lächerlich.

Weil sich naturgemäß viele Deppen aus lokalen TV-Seichtgebieten zum Superstar berufen fühlen, braucht es regionale Vorwahlen vor der nationalen Entscheidung. Bei den üblichen Blödsendungen gibt es vorher Castings, im zynischen Jargon ihrer Produzenten auch »Migrantenstadl« genannt. Ähnliche Castings sind jetzt erforderlich, wenn unter den TV-Profis eine Auswahl getroffen werden muss. Ohne Ansehen von Aussehen und Alter und wegen der Einschränkungen durch die Bestimmungen des Datenschutzes auch ohne Andeutung des Intelligenzquotienten dürfen dabei alle mitmachen, die jemals vor laufenden Kameras auftraten und fehlerfrei einen ganzen Satz aufsagen konnten.

Das unter Fernsehverantwortlichen einst geltende Gesetz »Wehret den Anfängern!« ist zugunsten ihrer seit Viagra gewachsenen ständigen Hoffnung, bei mancher Anfängerin könnten sie mit ihren eigentlichen Bedürfnissen endlich mal richtig liegen, falls sie zuvor die ihren erfüllen, außer Kraft gesetzt worden.

Ausgeschlossen von der Teilnahme sind nur die aus der Zunft, die sowohl von privaten als auch von öffentlich-rechtlichen Sendern bereits entsorgt wurden und in diversen Homeshopping-Kanälen ihr Gnadenbrot verzehren. Also die Menschendarsteller, deren Wert sich ausschließlich danach bemisst, ob es ihnen gelingt, möglichst vielen noch Blöderen einzureden, durch das Anwählen einer gebührenpflichtigen Telefonnummer, von denen die Sender ihren Anteil kriegen und damit die Honorare ihrer Namenlosen bezahlen, eine günstige Diamantenhalskette für 19,90 Euro zu bestellen oder für nur 23,99 Euro die garantiert wasserdichten Schlüpfer für den reifen Herrn und die noch reifere Dame.

Selbst auf diesen Sendern der Massenverarschung gibt es Ratgeber-Formate mit unmittelbar der Kundschaft einleuchtendem Nutzwert. Wenn einer zur Fortbildung bereiten Schar Frauen von der mütterlichen Moderatorin erklärt wird, wie sie die Batterien eines Dildo auswechseln und welche Farben der kleine Lümmel haben sollte, damit er sie beim Gebrauch nicht an den Fleischfarbenen erinnert, der neben ihnen im Bett schnarcht, lachen alle gemeinsam Reste ihrer vielleicht doch noch vorhandenen Scham weg.

Weil Arte oder 3sat nicht einfach nur wertfrei unter dem in diesem besonderen Fall naheliegenden Aspekt, Schadenfreude sei eben die reinste Freude, unterhaltend sein dürfen – denn wertfrei Luftiges würde ihre seriöse Marke beschädigen –, müsste beim Schau-Laufen der sich gegenseitig prominent Düngenden aus den Biotopen des Massengeschmacks eine zum Anspruch der Sender passende Botschaft vermittelt werden.

Aber welche Botschaft passt?

Wie bei den meisten Sinnfragen des Lebens hilft bei der Suche nach Sinn auch in dem Fall einer von Deutschlands Besten, nämlich Goethe. »Durch nichts bezeichnen die Menschen mehr ihren Charakter als durch das, was sie lächerlich finden«, ist als Merksatz des Überlebensgroßen ganz okay, aber eben nur bedingt einsetzbar, weil zu viele aus der zusehenden Unterschicht, die schließlich erreicht werden soll, damit hoffnungslos überfordert wären. »Faust« im Kopf, leicht variiert – gleich sehe man des Volkes Getümmel, wo zufrieden jauchzet Groß und Klein, hier sei man Mensch und dürfe es sein usw. –, passt ebenfalls nicht. Diese doppeldeutigen Anspielungen versteht von den Fremdbestimmten bestimmt niemand. Sie kennen die Faust aufs Auge oder die geballte eigene in der Tasche.

Die etablierten Blödmacher haben es einfacher, zugegeben. Denen reicht ein simpler Anspruch, der die Bedürfnisse ihrer Gemeinde voll total trifft, etwa der: Ich bin ein Depp, lasst mich hier rein! Dass jederzeit als Vollidiot wieder rausfliegen kann, wer als normaler Idiot irgendwo reinwill und damit zur allgemeinen Belustigung beiträgt, dass sich öffentlich knechten lassen muss, wer unbedingt König werden will, ist den Willigen zwar nicht fremd, aber egal.

Egal, ob es ein Container ist, in dem sich jugendliches Prekariat wohlfühlt, weil da alles so aussieht und nach ein paar

Tagen so riecht wie zu Hause jeden Tag. Egal, ob alleinerziehende Mütter mit ihren verschiedenen Kindern von verschiedenen abwesenden Vätern gemeinsam mit den Scouts von RTL nach einem neuen Ernährer suchen. Egal, ob ein echter Gerichtsvollzieher klingelt, klopft, kassiert, was der Sat.1-Klientel bekannt vorkommen dürfte aus ihrem häuslichen Alltag. Egal, ob man auswandern, rückwandern, ausreißen oder nur mitten im Leben stehen muss, sich für eine Woche bei einer fremden Familie einquartieren lässt oder den Traum vom eigenen Restaurant beerdigt: Geht nicht gibt's hier nicht. Bei solchen Sendeformaten geht – ungeniert kommt nach dem Fall – alles. Unter die Haut. Unter die Gürtellinie. Unter aller Sau. Wer mitmacht, muss nur irgendwas können, und sei es auch Pfeifen im Wald, muss nicht zu Besonderem, aber zu allem fähig sein.

Unvergessen die Jubiläumssendungen des privaten Marktführers RTL zum 25-jährigen Bestehen seines Seichtgebietes. Nicht die Gäste auf dem Sofa schreckten ab, obwohl da an zwei Abenden viele Horrorfiguren aus versendeten Lemurenkabinetten saßen. Nicht die Schwenks aufs verzückt klatschende Publikum, wo die Ahnung zur schrecklichen Gewissheit wurde, dass im Saal zusammensitzt, was zusammengehört. Am dämlichsten wirkte Oliver Geissen, der so aussieht und spricht, als könne er kein Wässerchen trüben und damit geschickt alle täuscht. Er kann tatsächlich keines trüben.

Wie könnte beim Themenabend *Superstar* für Arte und 3sat ausgeschlossen werden, die beiden Sender beim Zappen trotz der sichtbaren Auftritte von Sumpfblütlern und Paradiesvögeln mit RTL oder ProSieben oder VOX oder Sat.1 zu verwechseln?

Eingängig müsste der Titel der Show sein, doch gleichzeitig nicht allzu banal. Verbale Verballhornungen der Gebildeten wie »Arten-Miss-Wahl« oder »Dreist auf Sat« versteht außer denen kein normaler Mensch, werden bereits bei der Planung abgeschmettert. »Was ihr wollt« dagegen wäre ein passender Titel, weil sich die einen, die immer wissen, was sie zuvorderst wollen, angesprochen fühlen und die anderen sich mit Verweis auf Shakespeare vorab Absolutionen erteilen dürfen, weil sie sich freiwillig auf Banales wie eine Superstar-Show einlassen.

Shakespeare übrigens lieferte vor fünfhundert Jahren bereits den Beweis dafür, dass sich Qualität und Quote, falls beide gleich ernst genommen werden, bestens heiter miteinander verbinden lassen. Die Aufführungen seiner Komödien im Londoner Globe Theatre wurden von allen Schichten bejubelt, weil die Spiele um Liebe und Lüge, Intrigen und Irrungen im Wortsinne volkstümlich waren, das niedere wie das höhere unverbildete Volk die Sprache verstand und am Ende entweder die Guten siegten oder aber die Bösen, falls sie es sein mussten, die gewannen, von der Macht des Schicksals oder den eigenen inneren Dämonen bestraft wurden. Richtig los ging es übrigens erst im zweiten Akt. Die per Kutsche oder hoch zu Ross anreitende Oberschicht wollte sich nicht mit den zum Theater strömenden Unterschichtlern gemein machen und traf deshalb erst dann ein, wenn das Volk seine Stehplätze eingenommen hatte.

Shakespeare wusste, was alle Menschen zu allen Zeiten bewegt: Menschliches, allzu Menschliches. Deshalb fehlt auf keinem Spielplan deutscher Bühnen ein Stück vom Volksverführer Sir William, dem immer noch populären Garanten für ein ausverkauftes Haus. Seine Dramen sind quotenträchtig. Vor fünfzig Jahren sangen im Film *Das Wirtshaus im Spessart*, der auf Wilhelm Hauffs Märchen für Söhne und Töchter gebildeter Stände basierte, die beiden komödiantischen Gauner Wolfgang Müller und Wolfgang Neuss einen Schlager aus dem Cole-Porter-Musical »Kiss me Kate« nach Shakespeares »Widerspenstigen Zähmung«-Komödie: »Schlag nach bei Shakespeare / denn da steht was drin / Kommst du mit Shakespeare / sind die Weiber alle hin« usw.

Selbst durch Goethes »Faust« ließe sich, mit ein paar unwesentlichen Änderungen, die nötige Stimmung erzeugen. So einst geschehen in einem Hamburger Volkstheater. Gegeben wurde »Faust« pur, also die bekannte Fassung, die ja nicht so gut endet, wie viele seit ihren Schulzeiten noch wissen. Hier auf St. Pauli jedoch war das normale Volk im Publikum überhaupt nicht mit Goethe pur einverstanden, als es merkte, es würde böse ausgehen. In Gruppen zogen die Besucher in Richtung Bühne, und die starken Männer unter ihnen drohten lautstark dem Darsteller des Faust nachhaltige Bekanntschaft mit ihren Fäusten an, falls er nicht sofort und öffentlich das von ihm so schändlich entehrte Gretchen heiraten würde. Das hatten sie ihren Begleiterinnen versprochen.

Erklärungsversuche des Mimen, dies sei nicht so ganz im Sinne des verblichenen Autors, machten keinen Eindruck. Entweder reiche er ihr sofort die Hand fürs Leben oder er bekäme von ihnen ein paar aufs Maul. Schließlich gab er improvisierend nach. Der Abend endete mit ungeteiltem Beifall aller Besucher. Die einen freuten sich übers Happy End, die anderen über die überraschende Schlussvariante, die sie so nie wieder erleben würden.

Alle fühlten sich gut unterhalten.

Nichts aber scheint schwerer machbar als die hohe Kunst der Unterhaltung. Nichts schwerer zu produzieren als lässig leichtfüßig daherkommende Heiterkeit. Also muss es von Fall zu Fall mit List und Tücke versucht werden. Weil zum Beispiel Pocher nicht nur ein manchmal unerträglicher Angeber ist, sondern auch ein gewitzter Puck sein kann und kein einfältiger Punk, spielte er lange bei Harald Schmidt den Proll Oliver und anschließend mit den Kritikern, die sein Spiel ernst genommen hatten. Die hätten einfach ein Problem damit gehabt, aber dies sei deren Problem, und nicht seins, dass einer wie er, eine »Ausgeburt des Privatfernsehens«, mit einem Intellektuellen wie Harald Schmidt eine Sendung in der seriösen ARD gemacht habe. Am Ende der Zweisamkeit kehrte er allerdings dann doch wieder dahin zurück, wo er geboren war. Zwar wollte ihn das Erste unbedingt verpflichten – es nagte der zuständige Koordinator Thomas Schreiber ständig an ihm –, doch die anderen hatten inhaltlich die stärkeren Argumente: Sie boten Pocher mehr Geld.

Vieles in den öffentlich-rechtlichen Programmen, Fernsehen wie Rundfunk, ist nach wie vor besser als vieles, was die anderen auf dem Markt anbieten. Das gilt für Magazine und Dokumentationen, in denen es um Politik geht, um Wirtschaft, um Kultur. Das betrifft alle unterschiedlich guten, aber nur selten unter null angesiedelten Talkshows im Ersten, im Zweiten und bis auf das im Seichtgebiet seiner regionalen Zielgruppe dümpelnde *Riverboat* auch alle im Dritten.

Auf dem weiten Feld der Unterhaltung blüht bei ARD und ZDF allerdings nicht so viel. Uwe Kammann, Direktor des renommierten Grimme-Instituts, das jährlich Preise für die angeblich Besten vergibt, kritisierte bei der Verleihung 2009, wo die RTL/ORF-Serie *Doctor's Diary* in der Kategorie Unterhaltung ausgezeichnet wurde und auf die Öffentlich-Rechtlichen nur ein Spezialpreis für die Kunstfigur Johannes Schlüter innerhalb der NDR-Reihe *Extra Drei* fiel, den bei beiden Sendern in der Unterhaltung nach wie vor herrschenden »Mangel an Innovation und kreativem Witz«.

Das liegt am System. *TV-Total*-Unterhalter Stefan Raab,

der für ProSieben aktiv ist: »Beim WDR kann keiner was entscheiden, bevor nicht der Ältestenrat zusammengetreten ist.« Und Oliver Pocher, der sich auch deshalb für Sat.1 entschied, weil es da jemand wie ihn geben müsse, der mal sagt, dass viele Sendungen wie *Explosiv* und *taff* und *SAM* »der letzte Schrott« seien, hat ähnliche Erfahrungen gemacht, denn bei der ARD »redet ja nicht nur einer allein, sondern 84 Gremien reden mit. Und mindestens ein Dutzend Chefs muss alles abnicken. Das ist einfach sehr anstrengend.«

Es muss, weil sie doch stets auch an ihrem Anspruch gemessen werden wollen, von den beiden Dinos ARD und ZDF mehr verlangt werden als gut gemachte, hochrangig besetzte TV-Movies, geschickt zum Fernsehevent des laufenden Jahres dann hochgejubelt, falls die Geschichte papieren dünn ist oder wieder mal Veronica Ferres die Hauptrolle spielt. Der *Leute-Heute-Boulevard-Deutschland*-Blick auf spracharme Tussis und deren wechselnde, nur im Body und nicht etwa im Kopf gebildete Begleiter, ein Winter- oder Sommerabend der Volksmusik, der Aufstieg des Eisbären Knut zum Ehrenbürger von Berlin – alles gleich unterhaltend? Oder doch eher der Beweis dafür, dass den Machern nichts Besseres eingefallen ist und, weil es so gut angekommen ist, sie gnadenlos alles auswringen bis zum letzten Tropfen Substanz?

Für die Samstagabende hat man Thomas Gottschalk und Frank Elstner und, Gott möge uns schützen, Jörg Pilawa. Die beiden Guten, sichtlich nicht mehr die Jüngsten, können nicht alles selbst machen, können nicht alles moderieren, was andere nicht können. In welchen Anstalten, in welchen Abteilungen, in welchen Schubladen vermodern für Anke Engelke oder das blonde Gift Barbara Schöneberger passende Formate? Warum hievt die sonst lautstark alles besser wissende WDR-Intendantin Monika Piel nicht *Zimmer frei* ins

Abendprogramm des Ersten? Sie schreit doch immer nach Qualität, und die läge nah, ein paar Stockwerke unter ihr in Köln. Warum ist angemessen bezahlten Unterhaltungsprofis von ARD und ZDF nicht etwas so Witziges eingefallen wie die *Schillerstraße* auf Sat.1, wo live von den Komödianten spontan gespielt werden muss, was ihnen eine Moderatorin aus dem Regieglaskasten über ihre Kopfhörer aufträgt, zur allgemeinen Belustigung des anwesenden Publikums? Warum ist *Neues aus der Anstalt* in manchen Wochen das einzig Witzige, was aus der Anstalt ZDF nach außen dringt? Warum darf Olli Dittrich nur in seiner norddeutschen Trinkbude nachts am Tresen herumlabern? Warum hat es so lange gedauert, bis Ina Müller ins Erste durfte?

Intelligente Unterhaltung gibt es, allerdings bei RTL: Günther Jauchs *Wer wird Millionär?* Die Sendung lebt nicht wie andere Quizsendungen nur von der Gier der Kandidaten, berühmt oder reich zu werden, oder davon, dass Millionen zu Hause mitraten und stolz in den Werbepausen ihre Nachbarn und Verwandten anrufen, weil sie wieder mal mehr wussten als irgendeine Kandidatin, sondern von der selbstironischen Schlagfertigkeit des Moderators. Der übrigens als Beruf den ehrenwerten des Journalisten angibt.

Was ist überhaupt gute Unterhaltung? Hunderte von Versuchen, unterhaltend zu sein, sind versendet und längst vergessen worden, und zwar in allen Sendern. Was nicht nur daran lag, dass die Zuschauer einfach zu blöd sind für bestimmte Formate, deshalb die Quoten nicht stimmten und die Versuche scheitern mussten. Es stimmt zwar, dass es Millionen von Blödem zu begeisternde Blöde gibt, sonst müsste ein *Superstar*-Abend der Blödmacher wie hier nicht erfunden werden. Aber es stimmt auch, dass sowohl in den für Unterhaltung zuständigen Hauptabteilungen von ARD und ZDF als auch in den entsprechenden Ressorts der Privatsender viele fest angestellte Feiglinge sitzen, die andere ihnen gemäßere Berufe schwänzen – welche bloß? – und sich nicht trauen, ihrer Klientel etwas mehr als das Übliche zuzutrauen.

Oder sind sie gar einfach zu blöde?

Von den Gebühren- und Geschmacksfreien wird genommen, was unter dem Gesichtspunkt »Zoten = Quoten« mal erfolgreich war und schon deshalb von der Zielgruppe gern gesehen wird, weil ihre Angehörigen entweder eine besonders Doofe in ihrer Unterschichtennachbarschaft kennen, auf die das zutrifft, oder sie selbst zur vorgeführten Spezies der Verblödeten gehören. Als da, selbstverständlich ohne Anspruch auf Vollständigkeit, zum Beispiel wären: Auspeitscher, Einpeitscher, Machos, Schwule, Tunten, Transen, Bettnässer, Tätowierte, Vollbusige, Scham- und Schmallippige, Spaßvögler, Verklemmte, Pornografen. Nichts allzu Menschliches auf Seichtgebieten aller Art bleibt den Machern fremd und damit denen, für die sie senden. Dies ist allerdings keine Aufforderung an die von Gebühren lebenden Sender, sich Gedanken in diese Richtung zu machen.

Wirklich nicht.

Am Beispiel unzähliger und oft ungenießbarer Kochshows ist beweisbar, dass mit nur einer geglückten Zeugung – in dem Fall war Alfred Biolek Vater aller Töpfe – Dutzende von halb gar gekochten Bastarden in die Welt gesetzt werden können, TV-Surrogate wie Küchenschlachten, Restauranttester, Der Traum vom eigenen Restaurant, Fast Food Duell, Einsatz am Herd, Kochprofis, Kochen mit Kerner und Co., Perfektes Dinner, Promi-Dinner, wo am Ende warmes Essen ausgeteilt wird an alle, die außer ihrer unmittelbaren Verwandtschaft niemand kennt, geschweige denn jemand einladen würde. Heiteres würzt mitunter die Gerichte bei *Lafer! Lichter! Lecker!* im Nachmittagsprogramm des ZDF oder das, was Markus Lanz freitagnachts im Zweiten anrichten lässt, was aber eher an seinem einnehmenden Wesen liegt. Vorkocher Johannes B. Kerner hat sich, weil er nicht blöde ist, aus der Küche geschlichen, bevor der Kundschaft alles gleich fad schmeckt und das nicht den Köchen, sondern ihm als Restaurantbetreiber angelastet wird.

Dass allerdings der Hamburger Wirt Christian Rach, Besitzer eines anspruchsvollen Esslokals, mit seinen Restauranttests zum Liebling der Masse geworden ist, dass ihn bis zu sieben Millionen Zuschauer bei seinen Reisen durchs fetttriefende Deutschland begleiten, hat weder mit den üblichen TV-Verköstigungen noch mit ihm zu tun. Er ist keiner jener künstlich gezüchteten Helden der Unterschicht, er ist ein gebildeter Transmissionsriemen auf zwei Beinen. Bei ihm gibt es in Serie, fein abgeschmeckt vor jeder Ausstrahlung, im Bedarfsfall auch aufgewärmt, weil das Gericht laut Quote schon mal sehr gut schmeckte, allzu menschliche Tragödien des Alltags zu sehen.

Rach vereint in seiner Person die aus verschiedenen Formaten beliebten Prototypen, spricht gleich vier, fünf verschiedene Zielgruppen an – Verschuldete, Verblödete, Verzweifelte, Geschmacklose, Hungrige. Mal ist der studierte Mathematiker Schuldenberater, falls sich bei einer Visite herausstellt, dass der Küchenchef nicht nur nicht kochen, sondern auch nicht rechnen kann und mit jedem verkauften Gericht dem Bankrott einen kleinen Schritt näher kommt. Mal nützt Rach sein Studium der Philosophie, wenn er als eine männliche Super Nanny einem dickleibigen Faulpelz erklärt, warum es wie im richtigen Leben auch in der Kneipe ohne Fleiß keinen Preis zu gewinnen gibt. Mal schlüpft er streng in die Rolle eines Inspektors vom Gesundheitsamt, wenn er verdreckte Küchen von erstarrten Saucen früherer Jahre frei schrubben lässt. Mal verordnet er eine radikale

Kneipenkur und gibt den stilsicheren Dekorateur, wenn er die Tischordnung so verändert, dass kein Gast mehr dem anderen das Essen auf den Teller spucken kann.

Die meisten Nachmittagsprogramme im Ersten und im Zweiten und in den Dritten sind allenfalls tierisch unterhaltend. Gezeigt wird vom Tausendfüßler bis zum Elefanten alles, was in deutschen Zoos von Leipzig bis Gelsenkirchen kreucht und fleucht, aber auch alles, was da um sie herum keucht und flucht. Menschen dürfen mitspielen, weil die Tiere gepflegt, gefüttert, gestreichelt werden müssen. Oft braucht es bei den Sendungen, deren Überraschungsmomente inzwischen nur noch selten sind, jedoch Untertitel, weil sonst nicht auszumachen ist, ob die hörbaren Urlaute von einem Gorilla oder einem Pandabären stammen oder nur deshalb so unverständlich klingen, weil sich der zuständige Tierpfleger in einem Dialekt äußert, den außerhalb von Baden-Württemberg oder Sachsen sonst niemand versteht.

Sobald es darum geht, zu definieren, was Unterhaltung bieten muss, um gut zu sein, fühlen sich viele zu Antworten berufen, denen keiner je Fragen gestellt hat und auch keiner Fragen stellen möchte, weil man ahnt, wie die Antworten ausfallen. Vor allem Rundfunkräte wollen ihre unmaßgebliche Meinung äußern. Weil sie schon mal im »Caesar's« in Las Vegas waren oder im »Moulin Rouge« in Paris, sind sie überzeugt davon, aus dieser Erfahrung heraus mitreden zu dürfen. Man müsse es machen wie die Amerikaner oder die Franzosen. Wie denn?

Irgendwie so eben.

Eben.

Erstens sind die Unterhaltungsformate aus dem Menschenzoo in den USA und in England und in Frankreich und besonders in Italien, wo Berlusconi das Niveau vorgibt, noch seichter als die laufenden in Deutschland, und zweitens entzieht sich gut gemachte Unterhaltung landläufigen Definitionen. Wäre es anders, dürfte nicht nur jeder hergelaufene Blödmann mitmischen, dann würde Esprit mindestens so viel gelten wie Entblößung, dann würde es so etwas wie *Switch* (ProSieben), wo auf heitere Art Entblödung betrieben wird, zur Prime Time gesendet und nicht erst nach 22 Uhr.

Bei dem ausgedachten Themenabend auf Arte oder 3sat, in der Live-Übertragung auf einem der beiden Sender für gebildete Stände, dürfte es keine der üblichen Jurys geben, die mit ihrem Votum Volkes Stimmungen vertreten und den Daumen senken oder heben. Es ginge an diesem Abend sauber frühdemokratisch zu. TED-Mehrheiten allein entscheiden, nicht irgendwelche Juroren, in ihrer Vergangenheit mitunter bekannt aus Funk, Film und Fernsehen, in der Gegenwart aber schon lange nicht mehr nur aus Zufall frei.

Keiner von denen wird ohne fremde Hilfe verstehen können, was die coolen Erfinder des Blödfernsehens, gebildete amerikanische Zyniker, als Maßstab heute ihren Scouts mit auf den Weg geben, wenn geeignetes Menschenmaterial für die unsäglichen Formate gesucht wird, für ein Aquarium, aus dem die Gefischten nicht werden entkommen können. »Between the legs: heaven. Between the ears: zero«, frei übersetzt etwa, dass man für die Best-of-Shows Kerle und Bräute brauche, die jederzeit ihren Mann stehen oder denselben überstehen können, aber blöd genug sein sollten, dass sie nicht merken, wie sie manipuliert und für johlende Massen vorgeführt werden.

Na und, ist das denn so schlimm? Erwachsene sollen sehen, was sie wollen, dürfen lachen, worüber sie wollen, und falls das unterhalb der Gürtellinie stattfindet, sie dabei aber glücklich glucksen, weil sie dumm bleiben können und weil sie nicht überfordert werden durch Moderatoren, die ebenfalls vergessen wurden, als Gott Talent und Verstand verteilte... na und.

Nebbich.

Kritiker des Zweitgeistes verhöhnen voll intellektueller Wonnen die Exhibitionisten und Voyeure und Scherzunholde auf den Kanälen, die sie angeblich nie einschalten, erreichen aber mit ihrer Häme deren Zielgruppe nie. Insofern könnten sie es lassen, stattdessen lieber den Erstling eines unbekannten Autors lesen, und falls der ein guter ist, eine wirklich gute Tat tun und darüber schreiben.

Die Denkanstöße der zur Beobachtung der Seichtgebiete staatlich berufenen Medienwächter, Beratungspapier genannt, versickern im Ungefähren. Direktoren der Landesmedienanstalten forderten im Frühjahr 2009 eine »Selbstverpflichtung zur Einhaltung moralisch-ethischer Regeln bei Dokusoaps und Castingshows«, was sie so begründeten: »Auch wenn viele Inhalte keine konkreten Rechtsverletzungen darstellen, werden doch Toleranzgrenzen von einzelnen Zuschauern und Zuschauergruppen strapaziert und Gefühle verletzt. Wenn weiterhin die Grenzen der Rundfunkfreiheit bis zum Letzten ausgereizt werden, drohen die Programme massiv an Glaubwürdigkeit zu verlieren und tragen zu einem Verlust gesamtgesellschaftlicher Werte bei.« Anstößiges und Provokantes, Sensationelles oder Monströses erhielten so einen unangemessenen Rang, und zudem würden die Schwächen von medienunerfahrenen Laien zum Zwecke der Unterhaltung »ausgestellt und ausgenützt«.

Die real versendete Lage ist zwar präzise beschrieben, aber da sie keine bestimmten Sendungen auflisteten, fühlte sich von den gemeinten Blödmachern auch keiner angesprochen. Die Hölle sind ja immer die anderen, auch in diesem Fall. Und mit Moral und Ethik haben sie es nicht so oft bei ihrer Arbeit zu tun, sondern eher täglich mit Quoten.

Also lachten sie sich mal wieder ins Fäustchen und machten sich an die Produktion einer weiteren unsäglichen Reality-Show unter dem Titel »Erwachsen auf Probe«, bei der unschuldige Babys von ihren verantwortungslosen Eltern an andere, noch kinderlose Paare ausgeliehen werden, auf dass die was fürs Leben lernen.

Das Lachen ist im Zuge der Evolution entstanden als Nebenprodukt des Sprechens. Weil das so ist, können auch Affen lachen, und falls man Ratten kitzelt, grinsen die für Momente ähnlich wie bestimmte Moderatoren dauernd. Miteinander zu lachen bringt Volk in Stimmung, das Miteinander entsteht sogar virtuell und springt direkt aus dem Fernsehapparat auf die über, die einsam in Kämmerchen sitzen unterm Dach im Plattenbau Ost oder dem Reihenhaus West. Eigentlich haben sie kaum was zu lachen angesichts trister Wirklichkeit draußen, aber lachend fühlen die sich als Teil der ihnen vorgeführten Masse. Das verbindet.

Einen Volltreffer bei den Blödmachern und Blöden, von denen viele im Saal saßen, schaffte einmal nur Marcel Reich-Ranicki, als er 2008 bei der Verleihung des Deutschen Fernsehpreises, Aug' in Aug' mit talentlosen weiblichen und männlichen TV-Kanal-Arbeitern, über den zur Wahl stehenden versendeten Schund lamentierte und den ihm zugedachten Preis fürs Lebenswerk dankend ablehnte: »Ich kann nur diesen Gegenstand, der hier verschiedenen Leuten überreicht wurde, von mir werfen oder jemandem vor die Füße werfen.«

Doch wie es sich für einen gebildeten Feuerkopf gehört, der sich seine Meinung nicht durch Fakten kaputt machen lässt, hatte er das, worüber er so zornig herzog, noch nie gesehen. Die an jenem Abend gezeigten Ausschnitte reichten ihm für ein Pauschalurteil. Für Reich-Ranicki ist es gute, wahre, schöne Unterhaltung, wenn Arte oder 3sat möglichst täglich Literaturverfilmungen senden. Das kann man zwar sehen wie er, ist jedoch fern einer Sendewelt, in der Zoten und Quoten regieren. Seit das Privatfernsehen in Deutschland zu senden begann, geht es nicht mehr um Qualität, sondern um Quote. Falls beides zusammenfällt, prima. Falls nicht, fällt die Qualität eben flach. Wer die Doofen erreichen will, muss mehr können, als über sie zu lachen.

Das Privileg nimmt die Oberschicht für sich in Anspruch. Um ihre Schadenfreude zu befriedigen, sagen sie von oben herab, würden sie sich gelegentlich mal Frauen suchende Bauern anschauen und von Würmern beladene Altblondinen im Dschungelcamp und gepiercte Teenager im Container und pubertierende Kichererbsen im Alter zwischen vierzehn und vierundzwanzig, getrieben von der Gier, als Supermodel berühmt zu werden und dafür jede Hemmung abzulegen bis auf die Unterwäsche.

Die gängige Erklärung, man schaue sich den Schrott nur an, um sich an der Dummheit der anderen zu weiden, ist nicht glaubhaft. Diese Kritiker des schlechten Geschmacks wissen einfach zu viel über Situationen, die sie als verblödet beschreiben, als dass ihre Erkenntnisse von nur seltenen Abstechern in eine Bauern- oder Adelsversteigerung herrührten. Grundsätzlich werde eh am liebsten »madig gemacht, was komisch ist«, kontert der Arzt und Komödiant Eckart von Hirschhausen, der nebenbei auch noch als komisch geltende Bücher schrieb und damit Bestsellerautor wurde.

Also muss es Mitglieder der Blödgemeinschaft Deutschland geben, die sich nach außen als unheimlich Kluge tarnen, doch heimlich ähnlich primitive Bedürfnisse haben wie die prolligen Armeen, gegen die sie geistreich ankämpfen. Der einzige Unterschied: So blöd, sich zu offenbaren oder sich gar für ein Casting zu melden, so doof sind die stillen Teilhaber nicht. Sie würden nie auf die Idee kommen, sich die RTL-Show *Zehn Jahre jünger* anzuschauen, wo nach dem Prinzip Vorher-Nachher ungewaschene, ungekämmte, Badelatschen und schlabbernde Leggings tragende Unterschichtler so lange gestylt werden, bis aus ihnen menschenähnliche Wesen geworden sind und sogar die eigenen Lebensabschnittspartner vor ihnen fremdeln.

Komisch nur, dass die Klugen darüber witzeln können, obwohl sie diese Verjüngungskur, die deshalb prollig ist, weil ausschließlich Prolos mitmachen dürfen, nie gesehen haben. Das Format ist ein ehrliches Angebot für die Zielgruppe. Da sehen viele für immer so aus, wie die Gezeigten vorher aussahen – und wahrscheinlich bald wieder aussehen, wenn die von RTL wieder abgereist sind. Die ARD dagegen schämte sich zwar nicht, eine sogenannte Style-Show mit einem radebrechenden Typberater namens Bruce Darnell ins Programm zu nehmen, weil man dem seichten Wahn verfallen war, damit jüngere Zuschauer zu gewinnen. Vergaß aber dabei, dass die Zuschauer, die sie erreichen wollte, solche Blödheiten längst besser besetzt und besser gemacht in ihren eigenen Bedürfnisanstalten zur freien Auswahl hatten und nie auf die Idee kamen, ins Erste umzuschalten.

Öffentlich-rechtliches Fernsehen ist qua Staatsvertrag verpflichtet, aufzuklären, zu informieren, zu unterhalten: »Die öffentlich-rechtlichen Rundfunkanstalten haben in ihren Angeboten der Bildung, Information, Beratung und Unterhaltung zu dienen. Sie haben Beiträge insbesondere zur Kultur anzubieten.« In den Bestimmungen steht also nichts von einem Planziel, das per Quote zu erreichen ist. Verankert ist Kulturgut, nicht Leergut. Mit den ihnen von den Gebührenzahlern zur Verfügung gestellten Etats soll vorrangig Qualität produziert werden, wodurch sich die Zuschauer fortbilden lassen zu denkenden, wissenden, heiteren Wesen. Also solchen Deutschen, wie es sie bis zur Befreiung durch die Alliierten vom Hitlerregime kaum noch gab.

Kann wenigstens in Ruhe hören, wer nichts Lautes sehen will? Die Auswahl an Rundfunkprogrammen ist doch riesig. Die Auswahl an Moderatoren jedoch nicht. Das fällt besonders bei den Öffentlich-Rechtlichen auf, in die man schaltet, um sich vor den Dummdödeln und Scherzkickserinnen der Privaten zu retten. Jeder Sender leistet sich zwar – noch? – ein Nischenprogramm, in dem das Wort regiert und nicht die blöden fröhlichen Sprüche von denen, die sich aus dem Wort nichts machen, weil sie auf dem Weg zur Arbeit wieder mal keine Wörter gefunden haben und vor den Mikrophonen sitzend es für eine Suche bereits zu spät ist, aber von morgens bis abends viele Worte ums Nichts flechten. In welcher Klitsche wurden die ausgebildet? War es ein Fernkurs? Wer nimmt denen nach ihren Sendungen gelegentlich das Brett vom Kopf und haut es ihnen auf denselben? Wer hat die mal engagiert, statt ihnen eine Ausbildung in einem für sie passenden Beruf zu empfehlen?

Heeren von Verblödeten stehen Scharen von mit Vernunft und Witz Begabten gegenüber. Sie treffen in der Realität aber nur selten aufeinander, weil den einen die Gewalt wesentlich und den anderen wesensfremd ist. Sie reden allenfalls bei nationalen Katastrophen wie dem zu frühen Ausscheiden bei einer Weltmeisterschaft im Fußball miteinander in einer gemeinsamen Sprache, denn ansonsten leben sie in getrennten Welten. Mit einem Grand Brie der Stars zwecks Kür eines Superstars ausgerechnet auf Arte und 3sat würden Brücken gebaut. Über sieben davon muss man bekanntlich gehen, bevor der helle Schein erstrahlt. Um in der Sprache derer zu bleiben, die für die Organisation eines Spektakels nötig sind, weil sie mit den verbalen Möglichkeiten der Kandidaten vertraut sind: Wie ließe sich aus dem Anspruch der einen und dem Trieb der anderen Honig saugen und Kohle für die Veranstalter ranschaffen?

Im geheimen Strategiepapier der für die entscheidende Schlacht einberufenen Fantasiebegabten stünde folgende irrwitzig gute Idee: Weil es seit der deutschen Einheit sechzehn Bundesländer gibt, kämen sechzehn Volks-Vertreter ins Finale. Um die Show im nötigen Glamour zu präsentieren und da Werbeblöcke zur Finanzierung nicht erlaubt sind aus den bekannten Gründen, reicht der TV-Etat nicht. Deshalb wären die Landeszentralen für politische Bildung und die Stiftungen der Parteien als Co-Sponsoren neben Hauptsponsor »Bild« mit von der Party.

Trefflicher könnten die Institutionen ihren politischen Auftrag nicht erfüllen und die ihnen dafür erteilten Steuergelder einsetzen, denn ihre eigentlichen Aktivitäten gehen am eigentlichen Ziel, die Dummen aufzuklären, vorbei. Immer dann, wenn sie einen deutenden Referenten zu bedeutenden Themen auftreten lassen, kommen hauptsächlich die zu ihren Veranstaltungen, die man nicht mehr überzeugen muss. Eine aufrüttelnde Philippika gegen Blöd-Formate wie *Dschungelcamp* oder *Big Brother* wird ja auch nicht in »Geo Wissen« veröffentlicht. Predigen macht nur dann so richtig Spaß, wenn die Kirche voll ist mit denen, die noch nie zuvor in einer Kirche waren.

Anders jetzt. Eine einmalige Chance. Millionen von Deutschen, viele an Politik desinteressierte Jugendliche, würden beispielsweise erfahren, dass es tatsächlich sechzehn Bundesländer gibt – Sach bloß, Mann! – und dass sie durch die Abgabe ihrer Stimme doch etwas bewirken könnten, und sei es in diesem Fall die Kür eines Superstars, der ihnen Hoffnung macht, auch mal einer zu werden. Genauso blöd wie sie, aber reich und berühmt. Vielleicht wären sie danach versucht, die Erfahrungen auch bei richtigen Wahlen einzusetzen.

Selbstverständlich würde vor Beginn der Show, die dem Niveau der Sender entsprechend von Roger Willemsen moderiert werden müsste oder wenigstens von Elke Heidenreich, etwas Historisches als Thema angeboten. Das könnte ein Beitrag über Charles Darwin sein, weil der »The Survival of the Fittest«, das Überleben der am besten angepassten Lebewesen, in seiner Evolutionsgeschichte über die Entstehung der Arten begründet hat und damit so was wie ein erstes Handbuch verfasste für alle kommenden Wettbewerbe, auch für die Wahl eines Superstars.

Denkbar wäre auch ein Rückblick auf das Römische Reich und die am Tiber einst so beliebten Gladiatorenkämpfe. Auch da konnte am Ende nur einer gewinnen, weil die anderen entweder tot in der Arena lagen oder bereits die Löwen deren Reste verdauten. Brot und Spiele waren schon damals die beiden Grundbedürfnisse des Volkes, heute würde man *Panem et Circenses* (ein wenig Latein für die eigentliche Zielgruppe von Arte und 3sat muss schon mal erlaubt sein) in die Neuzeit beispielsweise übertragen als ALG 2 und RTL 2.

Ein einzelner Mensch, beispielsweise einer, der über die wachsende Verblödung der Deutschen ein Buch schreibt, ist ein bedauernswertes armes Schwein, weil er bei stündlich wachsenden Depressionen beim Anblick der als »Unterhaltung« getarnten Formate von Mittag bis Mitternacht auf fast allen Kanälen einfach überfordert ist. Da treten Menschen auf, die entweder gebeutelt sind von allen Schrecknissen des Lebens – drückende Schulden, schwangere Teenager ohne Schulabschluss, arbeitslos und mit den Raten für den Flachbildschirm in Rückstand, Pferdeschwanz, gar keinen Schwanz, Hängebusen, gar keinen Busen, Schweißfüße – oder aber von den Betreibern dieser Talkshow-Verschnitte, die sich intern Redakteure nennen, auf solche Schicksale eingeschworen wurden.

Letzteres liegt oft näher. Die Konkurrenz vor allem am

Nachmittag ist hart, die Themen sind austauschbar und abgegrast, also muss man erst einmal neue erfinden, nach einem vielleicht doch noch nicht gebrochenen Tabu forschen und erst dann den darauf passenden Fall suchen. Falls es den nicht gibt, weil es das Thema als Problem nicht gibt, hilft nur Falschspiel. Stefan Raab: »Früher saßen in den Nachmittagsshows reale Personen, heute sind das Schauspieler oder solche, die sich dafür halten.«

Manche Lügen, mit denen angeblich zufällig auf der Straße entdeckte Betroffene vorgeführt werden, haben nicht die berühmten kurzen, sondern offene Beine. Es gibt ihn tatsächlich, jenen Kölner Arbeitslosen, der insgesamt siebenmal als Gebeutelter auftrat und einmal die besagten offenen Beine, nicht mehr heilbar nach einem Behandlungsfehler, betroffen in Nahaufnahmen zeigte. Vom Maskenbildner waren sie zwar draufgemalt worden, aber das durfte er aufgrund einer gegen ihn erlassenen einstweiligen Verfügung nicht behaupten, als er aufflog und dann für ein letztes Honorar in einer Rundfunksendung auspacken wollte.

Es blubbern noch nicht ausgeschöpfte Tümpel im Seichtgebiet. Man könnte den besten Bordellbetreiber suchen, die leitenden Herren würden bestimmt mitmachen und dann Freudenhaus gegen Freudenhaus in verschiedenen Stellungen antreten lassen. Quote und Dauererektion bei der männlichen Zielgruppe wären garantiert. Man könnte die besten Tricks wählen lassen, mit denen man vom Staat doppelte Beihilfen erschleicht. Das wäre ein auf die Zielgruppe perfekt zugeschnittenes Format. Oder man könnte im Osten die besten Baumärkte suchen lassen samt Krönung des begabtesten Düblers, oder man könnte die härtesten Zugbegleiter küren, denen kein Weg zu weit ist, auf den sie ein Kind jagen würden, das seinen Fahrausweis vergessen hat.

Wenn es etwas mit Anspruch sein darf und deshalb besser

zu ARD und ZDF passen würde als zu den als Schaumschläger geborenen Seichtsendern, sollte man sich derart auch aktuellen politischen, gesellschaftlich relevanten Themen und Gruppen nähern. Gewählt wird dabei, nach genauer Recherche in den Kellern, in denen faule Papiere verrotten, und nachdem die Vorstände in einer Bütt ihre Sünden gebeichtet haben, die Bank, die verstaatlicht und so gerettet werden soll. Die Verlierer müssten Insolvenz anmelden, ihre Manager die Bonuszahlungen an Amnesty International spenden und außerdem mit ihren Frauen einkaufen gehen.

Schwieriger würde es werden, die ebenfalls in dem Zusammenhang naheliegende Idee für ein Konzept unter dem Titel »Wer WAR Millionär?« fernsehgerecht umzusetzen. Allerdings ließe sich in den Archiven von ARD und ZDF etwas Fernsehgerechtes finden. Eine Variante von Robert Lembkes einst berühmtem Ratespiel *Was bin ich?* böte sich an: Fünf Kandidaten werden gegrillt, dürfen auf Fragen des Moderators – Hans-Olaf Henkel? – nur mit Nein oder Ja antworten, und erst am Schluss wird enthüllt, wer mal reich war und heute von Hartz IV leben muss.

Bleiben wir in der Realität.

Die muss beurteilt werden.

Soll sich der Mensch, der ein armes Schwein ist, siehe Seite 47, in der freiwillig gewählten Rolle als Juror nur für einen einzigen Sender entscheiden? Oder nur für ein ganz bestimmtes Format? Lieber den dünnflüssigen Inhalt wiegen oder ausschließlich die Performance derer wägen, die sich Moderatoren nennen? Ist es am Ende vielleicht sogar eine selbstgefällige Anmaßung, sich in intellektueller Arroganz zum Richter über den Geschmack anderer zu erheben, sie aufgrund ihrer schlichten Bedürfnisse verächtlich zu machen?

Denn weil die nichts lesen außer den Schnäppchen-Anzeigen von Lidl, Aldi und Co., erfahren sie ja eh nie was von der Verachtung der ihnen fremden anderen. Was den Umkehrschluss erlaubt, dass allenfalls offene Türen unter seinesgleichen einrennt, wer von den üblichen verdächtigen Besserweisen in Zeitungen und Zeitschriften des aufgeklärten Bürgertums seine Verachtung fürs Prekariat in wohlfeile Sätze verpackt.

So betrachtet wäre es ein Quantensprung und ein Quotensprung, könnte man aus der selbst verschuldeten Not eine selbstkritische Tugend machen und die Entscheidung über die blödeste Moderatorin oder den blödesten Moderator dem gemeinen Volk überlassen. Man gehört ja schließlich nicht zu der Schicht – danke! –, die sich Florian Silbereisen oder Marco Schreyl als Schwiegertochter oder Schwiegersohn vorstellen kann.

Sie ein wenig zu quälen allerdings ist erlaubt. So machen sie es ja auch in ihren Sendungen mit ihren Kandidaten. Die sechzehn in den regionalen Castings für das Finale Ausgewählten müssten vor der Nacht der Stars eine Woche lang mit ihren Konkurrenten nicht die Wohnung oder die Gattin oder den Mann oder ein Haustier tauschen, sondern ihre Sendungen. Das wäre mal ein echter Härtetest. Denn wer einmal gesehen hat, wie eine Frau aus besseren Kreisen der Oberschicht, die blöd genug war, sich für die Vorführung in einem allen einsichtigen Menschenkäfig freiwillig gemeldet zu haben, beim Blick in die ihr zugewiesene Wohnhöhle und auf deren stinktierähnliche Bewohner hilflos schluchzend zusammenbrach, weiß um die Schwere dieser Aufgabe und ahnt schaudernd, wie auf den Ebenen des Gewöhnlichen der deutsche Alltag mieft.

Deshalb sollen den die Moderatoren auch mal erleben. Ihnen werden die Aufgaben gestellt, die sie bisher anderen kalt lächelnd zugemutet haben. Ihre Gemeinheiten rächen sich nun. Wer schon möchte Jörg Pilawa das Frühstück ans Bett bringen müssen? Wer für Hugo Egon Balder den Sprachmüll trennen? Wer mit Jörg Kachelmann den Samstagabend auf der Couch verbringen und gemeinsam im Ersten einen Film aus der ARD-Unterschichten-Reihe *Da wo*... (die Freundschaft wohnt, die Liebe ruckeldizuckelt, die Berge glühen, der Wildbach rauscht etc.) – Hauptrolle bis zum letzten Almabtrieb stets Hansi Hinterseer – durchstehen müssen?

Eine ganz bestimmte Moderatorin, nennen wir sie zum besseren Verständnis hier einfach Inka Bause, dürfte beispielsweise nicht wie sonst in einer ihrer Shows einen Bauern von der ihm nahen Ziege wegzerren und mit einer läufigen Ex-Friseuse paaren, sondern müsste dem Landadligen, bei dessen Anblick selbst Frankensteins Töchter ins nächste Kloster flüchten würden, eine standesgemäße Braut vor seine Flinte treiben. Ein bestimmter Moderator dürfte dann beispielsweise nicht wie gewohnt mit dümmlichen Fragen täglich um 14 Uhr die eigentlich auf seinem Niveau agierenden Gäste an ihrem eh geringen Verstand zweifeln lassen, sondern müsste als Oliver, der etwas andere Restauranttester, in versifften Küchen deutscher Vorstadtkneipen die im ranzigen Fett um ihr Leben kämpfenden Kakerlaken vor Köchen retten, die sie als Beilage fürs Eisbein garnieren wollten.

Und sie alle müssten sich unter schadenfreudiger Anteilnahme des Millionenpublikums in Aufgaben bewähren, die sie in ihren Sendungen denen vorgeben, die trotz ihrer beschränkten Möglichkeiten bei der öffentlichen An- und Hinrichtung mitmachen. Ein paar willkürliche, aber nicht zufällig gewählte Beispiele: sich einen ganzen deutschen Satz überlegen, den sie nicht auf dem Teleprompter ablesen, sondern selbst zu formulieren hätten. Sich bis auf die Unterwäsche ausziehen. Mutter und Tochter Hellwig oder die Überlebenden der Jacob Sisters samt Pudel interviewen.

Den Moonwalk von Michael Jackson tanzen. Wenigstens einen Fernsehfilm benennen, in dem Veronica Ferres garantiert nicht mitgespielt hat. Wissen, nach welchem Tor in welchem Spiel Lothar Matthäus seine Leidenschaft, statt zu ballern in fränggischen Urlauten zu labern, entdeckt hat.

Wäre das nicht schön?

Wäre das nicht erfolgreich?

Wie nähert man sich denen am besten, die »Wow!« sagen, wenn sie auf der Suche nach einem möglicherweise passenden Wort in einer überraschenden Situation nicht weiterkommen? Um Kriterien aufzustellen für eine Beurteilung der vielfältigen niedrigen Instinkte des Volkes, müsste das weite Feld des Seichtgebietes in einzelne Parzellen aufgeteilt werden. Es wird nicht nur den einen Superstar für alles Mögliche geben können, es dürften viele Mögliche für alles Unmögliche sein. Ein Kanal könnte zum benutzerfreundlichsten Superstar erklärt werden, der alle seine Zuschauer warnt – Pfeifton? Aufblinkende rote Lampen? –, falls die Gefahr droht, dass sich, von unten her aufsteigend, das Niveau des Versendeten der Marke IQ 80 nähert. Dann hätten die aufgeschreckten Konsumenten noch die Gelegenheit, rechtzeitig per Fernbedienung umzuschalten von Super RTL auf 9Live.

Über das *Dschungelcamp* herzufallen, wo die Zicke und der Dicke boshaft grinsend beweisen, dass sie nicht so blöd sind wie die vielen total bescheuerten Ex-Irgendwasauchimmer, denen sie die Würmer aus Nase und Ohren ziehen, ist langweilig. Die Show erfüllt ihren Zweck, die Blöden für Stunden von den Straßen fernzuhalten und die dadurch sicherer zu machen. Es fallen anschließend für eine gewisse Zeit, solange das Honorar von RTL reicht, arbeitslose C-Prominente nicht mehr dem Sozialstaat zur Last. Wer in Insekten baden musste, wird in Zukunft nicht nur einmal pro Woche beim Nachbarn duschen. Selbst für früh Ausgeschiedene wird sich ein Auftritt in irgendeiner drittklassigen Talkshow bei Frau Bärbel, Frau Birgit, Frau Britt arrangieren lassen.

Immer noch gut genug, egal, wie schlecht sie auch waren, sind sie für eine Wiederholung in der Müllverbrennungsanlage *Voll Total*, von Montag bis Donnerstag jeweils zur selben Zeit wie die ARD-*Tagesthemen*, wenn auf Super-RTL alles verwertet wird, was bei RTL, in welchem Debil-Format auch immer, angefallen und dem Moderator, der stets das gleiche Hemd, den gleichen Anzug, die gleichen Schuhe trägt, aufgefallen ist. Im Grunde eine geniale Idee: Man macht aus den Resten der anderen hauseigenen Blödmacher selbst was Blödes. Billiger geht's nicht.

Oder ist es vielleicht die heimliche Rache einer verschworenen Gemeinschaft von zutiefst Verzweifelten innerhalb der Anstalt, einer Untergrundorganisation, die auf die geniale Idee gekommen ist, sich als bescheuert zu tarnen, um am Beispiel unterschichtiger Brüllshows von bescheuerten Schamlosen in Serie zu beweisen, dass kein Unterschied besteht zwischen den befragten und den fragenden Blöden?

Sich außerhalb der Anstalten zu retten in allgemeine rhetorische Fragen, die nach vorgetäuschtem Tiefgang (VGT) klingen, ist zwar schnell vollbracht. Beispielsweise: Gab es nicht immer schon und zu allen Zeiten mehr Blöde als Kluge? Ist Volksverdummung nicht immer schon ein herrschaftserhaltendes Bestreben der Mächtigen gewesen? Fällt die allgemeine Verblödung nur deshalb so auf, weil die Blöden zum ersten Mal in der Geschichte der Menschheit über eigene Sender verfügen?

Tolle Fragen. Dreimal kurzes Ja als Antwort.

Bei einzelnen Originalformaten wird es weitaus schwieriger, sich zu entscheiden. Hilfreich ist eine Beschränkung auf die beiden erfolgreichsten Mütter allen Schlachtens, einmal *Deutschland sucht den Superstar*, zum anderen *Germany's Next Topmodel*. Beide Formate haben im Gegensatz zu versendeten Plagiatoren wie *The Biggest Loser*, wo Katarina Witt gut sichtbar die Vergeblichkeit allen irdischen Trachtens verkörpert, auf Dauer das Gewicht zu halten oder den nächsten Uri Geller zu finden, wo schon der tatsächliche nicht zu unterbieten ist, zwei absolute Superstars als Markenzeichen für Kompetenz: Dieter Bohlen und Heidi Klum.

Diese von ihnen selbst erarbeitete Fallhöhe ist genau berechnet worden, auf dass sie beim Sturz der Kandidaten wirksam sei, sie ist sozusagen das Pfund, mit dem sie wuchern. Was beide wissen und sich entsprechend ihrem Gewicht bezahlen lassen für die zugeteilten Rollen. Ihre Popularität, der eine bekannt als Modern-Talking-Sangesbruder und als Gefährte von Teppichludern, die andere als Supermodel und Mutter, die ihre Brüste zärtlich Hans und Franz nennt, ist ihr Kapital.

Ähnliche Traumquoten in seiner Zielgruppe erreicht nur noch der Mitteldeutsche Rundfunk (MDR). Der gehört zu den öffentlich-rechtlichen Kanälen, obwohl er auch unter den Privaten keinen zu fürchten hätte, eben weil er sich vor nichts scheut. Zum Beispiel keine Scheu kennt, Grenzen zu unterschreiten. Allerdings schafft der MDR die Quoten nicht in der von Bohlen und Klum avisierten Altersklasse ab dreizehn Jahren, sondern bei deren Großeltern.

Weil der MDR verantwortlich von höchst bescheidenen Menschen geleitet wird, die sich nicht für moralischer, klüger, anspruchsvoller dünken als ihr Publikum und das Programm machen, das ihnen selbst gefällt, sind sie zum Marktführer unter allen regionalen Dritten der ARD geworden. Aus Sicht des Westens ist es ein »Paralleluniversum« (Stefan Niggemeier) der unbekannten Art, mit dessen Bewohnern als Fremden von einem anderen Stern. Die vom MDR beglückten Menschen bekommen für ihre Gebühren genau das, was sie lieben, und damit das, was ihnen gebührt. Gern sehen sie nach wie vor bunte Kessel voller Toupettträger, kichernder Blondinen, scherzender Nervensägen, die in anderen geschlossenen Anstalten längst Hausverbot haben. Im anwesenden Publikum amüsieren sich, wie bei den Kameraschwenks ins schunkelnde Volk sichtbar wird, Vertreter der Frisurenmode Vokuhila – vorne kurz, hinten lang – mit ihren entsprechend hochtoupierten Frauen.

Der MDR ist offenbar eine menschenfreundliche, keine menschenverachtende Vereinigung. Sein Unterhaltungschef hat sich schon im untergegangenen Zwei-Kanal-System der DDR intensiv um die Probleme seiner Mitmenschen gekümmert und deren Kummer weitergegeben ans Ministerium für Staatssicherheit. Menschenverachtung könnte vielmehr anderen Sendern vorgeworfen werden, zum Beispiel dem Sender, in dem Big Bohlen mit zitternden Prolos umgeht wie mit Leibeigenen.

Die bunten Kesselflicker des MDR holen in ihrer Güte dagegen nicht nur ostdeutsche Scheintote aus ihren Altenheimen, lassen sie vor laufenden Kameras singen, tanzen, blödeln. Sondern sie geben auch lahmen westdeutschen Zirkuspferden noch Zucker, fördern so die innere Einheit der Nation. Was den Privatsendern die Suche nach irgendwelchen Superstars, ist dem Marktführer Ost die Volksmusik. Da blubbert's im Biotop vor Glück. Alle dort heimischen Brüder und Schwestern sowie alle, die nicht rechtzeitig aus den Wernesgrüner Musikantenschenken fliehen konnten, werden von der Moldau bis zur Mulde versendet.

Ist es überhaupt sinnvoll, den Unterschied zwischen Gasse, Gosse und Boulevard zu erklären, weil es die sich dort Tummelnden eh nicht verstehen würden? Lässt sich unterscheiden zwischen Provokation auf allertiefstem Niveau, um sich im Sinne des geheimen Konzepts an den Reaktionen zu ergötzen, und hörbar werdender Kumpanei auf ebendiesem Niveau? Nehmen die öffentlich geschlachteten Jugendlichen jede Bohlen-Demütigung hin, weil sie nur so ihre zwei Minuten Fernsehpräsenz bekommen, mit der sie wenigstens in ihren Dunstkreisen angeben können? Ist es schwarzer Humor oder nur Ausdruck von menschenverachtender Dreistigkeit, wenn Ilka Bessin alias Cindy aus Marzahn bei ihren Auftritten vor augenscheinlich eindeutig gedankenfreien Prolos für den Satz bejubelt wird: »Ich habe Alzheimer-Bulimie, erst esse ich alles, dann vergesse ich zu kotzen«?

Schlimmer geht's nicht?

Ach was, geht noch.

Auf Viva, dem einst frechen Alternativkanal zu öffentlich-rechtlichen Musiklangweilern, inzwischen aufregend wie 9Live, wo Moderatorinnen und Moderatoren beschäftigt werden, die nicht mal mehr der MDR vor die Kamera lässt, lief ein Casting-Surrogat namens *Are U Hot*. Zu allen anderen Shows dieser Art, egal, auf welchem Sender, verhält sich die wie Roger Whittaker zu Frank Sinatra. Bei Viva treten junge Menschen auf, die berechtigte Zweifel an Darwins Evolutionstheorie wach werden lassen, was aber ebenso gilt für die Ansagerin und die Jury und das Publikum. Insofern kann man das Ganze auch eine in sich stimmige Sendung nennen. Worum es dabei geht, wer gewinnt und was er/sie dafür tun müssen, ist egal.

Befragt, was er denn tun würde, um ins Fernsehen zu kommen, und sei es auch bei Viva, antwortete ein voll geiler Halbwertiger, er sei bereit, sein Auto gegen einen Baum zu fahren. Was ihm einen Auftritt im Motormagazin *Grip* auf RTL 2 bescheren würde beim Themenschwerpunkt, der unter dem Motto stand, was wohl passiere, wenn einer mit

»Highspeed durch eine geschlossene Schranke donnert«. Zumindest würde er das Brett vor dem Kopf dabei verlieren, aber selbst dann bliebe ja der Kopf weiterhin leer.

Lange Zeit führten in einer gemeinen persönlichen Rangliste des Ekels Katarina Witt (ProSieben), Oliver Geissen (RTL) und Birgit Schrowange (ebenfalls RTL). Bis schließlich dann doch drei Formate gewannen, die von Grenzdebilen für Debile mit Berufsziel Hartz IV produziert worden sein müssen. Ihnen gilt der Seufzer: Herr, nimm sie zu dir, und dies möglichst bald! Einmal das bereits erwähnte *Are U Hot* auf Viva, dann die Gerichtsshow *Echt gerecht* auf Super RTL, wo von Mimen, die selbst Betreiber von Geisterbahnen, vom Grauen gepackt, sogar dann ablehnen dürften, falls die Bewerber als Gagen nur ein warmes Mittagessen verlangen würden, sogenannte alltägliche Fälle nachgestellt werden. Und schließlich *Mister Perfect* auf Sat.1, präsentiert von einem Moderator namens Alexander Mazza, der sogar bei jenem oben spielerisch ausgedachten regionalen Wettbewerb nicht zugelassen worden wäre. Nicht mal die Verantwortlichen schauten sich das lange an und machten das Licht bald aus.

Bei *Mister Perfect* gab es, na was schon: eine Jury – doch weil diesmal der rundum tollste Mann gesucht wurde und nicht irgendein aus dem Hals singender Tanzbär, saßen in der nur drei weibliche D-Prominente. Ein Gentleman hört sich die an und schweigt. Alexander Mazza ist keiner. Er kommentierte die supergeilen Sprüche, und es gelang ihm mühelos, jeden sprachlich und gedanklich zu unterbieten. Im Studio freuten sich vierhundert jüngere Frauen auf die Chance, per Knopfdruck einen Kandidaten rauszuwählen. Wen es dabei in Form eines Wasserschwalls traf, war egal, denn die Männer waren in ihrer Schlichtheit austauschbar. Was wiederum nicht überraschend ist. Wer sich für ein solches

Spiel meldet, muss ganz einfach eine Klatsche haben, auch wenn die nicht auf den ersten Blick deutlich erkennbar ist.

Das liest sich so hingeschrieben natürlich menschenverachtend gemein. Denn eigentlich können die Genannten nichts dafür, dass sie blöd sind. Im normalen Leben würden sie gar nicht weiter auffallen. Sie wären da nie einsam, nie allein, Millionen sind genauso wie sie. Die eigentlichen Menschenverächter sind aber die verantwortlichen Produzenten für diese und viele andere Formate. Sie bleiben unsichtbar. Keiner kennt sie außer ihren Familien. Über sie und ihre unterschiedlichen Brüder unter gleichen Kappen wie jene aus dem zweitältesten Gewerbe der Welt, die Verleger von Büchern, Zeitungen, Zeitschriften, wird noch zu schreiben sein. Freundlicher wird das nicht. In diesem Kapitel hier geht es nur um sichtbar werdende Beleidigungen, um die täglich versendeten Attacken auf Geschmack und Verstand.

Kann man sich denn nicht einfach ausblenden und die Pflege der Blöden den Blöden überlassen? Wer ist gezwungen, sich auf Seichtgebiete zu begeben?

Niemand, das stimmt.

Aber bedeutet das nicht, sich resignierend damit abzufinden, dass Deutsche mehr denn je verblöden, was ja nicht ohne Auswirkungen bleiben kann auf die innere Verfassung der Republik? Und damit doch die ganze Gesellschaft betrifft?

Wieder nur rhetorische Fragen. Es ist ja längst so, wie es in denen umschrieben wird. Die hemmungslose Verblödungsmaschine läuft und läuft und läuft. Was sie ausspuckt, findet in der Gegenwart statt. Täglich. Stündlich. Immer.

In einer Nacht wie vielen anderen beklagte eine Frau, die von hinten blond aussah wie Sydne Rome in ihren männermordenden besten Zeiten und, als sie sich zur Kamera drehte, wie Leni Riefenstahl nach ihrem letzten Tauchgang, dass sie als seriöse Schauspielerin (!) keine Rollen mehr bekommen würde, sobald die Produzenten ihre prallen Möpse erblicken würden. Sie sagte tatsächlich »Möpse« und hielt dieselben, mit beiden Händen klammernd, anklagend hoch. Das hohe Gericht blickte beeindruckt.

Worum ging es in diesem offensichtlich besonderen Fall bei »Echt gerecht«? Eine Krankenschwester war angeklagt, weil sie vor einer Schönheitsoperation aus Versehen die Akten von zwei Patientinnen verwechselt hatte. Die eine wollte kleinere, die andere größere Brüste. Wie das Leben so spielt, tat der Arzt gemäß der Vorgabe, die in den Akten stand, seine schnittige Pflicht. Leider machte er dabei die großen Brüste noch größer und die kleinen noch kleiner. Kann er was dafür? Hätte er vielleicht nachdenken sollen, bevor er zum Skalpell griff? Nein, hätte er nicht. Fürs Nachdenken wird er nicht bezahlt. Freispruch! Die Krankenschwester dagegen wurde zu sechs Monaten mit Bewährung verurteilt.

Dass die Szenen alle von irgendwelchen Knattermimen gestellt waren, die alle eine ihnen vorgeschriebene Rolle erfüllten – nein, spielen darf man das nicht nennen –, mag Gemüter erfreuen, die gern mal kleinere oder größere Möpse im Fernsehen betrachten. Dass die Erfinder solchen Schwachsinns, die wahrscheinlich als Beruf beim Finanzamt »Drehbuchschreiber« angeben, nicht längst verurteilt worden sind, und zwar ohne Bewährung, ein Jahr lang in einer Bahnhofsmission die Klos zu säubern, ist auch nicht wesentlich. Gott der Gerechte wird sie irgendwann erwischen, genau in dem Moment, in dem sie wieder mal nichts denken.

Der Mutterkonzern des ausstrahlenden Senders, bei dem es ähnlich geschmackvoll zum Beispiel um Vaterschaftstests geht, was für die Zielgruppe ALG 2 abwärts ja durchaus von Nutzwert sein kann, um ihre wahren Verhältnisse und wer aus denen tatsächlich stammt, kennen zu lernen, heißt

Bertelsmann. Warum dieser dem christlichen Menschenbild verpflichtete Konzern, zu dem auch der Verlag gehört, in dem dieses Buch erschienen ist, nicht längst strafend und ohne Bewährung zu geben eingegriffen hat, ist zwar erstaunlich.

Aber leicht erklärbar. Es geht ums Geld. Je höher die Quote, desto teurer sind die einzelnen Werbeminuten. Je jünger die Zuschauer, desto besser lassen sich die Formate verkaufen. Niemand will die richtig Alten außer bei den Abenden der Volksmusik, aber die laufen in den öffentlich-rechtlichen Sendern nach der Tagesschau, wenn Werbung nicht mehr erlaubt ist. Die hohen Quoten wiederum kann man immerhin für Eigenwerbung nutzen, die heben den Durchschnitt am Monatsende. Es führt ARD knapp vor dem ZDF, danach folgen RTL, Sat.1, ProSieben, VOX, RTL 2, Kabel eins, Super RTL.

Super RTL? Wäre das nicht der ideale Sender für alles, was mit »Super« zu tun hat? Also ein Spartenkanal für Superdeppen? Wäre das am Ende vielleicht die einzig sinnvolle Antwort auf die so oft gestellte Frage, wo denn verdammt noch mal das Positive bleibe – die aber erst im letzten Kapitel beantwortet werden soll?

Man könnte allerdings schon mal einen Hinweis geben.

Vor vielen Jahren gab es ein Ereignis in der Fernsehgeschichte, das die Deutschen so erschüttert hat wie keines davor und keines mehr seitdem. In allen dritten Programmen lief damals die Fernsehserie *Holocaust – die Geschichte der Familie Weiss*. Die Einschaltquoten lagen zwischen 32 und 41 Prozent. Bei den Westdeutschen – in der DDR konnten die dritten Programme der ARD nicht empfangen werden – zwischen vierzehn und neunundzwanzig Jahren, genau der Altersgruppe, in der heutzutage Bohlen und Klum und Co. regieren, schalteten fast siebzig Prozent jede Folge ein. Die

Geschichte von zwei Familien, eine jüdischen Glaubens, die andere nazigläubig, entfaltete mit den Stilmitteln spannender Unterhaltung, was Historiker trotz aller Aufklärung nicht geschafft hatten: nachhaltige Wirkung. Mit den Emotionen wurden fünfzehn Millionen Menschen erreicht, von denen viele für blöd gehalten worden waren, weil sie nicht wussten, was man über die Verbrechen der Deutschen hätte lesen können, oder aber nicht hatten wissen wollen, weil sie mitgemacht hatten.

Die größte deutsche Illustrierte, der »Stern«, nutzte damals die kollektive Scham, die Erschütterung, erzeugt durch die Symbiose von Realität und Fantasie, und zeigte auf zwanzig Doppelseiten das Grauen in den KZs, Fotos des Massenmordes, Aufnahmen von Opfern und von Tätern. Überschrift: »So war es wirklich«.

Gepredigt wurde, als die Kirche überfüllt war.

Gute Unterhaltung weckt Bewusstsein.

Sie muss nicht so blöd sein, wie sie gemacht wird.

KAPITEL III

Menschenversammler

Es ist bestimmt von übler Arroganz und geschrieben von oben herab, mit einem Einstieg wie diesem hier zu beginnen. Das sollte eigentlich, wie anfangs versprochen, tunlichst schon deshalb vermieden werden, um sich von Oberlehrern abzuheben. Für die Schilderung eines besonderen Falles, des gleich folgenden Falles, braucht es aber nun mal eine gewisse arrogante Grundhaltung. Denn der Mann, um den es gehen wird, ist der Kaiser unter den Blödmachern. Manche vermuten zwar, dass er sich nur tarnt, also in Wirklichkeit gar nicht nackt ist, sondern tut wie die Blöden, damit die ihn so lieben.

Für diese These gibt es allerdings kein einziges Zitat, das man als Beleg dafür nehmen könnte. Mario Barth ist vermutlich wirklich so simpel wie seine Fans. Er überfordert sie nicht – ob absichtlich oder mangels Möglichkeiten, ist für die Analyse seines Erfolgs unwesentlich –, er eröffnet ihnen keine neuen Horizonte, was sie aber eh nur verwirren würde, bewegt sich in den ihnen durch ihre Intelligenz vorgegebenen natürlichen Grenzen. Das Spielfeld ist zwar überschaubar klein, doch unterhalb Niveau null sind die Möglichkeiten sich auszubreiten undurchschaubar geil.

Objektiv betrachtet, statt subjektiv als Ekelpaket denunziert, ist Mario Barth der erfolgreichste deutsche Comedian. Statt seine unterirdischen Erfolge als Beleg dafür zu nehmen, dass mehr und mehr Deutsche blöd gemacht werden und viele bereits rettungslos verblödet sind, könnten die Oberlehrer der Nation, von denen es außerhalb der Seichtgebiete ja viele gibt, an seinem Erfolg auch was ganz anderes beweisen.

Etwas völlig Überraschendes.

Etwa den Beweis erbringen, dass es Gott geben muss, und zwar den des Neuen Testaments, den gütigen. Den, der sich um alle Menschenkinder sorgt, also auch um Mario Barth. Eine gewagte These, aber eine gemein reizvolle.

Auf jeden Fall hat sie hohen Unterhaltungswert.

Wie man in einer populären Übersetzung der Heiligen Schrift nachlesen kann, sind selig die Armen im Geiste, denn ihrer ist das Himmelreich. So verkündet von Matthäus, dem Apostel. Damit haben die Verfasser die gemeint, die arm sind im Angesicht Gottes und von ihm alles erwarten. Hier und heute aber geht es um geistig Arme. Aber auch die sind – wer's glaubt, wird selig – glücklich zu nennen, obwohl sie nichts dafür tun. Das begründet Matthäus mit der Botschaft: »Sehet die Vögel unter dem Himmel an! Sie säen nicht, sie ernten nicht, sie sammeln nicht in die Scheunen, und euer himmlischer Vater nährt sie doch.« Einfach so hingeschrieben liest es sich, als ginge es dem Apostel nur um Spatzen und Meisen. Die Autoren des Buches der Bücher schrieben aber in der damals populären literarischen Mode der Gleichnisse. Nur solche der einfachen Art konnte das einfache Volk verstehen.

In biblischer Tradition, allerdings ohne den zumindest im Neuen Testament zur Pflege kleingläubiger Menschenkinder eingesetzten himmlischen Witz, beackert Mario Barth ein unterirdisches Reich. Seine Botschaft für die geistig Armen: »Sieh mich an, Volk, ich bin einer von euch; hör mich an, Volk, ich bin so wie ihr; doch dass ihr seid wie ich und dennoch für mich euer Geld ausgebt, finde ich voll geil.«

Barth muss nichts mehr säen, weil die Saat nach fünfundzwanzig Jahren Privatfernsehen längst aufgegangen ist, um in seiner Scheune, die in Berlin-Kreuzberg steht, reiche Ernte einzufahren. Gott ernährt auch ihn, also muss es Gott geben.
Beweis erbracht.
Zurück in die irdischen Seichtgebiete.

In einem seiner gnadenlos gemeinen »Briefe an die Leser«, mit denen das Magazin »Titanic« all diejenigen lächerlich macht, die es verdient haben oder an die sich sonst niemand rantraut, und damit seinen treuen Lesern jeden Monat eine große Schadenfreude bereitet, wird auch Mario Barth auf den berühmten Topf gesetzt. Und gedeckelt: »Wenn Sie, Mario Barth, [...] in einem hannoverschen Steakhouse lümmeln und erst die Bedienung, die Ihnen statt Cola zero ein Glas Cola light gebracht hat, wortreich nölend zusammenfalten; dann einem sehr höflich an Ihren Tisch tretenden Herrn den Autogrammwunsch mit dem Satz: ›Nee, nee, sicher nicht, wenn ich einmal anfange, wollen gleich alle‹ abschlagen; wenn der so Gescholtene dann freundlich darauf hinweist, dass das Autogramm aber doch für seinen Sohn sei, der für Ihren, Barth, am Abend in Hannover stattfindenden Auftritt eine Karte habe, und Sie dann den Riesenarschsatz ›Sportsfreund, wenn ich Nein sage, meine ich nicht Ja‹ sagen; wenn Sie also mit Ihrem nimmermüd Berliner Dummsabbelmaul die Hand beißen, die Sie füttert, dem derart Gedemütigten dann noch ein [...] Hohngelächter hinterhersenden und Ihre Rotte ob der gelungenen ›Pointe‹ abklatschen, dann, Barth, dürfen Sie sich gleich zweimal nicht wundern, wie sehr uns das Anagramm Ihres Namens erfreut, das wir soeben erstellt haben: Abart im Ohr. Artig: Titanic«.

Ist zwar schön nachzulesen, trifft aber den Comedian-King nicht. Weil er sowieso nicht weiß, was ein Anagramm ist. Die nach einem heiteren Intellekt klingende Berufsbezeichnung Comedian für einen in Wahrheit nur schlicht gestrickten Spaßvogel wie Mario Barth zu übersetzen mit Komödiant, wäre beleidigend allen gegenüber, die wirkliche Komödianten waren oder sind – Peter Ustinov, Charlie Chaplin, Olli Dittrich, Lenny Bruce, Vicco von Bülow, Mathias Richling, Michael Mittermeier.

Komödianten sind von jeher melancholische Wesen, die ihre innere Traurigkeit nicht nach draußen dringen lassen, sondern durch feinen Humor verbergen. Komödianten haben erkannt, dass die Welt ein Jammertal ist und nur dann zu ertragen, wenn man diese Erkenntnis tief im Inneren für sich behält und sie nach außen gelassen verlacht. Sie sind deshalb begabt mit Ironie, beflügelt von Esprit und zur Not auch getragen von Zynismus, was sie gegen mitunter anfallende Depressionen schützt.

Oliver Polak ist so ein trauriger Komödiant der heiteren Art, als Deutschlands einziger »jüdischer Stand-up-Komödiant« wird er gelobt. Wenn er bewusst geschmacklos böse Witze macht über die Ermordung von Millionen Juden durch die Nazis, dürfen deren Nachgeborene alle lachen, nur er lacht eben doch nicht mit. »Ich bin Jude, ich darf das«, ist seine lakonische Begründung für politisch unkorrekte Scherze, die anderen zu gewagt erscheinen, und das stellt er bei seinen Bühnenauftritten auch live unter Beweis. »Lassen Sie uns«, sagt er liebend gern gemein zum Beginn, »heute Abend eine Vereinbarung treffen. Ich vergesse die Sache mit dem Holocaust, und Sie verzeihen uns Michel Friedman.«

Im Gegensatz zu tödlich geistreichen Witzen wie denen von Oliver Polak brauchen durchschnittlich begabte deutsche Comedians zum Erfolg nur ihr einfaches Gemüt und ihren simplen Verstand. Man dürfe bitte aber auch nicht verschweigen, kontert dieses Vorurteil der mit Ironie ausgestattete Komödiant Michael Mittermeier, dass vom gehobenen

deutschen Feuilleton meist nur jene Komödianten gelobt werden, die »nachts um 3.37 Uhr im Fernsehen gezeigt werden und eine Handvoll Zuschauer erreichen. Die Nichtbeachtung ist dann ein Maßstab, um es toll zu finden.«
Womit er auch wieder recht hat.

Selbst dann, wenn Comedians in Wirklichkeit mitunter doch so klug wären wie Komödianten, sind sie gut beraten, diese Eigenart bei ihren Menschenversammlungen zu unterdrücken. Denn würden sie ihre Auftritte mit geistreichem Witz würzen und nicht die Hallen des Volkes mit armseligen Witzen füllen, wäre ihnen das verstörte Schweigen ihrer Lämmer gewiss. Die könnten sich fortan anderen Hirten zuwenden, und die vom Volk Verlassenen müssten sich fortan mit Gastspielen auf Kleinbühnen der Provinz über Wasser halten. Das ist aller Ehren wert, aber zu ernten gibt es da nun mal nicht so viel wie auf den großen Bühnen.

Das englische Wort »Comedian« richtig aussprechen können inzwischen sogar jene, die bereits mit der deutschen Sprache ihre Schwierigkeiten haben. Sie haben es ja oft genug gehört. Barth gilt zwar vom Hörensagen als Comedian, ist aber auf gut Deutsch gesagt ein übler Scherzunhold. Weil seine Scherze von Übel sind, hat er ein großes Publikum. Was bereits durchschnittlich intelligente Menschen fassungslos aufschreien lässt, finden Blöde, die er um sich schart, zum Schreien komisch. Sie verlieren ihre letzten Hemmungen, wenn König Mario sie auf seinen Reisen durchs Land heimsucht oder wenn er via Haus-Blödsender direkt zu ihnen ins Wohnzimmer kommt. Um Geschmacklosigkeiten, getarnt als Humor, erleben zu können, mussten die Blöden früher weite Wege in Kauf nehmen, damit sie Volkshelden der Barth-Art aus der Nähe erleben konnten. Heute genügen ihnen ein paar Schritte zur Couch und der Daumen auf der Fernbedienung, und schon fühlen sie sich zu Hause wohl in ihrer Welt.

Das ist ein riesiger Fortschritt.

Oder etwa nicht?

Barth hat geschafft, was Alchimisten vergebens versuchten: Er hat aus Scheiße Gold gemacht.

In seinen eigenen Worten: »Wie geil is'n dit?«

Seine Frage: »Willst du mit mir ins Bett gehen?«, gerichtet ans nicht nur unter Umständen, sondern grundsätzlich allzeit bereit wirkende weibliche Publikum in einem RTL-Studio, ist überraschenderweise zwar nicht ernst gemeint, aber sie wird ernst genommen. Die Befragten denken nicht erst lange nach, was ihnen wahrscheinlich schwerfallen dürfte, sondern sagen spontan Ja, richten sich schon mal halb auf, falls es gleich live zur Sache gehen sollte. So weit geht es natürlich – noch? – nicht, es war tatsächlich nur ein Scherz.

Mario Barth führt die Erwählte, deren Augen feucht glitzern, zu einem Doppelbett auf der Bühne, verhindert gerade noch, dass sie seine gleichfalls witzig gemeinte Bemerkung, die Schuhe dürfe sie anbehalten, ernst nimmt und alles andere ablegt, schlüpft unter die Decke neben die erregt Giggernde, reicht ihr Mettwurstkugeln, was auch immer das sein mag, schenkt Schaumwein ein, den er zu Champagner verklärt, und moderiert im Liegen weiter.

Auf solche blöden Ideen muss einer erst mal kommen.

Blöden-Barth gehört nicht zur Spezies der Blödelbarden, obwohl er vielen von denen ähnelt, denn auch die verzichten, bewusst oder unbewusst, auf Witz und Ironie. König auf dieser parallel bespielten Bühne der massentauglichen Humoristen ist Otto I. Schon dessen Scherze waren oft nur zotig, aber im Vergleich zu den Zoten von Barth sind die von Waalkes reine Poesie.

Aus verschiedenen regionalen Seichtgebieten, wo nach der deutschen Einheit zusammengewachsen ist, was zusammengehört und zu lange getrennt war, wurde auf einer Woge der

Begeisterung Mario Barth nach oben geschwemmt. Oben blieb er. Die »Idioten« von »Stern«, »Spiegel«, »Zeit«, »Süddeutscher Zeitung« usw., die ihn von unten anpissten, hielt er für nützliche Vollidioten, denn je mehr die sich erregten, desto mehr liebten ihn die Seinen. Er wurde ausgezeichnet mit *Best-Live-Comedy*-Preisen, geehrt mit Goldenen Schallplatten für die Audioerfolge seiner Hörstücke, und im Jahre 2009, nachdem Barths Kinofilm *Männersache*, zum Kotzen komisch wie alles, was er so von sich gibt, mit ihm in der Hauptrolle eines, nun ja: Comedians Millionen begeisterte, ist Mario erst recht supergeil drauf.

Wer ihn dennoch aufgrund des unermesslich tiefen Niveaus, auf dem seine messbaren TV-Erfolge mit einem Marktanteil von 20 Prozent bei der begehrten Zielgruppe zwischen 14 und 49 Jahren beruhen, ein in der Wolle gefärbtes blödes Arschloch nennen würde, müsste mit einer Beleidigungsklage rechnen. Eine etwaige Einlassung, man könne sich nur mit derber Sprache gegen so derbsprachige Beleidigungen des Geschmacks wehren, wäre aller Ehren, aber juristisch betrachtet nichts wert. Also lässt man's sein und begräbt den naheliegenden Gedanken, Mario Barth derb verbal zu beleidigen, an der Biegung irgendeines Flusses, der durch das Reich der Blöden fließt.

Als Kollateralschaden für die Demokratie dürfte Mario Barth zwar ungestraft bezeichnet werden, aber das kränkt ja weder ihn, noch stört es seine Anhänger, weil die nicht wissen, was mit kollateral und Demokratie gemeint sein könnte und wer dabei auf der Strecke bliebe, wenn es zum Crash kommen würde. Insofern ginge ihnen eine solche Schmähkritik am … – nein, das nun doch nicht – vorbei, jedenfalls wäre sie allen, Kaiser und Volk, herzlich egal.

Auch diese Behauptung ist ein übles Vorurteil, weil sie sich auf bloße Vermutungen stützt. Zu denen gehört die Annahme, dass Verblödete und ALG-II–Empfänger die Mehrheit des Barth-Publikums stellen. Das weiß niemand, weil ALG-II-Empfänger ja nicht mal im Sommer an ihrem Outfit erkennbar sind. Wer Sandalen mit Kniestrümpfen zu kurzen Hosen trägt, könnte ebenso gut Holländer sein oder Schweizer oder eine ledige Beamtin der Bundesarbeitsagentur mit Pensionsberechtigung. Und selbst wenn die Vermutungen richtig wären, selbst dann hätten auch Blöde das Recht auf ein ihnen gemäßes Idol.

Das Stammpublikum von Mario Barth ist in allen sozialen Schichten zu Hause.

Weil Tickets dreißig, vierzig, fünfzig Euro und mehr pro Stück kosteten, kann die Mehrheit der siebzigtausend Fans, die an einem schwülwarmen Juliabend im Olympiastadion seinem Auftritt entgegenschwitzen, nicht das im Großraum Berlin staatlich anerkannte Berufsziel Hartz IV erreicht haben oder unverschuldet pro Monat mit dem auskommen müssen, was oberschichtige Angeber an einem Abend wie diesem bei ihrem Stamm-Italiener ausgeben.

Viele Stadionbesucher üben ein anständiges Handwerk aus, als Friseuse, Verkäuferin, Klempner, Busfahrer. Sie haben sich seit Monaten auf das Jahrestreffen der Barth-Gemeinde gefreut, so wie Schlesier sich auf Pfingsten freuen, weil sie sicher sein dürfen, dort Gleichgesinnte zu treffen. Das ist keine nur naheliegende Vermutung, das lässt sich schließen aus ihren Gesprächen, während sie auf den Auftritt von Super-Mario warten, der für sie die Sau rauslassen wird. So viele Menschen wie heute waren live noch nie unter freiem Himmel versammelt, um einem zuzujubeln, der sie für blöd verkauft, weshalb am Tag danach das Ereignis im Guinness-Buch als Weltrekord verzeichnet wurde.

Das grundsätzliche und Geschlechtsunterschiede verwischende Motto seiner im Fernsehen und bei Live-Auftritten wie dem am 12. Juli 2008 in Berlin verbreiteten Lebensweisheiten hat er sich durch Eigenrecherchen vornehmlich auf Toiletten erarbeitet. Es drängte sich ihm da förmlich auf und lautet schlicht, dass Männer Schweine sind, was eigentlich unter Frauen nicht Neues ist, Frauen aber auch, was als Sensation empfunden wurde von allen blöden Männern und sie befriedigt grunzen ließ. Wenn Mario Barth Klowitze erzählt, die zu wiederholen nicht angebracht ist, weil man Urheberrechte verletzen könnte, brechen Marioisten in Jubelstürme aus. In denen verwehen die von ihrem Idol erzeugten fauligen Winde.

Den Brüller, dass Männern furzen, wenn sie im Pissoir stehen, als Bestätigung für die Begabung, dass sie zwei Dinge gleichzeitig machen können, während Frauen zu zweit aufs Klo gehen, um sich eine Aufgabe zu teilen, bekommen allerdings die meisten im Stadionrund noch mit. Diese in die Tiefe gehende Erkenntnis erreicht nur die nicht, die in den Katakomben unruhig mit den Füßen scharrend auf fallende Klodeckel achten oder mit A-cappella-Chören alle anderen Geräusche überlagern.

Geschlechtsübergreifendes Gelächter unterhalb der Gürtellinie drückt nämlich auf die Blase. Weil das Barth-Volk zwecks Erleichterung in Schlangen anstehend warten muss, macht es sich derweil nach der Melodie des »Queen«-Klassikers »We will rock you« Luft und grölt den Text, den es auswendig gelernt und außerdem den aktuellen Bedürfnissen sowohl der Frauen als auch der Männer angepasst hat: »Wir woll'n, wir woll'n pullern.« Ihr Lied finden alle zusammen so lustig, dass sie sich vor Lachen fast in die Hosen machen.

Sie bewegen sich nicht nur hörbar auf einem gemeinsamen Niveau, sie sind als Mitglieder eines bestimmten Vereins, einer gläubigen Gemeinschaft auch für nicht gläubige Außenseiter erkennbar. Die Trikots tragen sie auf dem Leib.

Mal quillt darunter Bauchfett nach unten, mal quillt darüber Spitzbusiges nach oben, aber immer ist gut zu lesen, was auf den T-Shirts steht: »Janz wichtig: Fresse halten angesagt.« Dabei handelt es sich um einen Witz aus Barths Erfolgsprogramm »Männer sind primitiv, aber glücklich«, den aber nur die verstehen oder gar witzig finden können, denen der Meister selbst schon mal mit seiner Show den Atem geraubt hat. Den Verstand kann er ihnen niemals rauben, das weiß er, denn da wäre kaum was zu holen für ihn. So blöd ist er nicht. Leergut bleibt selbst dann Leergut, wenn es vorübergehend mal ein großes Stadion füllt.

In der S-Bahn, was schon wieder eine grobe Verallgemeinerung in diesem an Vorurteilen reichen Kapitel ist, roch es bei der Anfahrt intensiv nach billigem Parfüm, nach Achsel- und Fußschweiß, nach verlorenem Hopfen und Malz aus offenen Schlünden. Wer ein Bäuerchen machte, wurde von seinen Kumpeln angefeuert, dem einen Großbauern folgen zu lassen. Den wenigen nicht Barth-Hörigen stank das so gewaltig, dass sie sich beim nächstmöglichen Halt an die Berliner Luft retteten und einen Fußmarsch an ihr eigentliches Ziel auf sich nahmen.

Es darf trotz der immer deutlicher werdenden Neigung, mit üblen Wortspielen den Blöden Mario madig machen zu wollen und sich bei denen ranzuschleimen, die überzeugt sind, das Abendland sei eh längst dem Untergang geweiht, auf einen Blöden mehr oder weniger käme es da kaum noch an, nicht sein Engagement für das gedruckte Wort, für die Kultur verschwiegen werden.

Kultur?

Ja, Kultur.

Kein Druckfehler.

Endlich hat mal ein als Kulturbeutler geltender Blödmacher seinen Kultstatus eingesetzt, um was zu tun für das gebeutelte Kulturgut Buch. Mit seinem vom Verlag Langenscheidt gedruckten Bestseller »Deutsch – Frau / Frau – Deutsch: Schnelle Hilfe für den ratlosen Mann« hat Mario Barth anderthalb Millionen Anal-Phabeten zum Lesen verführt. So viele kauften das Ding, das von der Form und von der Gestaltung her zum Genre Buch gehört. Die meisten der Käufer dürften zwar noch nie ein Buch gelesen haben, aber wer weiß das schon? Vielleicht lassen sie sich irgendwann noch einmal dazu hinreißen, angestoßen von Mario, dem Zauberer, ein zweites Buch zu erwerben.

Lässt sich sein Erfolg auch erklären, ohne abfälligen Wortschwall über Barth zu ergießen? Ohne sich perfide lustig zu machen über seine Gefolgschaft? Falls möglich, vielleicht sogar in zwei, drei oder vier simplen Sätzen, die notfalls auch die verstehen könnten, deren Sprache er spricht?

Kaum gedacht, schon getan:

Weil er so genau ihre Bedürfnisse kennt, weil er ihren Nerv trifft, indem er gebildeten Bürgern auf die Nerven geht, weil ihm Scham fremd ist, weil sein Wortschatz dem ihren entspricht, nehmen sie Marios Botschaften nicht nur begeistert auf, sondern mit in ihren persönlichen Alltag. Sie leben da mit ihm wie mit einem nahen Verwandten. Insofern ist eine Veranstaltung wie die im Berliner Olympiastadion nicht nur ein Volksfest, sondern eine Familienfeier. Und wie es in anderen Familien zugeht, geht Fremde eigentlich nichts an.

Vorbilder der Güteklasse Barth allein wären also kein Grund für anschwellendes Wehgeschrei von Kulturpessimisten. Deren einstige Idole auf Zeit dürften auch nicht unbedingt zu den Geistesgrößen ihrer Zeit gezählt haben. Wer Theodor W. Adorno und Jürgen Habermas und Karl Marx und Ernst Jünger und Oswald von Nell-Breuning etc. ebenso selbstverständlich zitieren kann wie die Nachgeborenen Bohlen und Klum und Cindy aus Marzahn und Barth etc., hatte damals vielleicht heimlich Poster an der Wand von Klaus Kinski, Elvis Presley, Christine Kaufmann oder Marilyn Monroe. Ihr Einfluss auf das weitere Leben blieb begrenzt, es gab keine Massenmedien, die pubertäre Verirrungen zu einer Massenbewegung machten.

Früher war bekanntlich alles besser. Nicht nur die Stars waren echter, nicht nur die Witze besser, auch die dunkle Schwester des Fröhlichen, die Trauer, hatte noch ihre eigene Würde. Sogar die ist verramscht und vereinnahmt worden. Heute umarmen sich weinend Menschen vor einem bei RTL oder Sat.1 versendeten Tatort eines Verbrechens oder eines Unglücks in Dingsda, stellen Kerzen auf, legen Blumen hin und eilen dann sofort nach Hause, um sich bei der nächsten Übertragung von ebenjenen Sendern auf dem Bildschirm weinen zu sehen. Dann warten sie auf eine SMS auf ihrem Handy mit der erfreulichen Botschaft: »Habe dich gerade im Fernsehen weinen sehen.«

Es gibt sogar Reisende in Sachen Betroffenheit. Einer von denen, ein echter deutscher Mitbürger, sein Name ist hier unwesentlich, wird immer wieder gern, hauptsächlich von Boulevardmagazinen, genommen, weil er nach Unglücken, Morden, Brandstiftungen eine Botschaft in die Kameras hält, die von der Gruppe verstanden wird, auf deren Befindlichkeiten sie zielt. So wie man Sekundärtugenden kennt – Ordnung, Disziplin, Pünktlichkeit –, gibt es inzwischen Sekundärgefühle. Freude, Entsetzen, Trauer müssen nicht mehr eigens erlebt worden sein, sie werden erst vor-, dann nachgestellt.

Danke RTL, Sat.1, RTL 2, VOX, ProSieben.

Der oben erwähnte Bote aus dem echten Leben hat das Prinzip verstanden, mit dem er seinem Dasein Sinn verleihen kann. Zumindest seinen Sinn. Auf ein im heimischen Hobbykeller selbst gestaltetes Stück Pappe schrieb er, nach langem Nachdenken, ein einziges Wort – das Wort »Warum?«. Diese Frage ist nicht nur eine allgemein übliche für alle Fälle des Lebens, insbesondere für jene, die tödlich verlaufen sind. Es ist die Frage aller Fragen. In der Praxis mit derselben Pappe auch auf den nächsten Fall von betroffener Öffentlichkeit anwendbar. Der Mann handelt zudem marktwirtschaftlich, weil er mit einem einzigen Produkt, einer einzigen Idee und vor allem einer nur einmal erbrachten Leistung größtmöglichen Effekt erzielt.

Antworten erwartet niemand von ihm.

Es darf um der Wahrheit willen übrigens nicht verschwiegen werden, dass er es mit seinem »Warum?« auch in öffentlich-rechtliche Sender geschafft hat. Meist stellt er sich neben Lichterkettchen oder Blumengebinde vor die polizeilichen Absperrungen als eine Art stummer Schrei. Bei einem besonders blutigen Anlass wie dem Amoklauf in Winnenden hält er eine verschärfte Variante in die Fernsehkameras, konfrontiert eine höhere Instanz mit der Frage: Wo warst du, Gott?

Wo wird ER gewesen sein?

Vielleicht war er gerade in Darfur oder im Irak oder in Afghanistan oder im Gazastreifen. Mag sein, dass er die bei solchen Ereignissen reflexhaft eingesetzten Symbole der Fassungslosigkeit – Kerzen, Teddybären, Blumen – psychisch einfach nicht mehr ertragen kann. Denn auch Gott hat eine empfindsame Seele. Die veröffentlichte Betroffenheit hat aus der privaten Kultur des Trauerns ein öffentliches Ereignis gemacht. Was einst niemand etwas anging, geht heute auch alle die was an, die es nicht betrifft.

Wo eine Kamera im Weg steht, ist immer der Wille da, sich vor der zu äußern. Die Bereitschaft zu vieler sogenannter Prominenter, in den Beichtstühlen der Medienwelt, den Talkshows, ihr Privatleben sicht- und hörbar zu machen, alles über ihr Liebesleben, ihre sexuellen Gewohnheiten, den Stand ihres Vermögens oder die Silikon Valleys zwischen ihren Brüsten auszubreiten, schlägt sich nieder in der realen Welt. Wenn ein Ex-Tennisstar eine seiner Ex-Geliebten heiraten will, gibt er Ort und Zeitpunkt in einer Samstagabendshow des ZDF bekannt – *Wetten dass...?* –, statt stillschweigend sein Heil im Glück zu suchen.

Das war Boris Becker nicht etwa peinlich, es wirkte eher wie Teil A einer langfristig angelegten Strategie. Denn ein weiterer Auftritt, in dem er sich betroffen zeigen kann, weil seine private Hochzeit durch sensationsgeile Journalisten, die er von früheren Verlobungen oder Hochzeitsankündigungen her gut kennt, gestört worden sei, ist ihm und seiner künftigen Gattin sicher.

Was die da oben vormachen, machen die da unten nach. Sie kehren ihr Innerstes nach außen. Auch wenn sie es im Gegensatz zu einer verlassenen Schmuckdesignerin, einer ostdeutschen Waldschratin oder der spitzbusigen Gemahlin eines Steuerhinterziehers nie ins Abendprogramm schaffen, weil ihr niedriger Bekanntheitsgrad nicht für eine hohe Quote reicht, ein warmes Plätzchen in einem der vielen Nachmittagsmagazine ist allemal für sie drin.

Dringender wäre es aber doch, statt sich um die Verblödung der Mario-Barth-Horden oder um die wegen dauernder Medienpräsenz längst in ihrer Ausstrahlung erloschenen Bobbeles ein paar unwesentliche Gedanken zu machen – denn die tun ja keinem wirklich was an –, das völkische Pack der Neonazis zu attackieren.

Deren Hirnlosigkeit ist gefährlich, weil sie geleitet werden von cleveren Ideologen, die sich kühl ihrer Dumpfheit bedienen. Dennoch gibt es, so blöde das klingen mag, eine zwingende Notwendigkeit, Mario Barth und seine Anhänger ernst zu nehmen. Er ist zwar keine Gefahr für die Demokratie wie die Verfassungsfeinde von rechts außen, aber er beschädigt sie, sobald er sein Mund-Werk öffnet.

Den blöden Neonazis dagegen muss man aufs Maul hauen, sobald sie es öffnen und tödliche Hassgesänge anstimmen. Die Menschen, die Barth um sich sammelt, sind noch nur ein Fall fürs Guinness-Buch der Rekorde – wie viele Blöde drängt es wann und wo zuhauf und wie muss ein Haufen riechen, um sie anzulocken? Die Menschen, die von den echten Braunen gesammelt werden, sind ein Fall für die Polizei, den Staatsanwalt, die Gerichte. Würde man die frei laufen lassen, statt sie zu bestrafen, wäre das tatsächlich ein Kollateralschaden für die Demokratie.

Täglich verstrahlte Verblödung ließe sich zynisch als geschickte Strategie von Populisten interpretieren, den vorhandenen Massengeschmack zu nutzen, um die Gesellschaft auf einem einheitlichen Niveau zu demokratisieren. Indem nicht nur, wie seit Charly Marx gefordert, Klassenschranken aufgehoben werden, sondern alle Schranken, die bisher die einen von den anderen trennten, zum Beispiel die Gebildeten von den Ungebildeten, lässt sich die Vision, alle Menschen seien gleich, ja wenigstens auf solche Weise verwirklichen.

Im Klassenkampf zwischen Besitzenden und Besitzlosen wird von linken und konservativen Politikern um eine gerechtere Verteilung des Bruttosozialprodukts gestritten. Seit Jahren enden die Schlachten unentschieden. Beim Kampf gegen Verblödung aber geht es nicht um Kapital, sondern um Köpfe. Die einen besitzen sie, die anderen sind besitzlos. Wären aber endlich alle gleich blöd, würde Gleichheit herrschen, und keiner könnte mehr von oben herab über die Dummheit der anderen schreiben.

Doch viele Kopfbesitzende wehren sich noch. Sie geben nicht kampflos auf und her, was sie erlesen, erdacht, erträumt haben, und ziehen sich nicht resigniert in ihre Elfenbeintürme zurück, um von dort aus über den Lauf der Welt im Allgemeinen und speziell die gemeinen Läufigen im eigenen Land zu klagen. Sie stellen sich stattdessen mit allen ihnen zur Verfügung stehenden verbalen Waffen den Blöden in den Weg und verteilen Kopfnoten für die Kopflosen.

Die Kopfnote Sechs gebührt zum Beispiel Uwe Ochsenknecht, der ja nicht zufällig von Mario Barth als Gast in eine seiner Shows eingeladen wird. Die beiden senden auf einer Wellenlänge. Der Schauspieler ist zwar durch deutsche Unterhaltungsfilme bekannt geworden, unter denen zwei gute waren – *Männer* von Dörrie und *Schtonk* von Dietl –, aber was nicht so viele seiner Fans wissen: Er ist außerdem König der *Kevinisten*. Ein solcher Ehrentitel muss verdient werden. Ochsenknecht hat ihn sich verdient.

Mit Kevinismus (weiblich: Chantalismus) bezeichnet man »die krankhafte Unfähigkeit, menschlichem Nachwuchs menschliche Namen zu geben«, so die im Netz verbreitete Definition anonym bleibender Lästerer, die mit sicherem Gespür für die Seichtgebiets-Blüten ausgestattet sind. Denn die Kinder von Uwe »König« Ochsenknecht heißen Rocco Stark, Wilson Gonzales, Jimi Blue und Cheyenne Savannah. Was keiner Erwähnung wert wäre, wenn er damit nur die eigene Brut gestraft hätte. Die wird es ihm entweder ein Leben lang danken oder heimzahlen, solange er lebt.

Da hysterisch in pubertäre Wechselhormonbäder fallende Mädchen beim Anblick des jungen Mimen Jimi Blue, der ausweislich seiner Wortwahl vor gierig hingehaltenen Mikrofonen ernährt worden sein muss mit der Milch schlichter Denkungsart, jedoch in Verzückung geraten, sind Langzweitwirkungen zu befürchten. Sie werden ihre Kinder mal nicht mehr nur Chantal, Kevin, Rico, Mario nennen, was bei Nachnamen wie Schulze, Müller, Meier, Schmidt bereits heute zu netten Verbindungen führt, sondern Gott behüte Rico Rocco oder Cheyenne Chantal.

Verglichen mit dem Mario aller Marios sind die anderen Superstars des Genres würdige Kandidaten für den Ludwig-Börne-Preis. An dieser Stelle ist deshalb Reue angebracht, gar eine Bitte um Vergebung nötig für alle auch persönlich verbreiteten Beleidigungen des Modern-Talking-Monsters Dieter Bohlen. Er ist, dabei muss es allerdings schon noch bleiben, zwar nach wie vor ein präpotenter Unsympath, man möchte ihn eher zum Feind als zum Freund haben, um sich vor seinen Freunden nicht zu schämen, er ist gnadenlos gemein – aber er ist nicht gemeingefährlich, sondern nur ein nützlicher Idiot.

Dieter Bohlen weiß genau, warum er aus hygienischen Gründen so widerlich sein muss. Es ist eine tief in ihm verborgene moralische Grundhaltung, die ihn werden ließ, wie er sich gibt. Er betrachtet es als eine ihm auferlegte Pflicht gegenüber Mitmenschen, im Rahmen seiner Möglichkeiten alles zu tun, um die Seichtgebiete trockenzulegen. Er ist für die Gesellschaft so wesentlich wie Schlupfwespen für die Natur. Wäre er nicht so überzeugend als Exekutor, würden talentfreie, stimmlose, in Dialekten deutsch oder englisch singende junge Dummies, weiblich wie männlich, von einer Zukunft im Showgewerbe träumen, obwohl ihre Begabung allenfalls für einen Gröl-Chor der mal wieder Betrunkenen im Familienkreis reicht.

Bohlen tritt sie in die Tonne, wo sie seiner Meinung nach richtig aufgehoben sind, macht sie fertig, das stimmt, aber niemand hat die Blöden gezwungen, sich ihm hinzugeben und zu unterwerfen. Sie wissen, was sie sich antun, und ahnen, was er ihnen antun wird, aber sie alle laufen ihm aus freien Stücken zu, um sich öffentlich schlachten zu lassen. Seine Sprache ist die ihre und damit die einzige, die sie verstehen. Thomas Tuma im »Spiegel« brachte es mit nur einem Satz auf den G-Punkt: »Viele von ihnen tun das auch deshalb, weil es immer noch besser ist, zehn Sekunden im Leben von einem Bohlen gedemütigt zu werden, als eigenen Enkeln später gar nichts erzählen zu können.«

Logisch, dass die *Superstar*-Produzenten erkannt haben, welches Potenzial quotenmäßig betrachtet in gemeiner Schadenfreude schlummert. Dass sie gezielt bei der Vorauswahl Kandidatinnen oder Kandidaten in die nächste Runde durchwinken, statt sie heim in ihr Schattenreich zu schicken. Dass sie diese bei Bohlen zwecks Ergötzung der avisierten Zielgruppe zwischen vier und vierundzwanzig und zur Steigerung der Quote ins Messer laufen lassen, gehört zum Konzept. Man vergisst beim Vergleich solcher Wettbewerbe mit einem Rattenrennen, dass bei denen selbst der Gewinner nichts weiter sein kann, logisch, als eben eine Ratte.

Der Prototyp-Prolo Bohlen müsste erfunden werden, wenn es ihn nicht im wahren Leben von Tötensen, wo der Millionär in seiner Villa nach eigenen Angaben gern mal laut pupst, bevor er sich wieder einem Teppichluder widmet, schon gäbe. Er hat als Erster seiner Spielklasse das Spiel durchschaut und besteht seitdem darauf, dass es nach seinen Regeln gespielt wird. Bohlen prüft mit brutalstmöglichen Beleidigungen unterhalb der Gürtellinie, wie weit er gehen kann, um Kandidaten zu demütigen. Verachtet alle, die sich selbst dann nicht wehren, wenn er sie der Lächerlichkeit preisgibt, sondern buchstäblich auf die Knie vor ihm sinken, um per Gnadenerweis des Meisters vielleicht doch noch weitermachen zu dürfen beim Großen Preis. Gucken noch blöder als Schafe, wenn er ihnen Sätze ins ersterbende Grinsen schleudert wie:

»Wenn du deine Stimme zwischen zwei Mülltonnen stellst, können wir ein schönes Familienfoto machen.« Oder:

»Ich hoffe, dass, wenn du morgens onanierst, dass da mehr rauskommt.« Oder: »Ich würde meine beiden Eier darauf wetten, dass du nicht singen kannst.« Oder: »Wenn ich so singen würde wie du, würde ich anschließend jedes Mal 'ne Munddusche benutzen, damit die Scheiße rauskommt.« Oder, fast verzweifelt: »Die Hoffnung stirbt zuletzt, aber hoffentlich stirbt sie bald.« Alle seine Sprüche sind sorgfältig auf Pointe hin ausgedacht, sind von daher nicht spontan, wirken aber spontan als prollige Gossenhauer. Beim Gebotenen bar jeglicher Selbsterkenntnis ist ein Proll wie Bohlen, der seine ihm auf den gestählten Leib geschriebene Rolle perfekt verkörpert, dringend geboten.

Da es auf der Welt nicht gerecht zugeht, was selbst Blöde wissen, kann auch in der Scheinwelt bei der Suche nach dem Superstar nicht die Gerechtigkeit siegen. Meist geht als Rattenkönig ein männlicher Sangeskünstler durchs Ziel, weil im Finale zwar das Votum der Jury – in Wahrheit nur das des gnadenlosen Superjurors – noch zählt, aber die zuschauenden TEDisten mitentscheiden dürfen, wer wann rausfliegt und wer wie lange bleibt und wer schließlich gewinnt. Unter den Wahlberechtigten, die mit jedem ihrer Anrufe für RTL neben der Quote auch noch Mehrwert schaffen, weil der Sender an den anfallenden Gebühren beteiligt ist, bilden junge Mädchen die Mehrheit, und die wählen keine der Ihren, sondern einen der auftretenden Kerle, die sie supergeil finden, weil sie sich solche scharfen Typen für ihre mal guten, meist eher schlechten Zeiten des Alltags erträumen.

Und der andere Superstar? Die Schöne?

Tausende von aufgebrezelten Jungmädchen kreischen hysterisch bei ihrem Erscheinen. Heidi, Heidi – so verzückt, wie ihre Großmütter sich einst einer anderen Heidi näherten – allerdings lesend! –, die mit ihrem Opa auf der Alm lebte. Die strahlende Verkörperung des blonden deutschen

Durchschnitts beruhigt die Menge mit segnenden Gesten. Sie könnte stattdessen in solchen Momenten des ihr entgegenschwabbelnden kollektiven weiblichen Wahns verlangen, in möglichst kurzer Zeit live einer Konkurrentin die Augen auszukratzen, und alle würden es ohne lange nachzudenken ihr zuliebe tun. Wenn sie und ihre beiden männlichen Juroren bewerten, was sich vor ihnen bewegt, tänzelt, auszieht, kichert, wird es bei den Auftritten der Möchtegern-Models peinlich wie bei den vor Bohlen radebrechenden Sangeskünstlern. Aber weil hier eine Dame in der unberührbaren Gestalt von Madame Heidi den Ton bestimmt, bleiben die abwertenden Bemerkungen alle oberhalb der Gürtellinie.

Heidi Klum macht im Vergleich zu Mario Barth nicht nur Bella Figura. Sie wirkt sogar wie eine intellektuelle Lichtgestalt. Mit ihren Möglichkeiten, die stimmlich nach einer zum Leben erweckten Barbiepuppe oder einem gerade aus dem Nest gefallenen Kind von Woody Woodpecker klingen, ist sie zwar wie Bohlen eine künstlich erschaffene Prototype, aber sie besetzt die Rolle liebliche Märchenfee statt die des Kotzbrockens, sie ist die Schöne, er das Biest. Sie macht die Kandidatinnen nicht nieder, sondern gleichbleibend freundlich den kichernden Trampeln per Hüftschwung vor, wie man sich bewegen müsse auf dem Catwalk. Den selbst die Siegerin, wie man hören musste, nie wirklich betreten wird.

Heidi Klum als Jurorin ist eine vermütterlichte Domina oder auch dominierende Mutter, die laut Regieanweisung mitunter streng blicken muss, aber letztlich ihren Kindern alle Sünden vergibt, sogar warme Worte findet für die heulenden Susen in ihren Castings, sobald sie die den Regeln entsprechend aussortieren muss. Allen wird fürs Dabeisein gedankt und noch einmal versichert, dass sie ganz, ganz super waren, nur leider nicht super genug. Vielleicht reicht es mal für den Karrieresprung auf die Rückseite eines kostenlos in renovierbedürftigen ostdeutschen Plattenbauten verteilten Anzeigenblatts.

Supermodel sucht Supermodel? Da lachen die beiden Herren Wolfgang Joop und Karl Lagerfeld, die sich sonst lieber aus dem Weg gehen, in gemeiner Übereinstimmung. Der eine schildert Heidi Klums angeklebte Locken und ihr Mienenspiel – «Wo in der High Fashion hat jemand dieses Dauergrinsen?» (Joop) –, der andere kann sich nicht daran erinnern, sie in Frankreich je auf einem Laufsteg der Supermodels gesehen zu haben, weil sie deren Klasse nie erreicht habe, und, angewidert allein schon ob der Frage, persönlich kenne er sie gar nicht.

Eine Mindestquote mit den »Superstars« Bohlen und Klum ist den Sendern RTL und ProSieben bereits vor jeder Ausstrahlung einer Staffel sicher, die liegt da schon höher als die Endzahlen der Konkurrenz. Ihre Pflege des Leergutes hat zwar einen hohen Preis, aber sie spielen die Gagen locker wieder rein.

Aber auch die anderen Deutschen, ebenfalls viele Millionen, die nur mit dem Kopf schütteln beim Auftrieb der skandierenden Kopflosen, haben ihre Helden. Selbst die sind sich nicht nur selbstgenügend. Sie würden selbstverständlich ihre Heroes nicht Helden nennen, das wäre ihnen peinlich. Ihre Bewunderung drücken sie nicht in Sprechchören aus, sondern sprechen lieber von tief empfundenem Respekt, lesen die Worte ihres Helden nach in den Büchern oder Artikeln, die er unentwegt schreibt und dabei ähnlich gnadenlos wie die obengenannten anderen, aber mit Substanz über andere herzieht, die nicht seinen Vorstellungen entsprechen.

Der Mann ist neunzig, schwerhörig, auf einen Stock angewiesen und heißt Helmut Schmidt. Für einen politischen Wettbewerb, in diesem Fall treffender als Wahlen zu bezeichnen, hätte er trotz seiner Gebrechen wahrscheinlich keine

Konkurrenz zu fürchten. Was ihm wohl egal wäre. Eigentlich ist ihm fast alles egal, vor allem das, was andere von ihm halten oder wie sie auf das reagieren, was er über sie sagt und über sie schreibt. Deshalb ist Helmut Schmidt bei Alten und bei Jungen so populär. Überschneidungen mit denen aus den Seichtgebieten sind nicht zu befürchten. Der Ex-Kanzler erreicht das lesende deutsche Bürgertum, dem liest er regelmäßig, knurrend und paffend, die Leviten und sagt unverblümt, was er von ihm hält. Manchmal viel, manchmal weniger. Er schöpft aus einem anderen Wortschatz als auf der anderen Seite des Mondes Dieter Bohlen, von dem er, das ist anzunehmen, noch nie auch nur Notiz genommen hat. Aber er ist dabei so rücksichtslos ehrlich wie der. Niemand aus seiner jungen Gemeinde würde es je wagen, seine Performance geil zu nennen, aber als einen coolen Typen empfinden sie ihn schon.

Der kühle Volksaufklärer wird nicht geliebt, sondern verehrt. Geliebt zu werden würde er sich auch streng verbieten. Er träumt nicht von einer besseren Welt; bekanntlich empfahl er einst allen, die von Visionen geplagt sind, einen guten Arzt aufzusuchen. Er glaubt nicht an Gott und ein Leben nach dem Tod, aber bevor ihn der ereilt, wovor er selbstverständlich nicht bereit ist Angst zu haben, rammt er in grimmiger Lust noch ein paar Wegweiser in die ihm seit Jahrzehnten vertrauten, aber längst verleideten Seichtgebiete der Politik, der Wirtschaft.

Dabei verschont er mit seiner moralischen Grundhaltung weder Freund noch Feind, gibt dabei von sich nur so viel preis, wie es der Sache dient. Annäherungen lehnt er grundsätzlich ab, weil ihm Nähe suspekt ist. Dass sich ihm Sandra Maischberger für eine Nahaufnahme im Fernsehen nähern durfte, dass er sich bei Reinhold Beckmann fast alle Fragen gefallen ließ, einmal sogar gerührt antwortete statt zurückzuknurren, dass er sich jahrelang »Auf eine Zigarette« Woche für Woche mit Giovanni di Lorenzo zum »Zeit«-Gespräch in seinem Herausgeber-Büro bereiterklärte, ist mit der Milde seiner späten Jahre zu erklären. Eigentlich sind ihm die Wegelagerer des Gewerbes, zu dem er als Herausgeber der »Zeit« ja selbst schon lange gehört, von Herzen zuwider.

Zwischen dem Superstar der Blöden, Mario Barth, und dem der Klugen, Helmut Schmidt, liegen Welten. Miteinander vergleichbare Eigenheiten oder Eigenschaften gibt es nicht. Was nicht bedeutet, dass Deppen etwa kein natürliches Recht hätten, sich ihnen gemäße Helden auszuwählen, so wie Kluge sich abgrenzend beanspruchen, ein eigenes Vorbild zu haben.

Sich aufs Jenseits zu konzentrieren, wo dann sichergestellt sein dürfte, dass Blöde und nicht so Blöde durch eine kleine Ewigkeit voneinander getrennt sind, wo die einen Hosianna singen müssen und die anderen im Chor »Wir woll'n, wir woll'n runter«, weil sie die himmlische Ruhe da oben nicht ertragen, ist nicht wirklich ein Trost. Bis es so weit ist, kann es noch lange dauern, und außerdem, sagt Helmut Schmidt, ist es eher zweifelhaft, ob es ein Leben nach dem Tod überhaupt gibt, er jedenfalls glaube nicht daran.

Solche wilden Vorstellungen von einer besseren anderen Welt sind diesseits von Gut und Böse und selbstverständlich unangebracht, wahrscheinlich nicht mal erlaubt. Die Frage dagegen, wer seinen Platz als eine moralische politische Instanz in Deutschland einnehmen könnte, wenn sich Helmut Schmidt dereinst mit Willy Brandt und Herbert Wehner und Rainer Barzel trifft, ist erlaubt.

Bleibt allerdings unbeantwortet.

Es fehlen nämlich die Kandidaten.

Helmut Schmidt darf nie sterben.

KAPITEL IV

Little Monster Horror Schools

Als sie von einem Neunjährigen gefragt wird, ob sie gestern gut gefickt worden sei, woraufhin seine Mitschülerinnen und Mitschüler der dritten Klasse zu kichern beginnen, weiß die junge Lehrerin, es dürfte mal wieder einer jener Tage werden, an deren Ende sie nur noch eine Migräne umarmt. Eine Schulstunde, die so beginnt, ist nicht mehr zu retten. Zwar ahnt der Kleine mit den vorstehenden Zähnen, dass dies irgendetwas sein muss, was nur die Größeren tun. Doch welche Tätigkeit nun genau mit dem Wort beschrieben wird, das er in seiner Frage benutzte, weiß er natürlich nicht.

Zu Hause hat er es aber schon oft gehört.

Morgen-Grauen dieser Art, konfrontiert mit dem, was im Einzugsbereich ihrer Lehranstalt aktuell den elterlichen Dialog am Abend davor geprägt hat, sind weder für sie noch für ihre gleichaltrigen Kollegen an Grundschulen die Ausnahmen. Schon lange nicht mehr. Solche Momente stehen in keinem Stundenplan, und solche zu meistern ist sie beim Studium nie gelehrt worden. Sie musste sich deshalb eine passende eigene Strategie ausdenken, um mit derartigen Situationen fertig zu werden, denn Gespräche mit älteren Lehrerinnen und Lehrern, um dort Rat zu finden, halfen nicht weiter. Von denen haben viele resigniert.

Zu viele zählen allenfalls noch frustgeplagt die Jahre, bis

sie sich so früh wie irgend möglich in den Ruhestand zurückziehen können, vermitteln so lange nur noch pflichtschuldig den im Lehrplan vorgeschriebenen Stoff, um ihren vorgesetzten Behörden keine Angriffsflächen zu bieten. Die ganz Jungen, die noch unverbraucht sind und Kraft hätten zum Widerstand, schauen sich das alles fassungslos an und beschließen nach kurzer Zeit, sich für höhere Schulformen zu bewerben, statt am Bodensatz der Gesellschaft Pionierarbeit zu leisten.

Es ist vielen Lehrern egal, ob sie ihre Schüler noch erreichen oder nicht, es ist zu vielen von ihnen egal, ob die noch etwas lernen oder nicht. Sie sind ausgebrannt, fühlen sich ausgenutzt, engagieren sich nicht mehr. Seit viele dank moderner Technik auch noch im Netz von anonym bleibenden Rufmördern attackiert werden, zum Beispiel unter www.schulradar.de, ohne sich konkret wehren zu können, während viele andere Kollegen sich im anonymen Online-Lob sonnen, gibt es auch untereinander keine alle schützende Solidarität mehr. Die einstige Leidenschaft für den Beruf, für den sie sich heißen Herzens berufen fühlten, ist auf dem Schulhof beerdigt worden. Grabreden waren im Lärm der klingelnden Handys nicht zu verstehen.

Ist das Beispiel der Lehrerin, deren Intimsphäre am frühen Morgen vor Unterrichtsbeginn hinterfragt wird, nur deshalb als Einstieg gewählt, um möglichst hautnah die These zu belegen, dass die seit Jahren täglich versendete Verblödung via TV aus deutschen Schulen des künftigen Lebens Little Horror Shops gemacht hat, bevölkert von vielen kleinen Monstern?

Nein, ist nicht so.

Vielerorts geht es so zu wie beschrieben. Die Empörungsschwelle jedoch ist mittlerweile zu hoch, als dass alltägliche Verstöße gegen Benehmen und Anstand noch registriert werden. Vergleichbar etwa, nicht in der Wirkung, aber typisch für abgestumpfte Wahrnehmungen – und dieser Vergleich kommt nicht mal von ungefähr, sondern von daher –, einem Überfall von rechtsradikalen Dumpfbacken auf Fremde und Andersdenkende. Was im Übrigen kein nur deutsches Phänomen mehr ist, sondern ebenso in Österreich passiert und, aufnehmend die Stimmung der Straße, sich in der Schweiz bei einer staatstragenden Partei wie der SVP in Stimmen niederschlägt. Entsprechende Volksbegehren immerhin werden dort von einer aufgeklärten bürgerlichen Mehrheit bisher noch stets niedergestimmt.

In Deutschland werden längst nicht mehr alle Überfälle von rechtsradikalen Jugendlichen in den Zeitungen vermeldet. Man hat sich daran gewöhnt, so wie sich Lehrer an ihre Monster gewöhnen mussten. Der Bodensatz an gewaltbereiten Einfaltspinseln wird als Preis der Freiheit hingenommen, die schließlich für alle gilt, also auch für ihre Gegner. Der Rückzug des Staates allerdings aus ländlichen Regionen vor allem im nahen deutschen Osten gibt Rattenfängern alle gewünschten Freiheiten, sich im Leerraum niederzulassen und beim Leergut Nester einzurichten. Nach einer Studie des Kriminologischen Forschungsinstituts Niedersachsen sind angeblich dreißig Prozent von 45 000 befragten Jugendlichen aus neunten Klassen, also meist 15- bis 16-jährige Schüler, der Meinung, dass zu viele Ausländer in Deutschland leben. Und rund zweieinhalbtausend von ihnen in rechtsextremen Gruppen und Kameradschaften organisiert, mehr als in den demokratischen Parteien.

Alarm?

Dass es zu viele sind, ist unbestritten. Aber dennoch hinkt der Vergleich des Instituts mit demokratischen Jugendorganisationen von Parteien, Kirchen, Sozialverbänden. Mitglieder bei CDU, SPD, FDP und Grünen sind mehr als 200 000 junge Erwachsene zwischen 14 und 35 Jahren, bei den Katholiken sind es 650 000, und die Evangelische Jugend nennt sogar eine Zahl von 1,2 Millionen.

Weil es bei Erlebnissen wie jenen, die der oben erwähnten Lehrerin X in ihrem Klassenzimmer fast täglich widerfahren, nicht um talkshowträchtige Schulen der Gewalt in Problemvierteln von Berlin, Dresden, Duisburg, Frankfurt geht oder gar um singulär schreckliche und allen hilflosen Versuchen der Deutung zum Trotz unerklärliche Ereignisse wie den Amoklauf eines Siebzehnjährigen in der beschaulichen Kleinstadt Winnenden in Baden-Württemberg, sondern wie bei den Neonazis um den Teil eines inzwischen als normal empfundenen Alltags, wird dies achselzuckend abgehakt als nicht zu ändernde deutsche Realität. Schließlich handele es sich doch immer noch um Kinder, und dass die in den ersten Schuljahren noch nicht wissen könnten, was sie tun oder was sie daherreden, sei doch verständlich.

Oder etwa nicht?

Aber genau da, in den Grundschulen der Nation, fängt es an. Genau da wird bereits Leergut gestapelt, das viele Jahre später die staatlichen Sammelstellen entgegennehmen müssen, wofür dann Pfand in Form von ALG 2 bezahlt wird, was wiederum die aufregt, die sich zuvor nie ums Leergut gekümmert haben. Kinder aber sind kein Leergut, egal, wie hoffnungslos leer ihre Köpfe auch schon zu sein scheinen. Man könnte sie füllen. Mit Wissen. Mit Zuneigung. Mit Hoffnung. Mit Träumen. Mit Wissen.

Man könnte.

Aber man tut es nicht.

Ist es eh zu spät?

Zu viele Grundschulen, in denen grundsätzlich die Reisen zu jenen fernen Horizonten und das damit verbundene spannende Abenteuer namens Lernen beginnen sollten, in denen einst die Grundsteine gelegt wurden für die folgenden Schuljahre, sind abgeschrieben. Und damit auch die meisten, die dort eingeschult wurden. Die Formel: Verblödete Eltern plus blöd gehaltene Kinder plus frustrierte Lehrer = zukünftiges verblödetes Prekariat, ist so einfach aufgestellt zwar nur vereinfachend blöde.

Aber kommt der Realität oft verdammt nahe.

Die Eltern von der Sonnenseite, die sich bei verschiedenen vorschulischen Informationsveranstaltungen kundig gemacht haben, bevor sie sich entscheiden, welche der Anstalten mal gut genug ist für ihr Kind, scheuen keine weiten Wege. Sie nehmen nicht die nächstbeste Grundschule, sondern die beste, egal, wie weit entfernt die von ihrer Wohnung auch sein mag. Und wenn ihnen selbst die beste nicht genug ist, melden sie ihre Kinder auf Privatschulen an, die mit inzwischen fast 700 000 Zöglingen einen ähnlichen Boom erleben wie Billigmärkte, wo sich die Unterschicht trifft.

Letzteres nicht etwa, weil es dort so schön ist, sondern weil wegen Wirtschaftskrise, steigender Arbeitslosigkeit und sinkender Einkommen die günstigen Angebote, an denen sich aber auch Mittel- und Oberschicht erfreuen, für sie nicht nur Lebens-, sondern auch Überlebensmittel sind. Vorübergehend erlebte Marktführer Lidl einen Extra-Boom, weil seine Stammkundschaft darauf hoffte, bei ihren Einkäufen fürs Fernsehen entdeckt zu werden. Als die von Überwachungskameras aufgezeichneten Alltagsszenen gelöscht werden mussten, es also nichts mehr werden konnte mit einer Karriere bei Super RTL, gingen sie wieder zu Aldi.

Die Schere zwischen Arm und Reich, auch die zwischen nicht ganz so Arm und nicht ganz so Reich, zwischen denen, die von ihrer Arbeit leben können, und denen, die keine haben und keine Hoffnung, irgendwann wieder eine zu bekommen, weil sie das nicht können, was gebraucht wird, weil sie es nie gelernt haben, öffnet sich immer weiter. Das ist bekannt. Nicht so bekannt ist, dass eine ganz andere Schere auseinandergeht, die zwischen Informationsarmen und Informationsreichen, und wie früh sich der Klassenunterschied schon zeigt, nämlich in der ersten Klasse.

Den Satz von Seneca, »Non vitae, sed scholae discimus« – Nicht fürs Leben, sondern für die Schule lernen wir –, mit dem er das pädagogische Geschwurbel an römischen Philosophieschulen aufs Korn nahm, haben Generationen von Lateinlehrern unwidersprochen für ihre Zwecke umgedreht und falsch zitiert, nämlich: Non Scholae, sed vitae discimus, also dass man auf den Schulen fürs Leben lerne. Aber was von ihnen als Motivation gedacht war, um faule Schüler aufzustacheln, mit eigenen Beiträgen den Unterricht zu beleben, verpufft inzwischen im Hier und Nichts.

Mit lebenslang spürbaren, sichtbaren Folgen. Das zutreffende Schlagwort lautet Hartz-IV-Falle. »Drei Viertel der arbeitslos gemeldeten Jugendlichen ohne Schulabschluss beziehen Hartz IV«, stellte der Deutsche Gewerkschaftsbund in einer Studie fest, die der Arbeitsmarktexperte Wilhelm Adamy im Februar 2009 vorstellte. Insgesamt neunhunderttausend Jugendliche zwischen fünfzehn und vierundzwanzig Jahren sind auf staatliche Hilfe angewiesen, im Osten mehr als im Westen der Republik, da ist es jeder sechste in der entsprechenden Altersgruppe, im Westen jeder zehnte. Wer einmal in dieser Falle gefangen ist, sagt die Untersuchung, habe ohne fremde Hilfe kaum Chancen, sich jemals aus eigener Kraft zu befreien.

Was hat das mit den oben erwähnten Kindern auf den Grundschulen zu tun? Jenes deutsche Sprichwort, dass Hans nimmermehr lernt, was Hänschen nicht gelernt hat, umschreibt präzise deren Zukunft. Die Schande Kinderarmut könnte zwar ein ja immer noch reiches Land wie Deutschland dadurch mildern, dass es einen gesetzlichen Anspruch auf ein Frühstück und eine warme Mahlzeit in allen Schulen gibt, in denen die Mehrheit der Kinder aus Familien kommt, die sich entweder darum nicht weiter kümmern, weil die Hauptnahrung der Eltern flüssig ist und es dafür bei ihnen gerade noch reicht. Oder weil es wirklich nicht mehr fürs Essen reicht und sich die Eltern schämen, das zugeben zu müssen oder gar sich mit ihren Kindern einzureihen in die Schlangen vor den Suppenküchen der Sozialverbände und der großen Kirchen. Die gehen in ihren Berechnungen davon aus, dass zweieinhalb Millionen Kinder unter die sogenannte Armutsgrenze fallen.

Nahrung aber braucht nicht nur der Bauch. Nahrung braucht auch der Kopf. Nahrung braucht nicht nur der Körper. Nahrung braucht auch die Seele. Das Leergut Kopf zu füllen haben sich die Fastfood-Hersteller der medialen Verblödungsindustrie als Ziel gesetzt. Die sind mit ihrem Speiseplan erfolgreich. Aus dem Tagebuch der Lehrerin X: »Der TV-Konsum wird immer schlimmer. Als ich einen Zehnjährigen frage, was er am liebsten in seiner Freizeit macht, antwortet er: abhängen vorm Computer oder vorm Fernseher. Die ALG-Familien unter meinen Schülern sind alle (!) ausgestattet mit Handy, DVD (Video ist doch überholt), PC und Playstation, von der die Spiele pro Stück fünfzig bis siebzig Euro kosten. Als liebster Film wird *Die Mörderpuppe* genannt, das ist Action pur, und was dort passiert, wird auf dem Schulhof brutal nachgespielt. Als ich eingriff, waren sich aber alle einig: Wir spielen doch nur.«

Während sich die Eltern der einen um alles kümmern und bei jeder sich bietenden Gelegenheit über Lehrer beschweren, statt mal ihr Verhalten zu hinterfragen, betrachten die Väter und/oder Mütter der anderen die Schulen, in die sie ihre Kinder schicken müssen, mal weniger, mal öfter, mal ohne Frühstück, mal mit, aber möglichst mit Handy, als eine Art staatliche Verwahranstalten. Ihre Kinder versäumen ihrer Meinung nach nichts, wenn sie zur Schule gehen. Vormittags werden nur die Sendungen im kommerziellen Fernsehen wiederholt, die schon am Tag zuvor oder spät in der Nacht gelaufen sind.

Was die Kinder der Unterschicht tagtäglich in ihren häuslichen Biotopen erleben, die von eingebildeten Ständen Seichtgebiete des Prekariats genannt werden, die es aber in all ihrem spießigen Schrecken tatsächlich gibt, gleicht dem Auftritt des sagenhaften Murmeltiers, das gestern so grüßte, wie es heute grüßt und wie es morgen grüßen wird. Solange sich an einem Alltag nichts ändert, der ursächlich ist für Fragen wie die des Neunjährigen, werden jeden Morgen die Lehrer mit den entsprechenden Auswirkungen konfrontiert.

Es ist deshalb Alltag an vielen Grundschulen normaler deutscher Städte, an denen laut hehrer Vorgabe des Gesetzgebers »sprachliche und mathematische Grundkenntnisse als Fundament für die Übergänge zu Haupt-, Real- und Gesamtschulen sowie Gymnasien« vermittelt werden sollen. Der früher gebräuchliche Name »Volksschule« statt »Grundschule« wäre heute übrigens wieder passend, weil sich dort im Grunde das eigentliche Volk sammelt.

Als normal gilt, was vor wenigen Jahren noch örtliche Politiker aufgeschreckt hätte. »Solange sie sich nur verbal Gewalt antun, gegenseitig als ›Hurenkind‹ oder ›Arschloch‹, als ›Wichser‹ oder ›schwule Sau‹ beschimpfen, sind wir inzwischen so abgestumpft, dass wir so tun, als hätten wir es nicht gehört. Erst dann, wenn sie sich tatsächlich prügeln, schreiten wir ein«, sagt eine andere Lehrerin, die allerdings bis heute nicht verwunden hat, dass einer ihrer zehnjährigen Schüler in blinder Wut wegen ihrer Aufforderung, nicht mehr auf einen bereits am Boden liegenden noch Kleineren zu treten, so auf sie einprügelte, dass sie im Krankenhaus behandelt werden musste. Verwunden nein, verziehen ja.

Denn der kleine Schläger saß weinend im Klassenzimmer, als sie zurückkam in die Schule, und flüchtete sich in seiner Hilflosigkeit auf ihren Schoß. Sie musste ihn trösten, denn er wusste, dass er, wie er es ausdrückte, »große Scheiße gebaut« hatte. Seine Eltern hat sie trotzdem nicht informiert, weil sie ahnte, wie die reagieren würden. Die hätten ihn verprügelt, weil sie eine andere Sprache der Verständigung mit ihren Kindern nie gelernt hatten.

Man nennt solch kindliches Verhalten auffällig oder gestört, je nach Schwere der Vorfälle. Zu viele Lehrer, die in ihrer Mehrheit nicht, wie das Vorurteil der eingebildeten Oberschicht lautet, faul sind, sondern am Ende ihrer Widerstandskraft, wissen sich in ihrer Hilflosigkeit nur noch mit dem Ruf nach speziellen Kindertherapeuten zu helfen. Deren Diagnose lautet am liebsten Aufmerksamkeitsdefizitsyndrom, kurz ADS, und zur Bekämpfung wird nicht etwa die Ursache erforscht, sondern schlicht das Syndrom mit Medikamenten behandelt. Ritalin heißt eines der Zaubermittel, das alle Probleme lösen soll. Zu möglichen Nebenwirkungen könnte man Ärzte oder Apotheker befragen.

Gefeiert werden dagegen öffentlich jene Schulen, die sich nach den verheerenden PISA-Urteilen über das sich abzeichnende Dritte-Welt-Bildungsland Deutschland selbst aktiv aus dem Sumpf gezogen haben, obwohl sie ihre Zukunft hinter sich zu haben schienen. Da strahlen dann Rektoren, Schulräte, Schuldezernenten, auch mal der Bundespräsident, in die aufgestellten Kameras der verschiedenen Sender.

Und alles scheint wieder gut.

Doch der Schein trügt. Gegen die von diesen Sendern

verbreiteten Lebenshilfen in allen möglichen Dummy-Formaten, präsentiert von Lehrbeauftragten ohne Ausbildung, mit dem einzigen Auftrag, Quoten zu erzielen, haben die wirklichen Lehrer auf der untersten Sprosse der Bildungsleiter keine Chance. Sie können ihre Botschaften schließlich nicht singend, tanzend oder barbusig verkünden, sich als *Germany's Next Topmodel* oder kommender *Superstar* verkleiden, damit ihnen die Kleinen auch lauschen, weil sie solche Anreize und Formate gewohnt sind von RTL und Sat.1 und ProSieben und Kabel eins und RTL 2 und Super RTL und Viva und VOX oder wie sie sonst noch heißen mögen, die Relaisstationen der niederen Instinkte.

Die bringen ihnen ihre besten Freunde frei Haus. Nach deren Verhalten richten sie ihr eigenes Verhalten. Was die supergeil finden, halten auch sie für supergeil. In einer Untersuchung, repräsentativ für sechs Millionen deutscher Schulkinder zwischen sechs und dreizehn Jahren, der sogenannten KIM-Studie 2008, hat der Medienpädagogische Forschungsverbund Südwest festgestellt, dass »Fernsehen die wichtigste Rolle« spielt im Alltag der befragten jungen Deutschen. Das ist nicht erstaunlich. Diese erste große Liebe schlägt sich nieder in der Verweildauer vor dem Fernsehapparat, durchschnittlich 91 Minuten pro Tag. Lesen steht mit 23 Minuten abgeschlagen hinter Computerbenutzung und Radiohören auf Platz vier, und diese frühe Liebe prägt ihr Leben. Sie schauen nicht nur gebannt ins Programm, sie schenken dem Medium tatsächlich ihr Herz – oder in den Worten der Nachforscher: »Die Kinder weisen dem Fernsehen gegenüber eine hohe emotionale Bindung auf.«

Da inzwischen quer durch alle Schichten fast die Hälfte aller Kinder ein eigenes Fernsehgerät besitzen, pflegen sie diese Bindungen meist ohne den sie dabei störenden Einfluss ihrer Eltern. Sie lassen sich lieber von ihren Lieblingen erziehen als von den lieben Eltern. Auf ihrer Werteskala steht zwar nicht einer der üblichen Blödmacher oben, sondern der öffentlich-rechtliche Kinderkanal KiKa, aber das verändert sich, je älter sie werden. Dann werden hauptsächlich Super RTL und RTL und RTL 2 und ProSieben eingeschaltet, weil man bei denen mitmachen, etwas gewinnen, sich für irgendein Casting bewerben kann. Das ZDF liegt im Ranking vor Sat.1, aber die ARD noch dahinter.

Was so gesehen nach einem knappen Rennen aussieht, schlägt sich in Antworten auf die Frage, ob sie einen Lieblingssender haben, jedoch anders nieder. Das Rennen um die Gunst der Jugendlichen ist längst entschieden: Die als Garanten des Seriösen geltenden ARD und ZDF laufen abgeschlagen auf den letzten Plätzen ihren Zielgruppen hinterher. Marktführer Super RTL wird von 21 Prozent der Mädchen und 23 Prozent der Jungen eingeschaltet, das ZDF von drei bzw. zwei Prozent, die ARD erreicht bei Mädchen wie Jungen gleich geringe zwei Prozent.

Die Forscher untersuchen das Verhältnis der jungen Deutschen in dieser Altersgruppe zu Medien, Computer und Internet seit zehn Jahren. Sie können deshalb Entwicklungen in deren Verhalten präzise aufzeigen. Um dennoch mehr zu erfahren als das, was ihnen die befragten Kinder und Jugendlichen diktieren, haben sie stets parallel dazu auch deren Erzieher mit einem schriftlichen Fragebogen konfrontiert. Meist waren es die Mütter, die geantwortet haben. Die Forscher können somit vergleichen, was die einen behaupten und was die anderen angeben. Dass Gameboys, Videospiele, Computer eine große Rolle spielen, ist ebenfalls nicht verwunderlich. Die Nachfrage stieg in den vergangenen zehn Jahren entsprechend dem Angebot, was logisch ist.

Und es sank die Zahl derer, ebenfalls logisch, die in ihrer Freizeit lieber lesen: Der Anteil der Nichtleser, wie es in der

Studie heißt, lag 2008 bei einem Sechstel der Befragten. In absoluten Zahlen ausgedrückt entspricht das einer stattlichen Masse von rund 950 000 Kindern und Jugendlichen. Sie ist gestiegen von 420 000 (2005) über 640 000 (2006) auf diese erschreckende Höhe. Die meisten der Nichtleser sind Jungen. Diese Zahlen können selbstverständlich auch positiv interpretiert werden. Immerhin lesen noch über fünf Millionen Jungdeutsche gelegentlich oder sogar öfter ein Buch. Die Frage, ob die Bücher, die sie lesen, tatsächlich im klassischen Sinne auch Bücher sind oder zum Beispiel nur als Bücher verkaufte Biografien ihrer Superstar-Lieblinge, wurde nicht gestellt.

Die Lehrerin, die anfangs von ihrem Schulalltag erzählt hat, unterrichtet in einem der alten Bundesländer hoch oben im Norden, und sie hat Vorgänge wie die am Beginn ihrer Morgenstunde über Jahre hinweg aufgeschrieben. Sie spricht nur für sich, doch aus vielen Gesprächen, Telefonaten, Begegnungen weiß sie, dass es anderen ebenso ergeht wie ihr. Zwar gibt es für sie immer noch Erlebnisse der berührenden Art, wenn sich Kinder zu ihr flüchten, Rat und Trost und Verständnis bei ihr suchen – ansonsten hätte sie sich längst schon umschulen lassen.

Aber solche Glücksmomente einer Lehrerin, für die sie einst den Beruf so liebte, sind seltener geworden. Manche Notrufe der Sprachlosen erreichen sie per SMS. Dann simst sie sofort zurück. Auch das gehört heutzutage zum Kontakt zwischen Lehrern und Schülern. Wer von denen ohne Handy ist, muss wirklich arm sein.

Grob geschätzt besitzt bereits die Hälfte aller Schüler zwischen sechs und dreizehn Jahren – und das wären immerhin dann drei Millionen Mädchen und Jungen – ein eigenes Handy. Und sie benutzen es nicht nur zum Telefonieren oder Simsen, sondern zum Fotografieren oder um Filmchen zu drehen. Was zu oft auf dem Display zu sehen ist, hätte man früher als nicht jugendfrei bezeichnet.

Als einer Zweitklässlerin, also einer Achtjährigen, von ihrer Berliner Lehrerin verboten wurde, ihr Handy während des Unterrichts eingeschaltet zu lassen, wehrte sich das kleine Mädchen. Sie benutze es ja nicht, könne aber gleich hören und sehen, falls eine SMS ankomme. Außerdem würde es die anderen ja nicht stören, sie wolle gar nicht telefonieren, nur ab und an mal ein Spiel machen, wenn es ihr zu langweilig werde im Unterricht.

Einem Jungen aus der Nebenklasse, ebenfalls acht Jahre alt, wird das Handy abgenommen, weil er allen Bitten zum Trotz während der Mathe-Stunde eine SMS verschickte. Mir egal, grinste der Kleine, er habe noch drei andere zu Hause. Sein Vater arbeite in einer Handyfabrik. Die Lehrerin, eine noch frisch-kräftige, junge, hatte es irgendwann satt, Morgen für Morgen die Schüler daran zu erinnern, ihre Handys auszuschalten. Stattdessen sammelt sie die vor Beginn des Unterrichts ein. Proteste ignoriert sie. Auch die von Eltern.

Einen Rest von ihrem einst so großen sozialen Engagement hat sich Lehrerin X trotz aller Erfahrungen des Alltags bewahrt. Viele Kollegen haben zum Selbstschutz solchen Ballast abgeworfen, den Glauben an ihre Möglichkeiten, etwas ändern zu können, längst aufgegeben. Sie aber, deren Namen man nicht nennen darf, um sie zu schützen vor Eltern, Kollegen, Schulräten, hat sich nicht auf die Beschreibung der Wirkungen beschränkt, sondern nach Ursachen geforscht. Mit auffällig gewordenen Kindern nach Schulschluss oder auf Klassenfahrten gesprochen und ihrer Pflicht bewusst bei Problemen, von denen sie erfuhr, die Eltern zu erreichen versucht. Erreichen ist im doppelten Sinne gemeint – einmal tatsächlich durch Hausbesuche, zum anderen mit Versuchen, in deren Gedankenwelt, wenn es da noch so etwas wie Gedanken gab, vorzudringen und ihre Hilfe anzubieten.

Falls die gewünscht war.

Die war selten gewünscht.

Ihre Angebote wurden vielmehr als Störung empfunden. Ihre Bilanz ist deshalb ernüchternd. Wer sich engagiert, stößt schnell an Grenzen. Nicht nur an die eigenen, sondern auch an die in der Außenwelt vorhandenen, die staatlichen. Selbst dann, wenn ihre angebotene Hilfe akzeptiert würde, dauerte es Monate, bis zum Beispiel ein Mensch von der Jugendfürsorge oder gar eine Therapeutin, die nicht nur wie üblich Ritalin verschriebe, Zeit hätte für einen dringenden Fall. Auch diese Schieflage der Nation ist seit Jahren bekannt, geändert hat sich aber nichts.

Wie zum Teufel ein Kind auf die Frage kommt, ob die Frau Lehrerin gefickt habe, ist einfach zu beantworten. So reden die von und auf der Gosse. Früher wechselte man bei deren Anblick die Straßenseite, heute laufen die den Kindern auf fast allen Kanälen über den Weg. Der Unterschied zwischen Gosse und Gasse ist so groß wie der zwischen Prolo und Prolet. Dieser Unterschied ist nicht nur gewaltig, sondern entscheidend. Lässt sich ein Zusammenhang feststellen zwischen steigenden Quoten von verdummenden Formaten und sinkender Lust auf Lernen? Oder ist das nur eine Vermutung, basierend auf der natürlichen Arroganz von Bessergestellten und Bessergebildeten?

Muttis aus gehobenen Kreisen blicken angewidert auf das Treiben der Unterschicht. Warum die so sind, wie sie glauben, dass die sind, behaupten sie zu wissen. Sie verbieten ihren Kindern deshalb den Konsum bunt-prolliger Fernsehwelten. Erlauben nur Dokumentationen auf Phoenix oder Übertragungen von Opern auf Arte. Sagen sie. Was so verlogen ist wie ihre auf ihr eigenes Leseverhalten bezogene

Behauptung, nur »Zeit« und »Spiegel« und »FAZ« zu lesen, obwohl sie doch beim Klatsch mit Freundinnen über jede neue Liebelei von Nadja Abd El Farrag oder Michelle Hunziker herziehen, wovon sie doch nur aus den üblichen, ihnen angeblich doch so verdächtigen Klatschorganen erfahren haben konnten.

Jeder Schul-Pups ihrer Nachkommen ist ihnen einen gewaltigen Donner wert, den sie am liebsten über die Lehrer abladen. Alles natürlich zum Wohl ihrer Kinder. Aber die Verblödung wächst auch bei den vermeintlich nicht so Blöden, die alles tun, damit es ihren Schätzchen gut geht und ihre Schätzchen nicht nur Englisch als Pflichtzweitsprache in der Grundschule haben, sondern auch noch bei der Arbeitsgemeinschaft Spanisch angemeldet sind, bei der AG Internet, damit die Mädchen tanzen lernen, falls sie später mal Ballerina werden wollen, und die Jungs Einzelunterricht im Tennisclub bekommen, statt mit ihren möglicherweise doch vorhandenen Freunden draußen zu spielen. Die Kinder sollen es doch mal besser haben als wir, nicht wahr?

Was sie nicht haben: Zeit für ihre Kinder.

Was gut für die ist, bestimmen nur sie. Gut sind zum Beispiel bessere Schulen, egal, wie weit die von ihrer Wohnung entfernt sind, Hauptsache weit weg von den normalen Grundschulen, über die sie so viel Schlechtes gehört haben. Zur Not muss man halt umziehen. Gut sind fortbildende Maßnahmen, für die sie selbst den Stundenplan aufgestellt haben. Für diese verschiedenen Aktivitäten sind sie mit ihren Kindern dann hektisch unterwegs, anstatt sie lieber mal stressfrei und ohne Zielvorgaben spielen zu lassen. Der niedersächsische Familientherapeut Wolfgang Bergmann, dem die Thesen der Bestseller-Propheten Bernhard Bueb (»Lob der Disziplin«) und Michael Winterhoff (»Warum unsere Kinder Tyrannen werden«) viel zu autoritär und simpel sind, glaubt dagegen, dass ausgerechnet die Oberschichteltern, die vorgeblich nur das Beste für ihre Kinder wollen, in der Erziehung versagen: »Viele Mütter hetzen mit ihrem Nachwuchs von einem Termin zum nächsten«, wetterte er in einem Interview mit der »Süddeutschen Zeitung«, dabei sei nun wirklich nicht jeder Termin wichtig. »Würden sie weniger hetzen, so hätten sie und ihre Familie viel mehr Spaß. Ein Kind kann uns zu dieser Ruhe verlocken. Ein spielendes Kind berührt doch das Herz, oder nicht?«

Früher entzogen sich Kinder, wann immer es ging, ihren Müttern und eroberten sich ihre eigene Welt. Sie spielten unbeaufsichtigt auf der Straße, im Park, im Wald die Abenteuer des Lebens nach, von denen sie bislang gelesen hatten. Heute lauern dort, wie sie aus dem Fernsehen schließlich wissen, tödliche Gefahren – wild rasende Autofahrer, als Onkel getarnte Päderasten, diebstahlgestählte Jugendbanden.

Die Kinder des Prekariats spielen sich stattdessen bei Bohlen und Co. auf, und wenn man sie nicht mitspielen lässt, weil die Konkurrenz der Blöden zu groß ist, spielen sie sich in der Schule so auf, wie es ihnen im Fernsehen vorgesetzt wurde. Gier, Schadenfreude, Ruhmsucht, Gewalt sind ihre ständigen Begleiter. Was die nicht können, die in der ersten Runde einer Castingshow rausfliegen, das kann ich zwar auch nicht – singen, tanzen –, aber wenn die trotzdem im Fernsehen gezeigt werden, kann ich kleiner Depp es auch mal versuchen. Oder aber sie adaptieren für ihre kindliche Welt die bei der Suche nach *Germany's Next Topmodel*, dem König des *Dschungelcamps*, dem *Superstar* etc. vorgeführten Demütigungen.

In der Welt der Erwachsenen sind Demütigungen als »Mobbing« zum festen Begriff geworden. Bei Kindern gibt es das längst auch. Die müssen sich früh entscheiden, ob sie lieber Täter sein wollen oder Opfer. Ein Opfer ist allein, wer es mobbt, ist nicht allein. Schwer zu erraten, wie sich die Mehrheit entscheidet? Wenn die Zahl stimmt, von der Pädagogenverbände ausgehen, werden an deutschen Schulen rund 500 000 Kinder und Jugendliche von ihren Mitschülern gemobbt. Täglich. Das würde bedeuten: Es ist in jeder Schulklasse mindestens ein Kind betroffen. Und zwar verteilt auf alle Schulen – Grundschulen wie Hauptschulen, Realschulen wie Gymnasien.

Die Lehrer, die das abtun mit der Bemerkung, so etwas hätte es immer schon gegeben, sind in der Tat fahrlässig dumm und machen sich deshalb mitschuldig, wenn das ausgewählte Opfer, meist unter den Kleinsten zwischen acht und vierzehn, am Mobbing zerbricht. Das übrigens, und auch das ist typisch für die zynische Sprache der Mitleidlosen, nicht bei seinem Namen, sondern bei den Hetzjagden einfach nur »Opfer« genannt wird.

Dem muss man gar nicht mal mehr ins Auge sehen auf dem Schulhof oder im Klassenzimmer. Cyberbulling ist angesagt. Was bedeutet, dass virtuell attackiert wird, online auf dem Computer oder per SMS und Foto auf dem Handy. Wie in der Szene der Rechtsradikalen fühlen sich die Angreifer nur als Gruppe stark. Und ihre Gruppe ist die Klassengemeinschaft. Die hat sich eine oder einen als Opfer ausgesucht, und wenn es endlich herauskommt, wenn endlich eines der Opfer nicht mehr alles erduldet aus Angst, als Petzer zu gelten, ist es für die Seelen der Betroffenen meist zu spät. Viele brauchen therapeutische Behandlung.

Hilfreicher wäre ein überraschender Gegenschlag. Einen Größeren, einen Stärkeren, den Anführer des mobbenden Mobs direkt und mit aller Härte zu attackieren genau dann, wenn er sich seines Sieges mal wieder sicher glaubt. Also zwischen die Beine zu treten, was aus bestimmten Gründen wehtut und nachhaltige Wirkungen hat, oder die Faust ins

Gesicht zu setzen. Aus der Rolle des Opfers schlagartig in die des Täters wechseln, was die Täter zutiefst verstört. Diese Verstörung hält sogar an. Weil sie nie mehr sicher sein können, erneut so behandelt zu werden.

Die Methoden des Gegners adaptieren darf man unter moralischen Aspekten natürlich nicht. Da würde man sich ja selbst ins Unrecht setzen. Ist nur eine spontane, unmoralische, wirksame Idee. Die auftaucht aus der Erinnerung an eigene Schulzeiten. Aufmerksame Lehrer könnten die Idee aber grundsätzlich mal aufgreifen und umsetzen in eine selbstverständlich nur verbale Attacke. Überraschend vor der versammelten Schülerschaft erklären, warum gewalttätige Mobber nichts weiter sind als blöde Mitläufer und verklemmte Feiglinge, dass es morgen schon die treffen kann, die heute glauben, bei den Stärkeren zu sein. Und sie könnten unmissverständlich klarmachen, dass sie zukünftig jeden einzelnen Fall mit genau jener rücksichtslosen Härte verfolgen, mit der die Opfer verfolgt würden. Außerdem würden bei jedem einzelnen Fall, ohne Gnade zu gewähren, sowohl das Schulamt als auch die Eltern informiert.

An ihrem Ende der gesellschaftlichen Skala reagieren die vom Prekariat genau wie die der Oberschicht mit Verboten, um durchzusetzen, was sie für Erziehung halten. Die Oberen schicken Widerspenstige zwecks Zähmung auf Internate oder streichen ihnen das Taschengeld. Die Unteren erziehen durch Entziehen, indem sie ihren Sprösslingen deren TV-Lieblinge sperren oder den Gameboy wegnehmen.

Oder aber sie reagieren mit gnadenloser Härte.

Nach den Herbstferien kam in einer Grundschule in Nordrhein-Westfalen ein kleiner Junge mit vereiterten, offenen Knöcheln an beiden Händen in die Schule. Seiner entsetzten Lehrerin erklärte er, Mama habe ihm die Hände auf den heißen Herd gedrückt, damit er nicht mehr da dran gehe. Die Lehrerin schlug bei der Fürsorge Alarm, und die kümmerte sich auch, was ja nicht immer so ist, sofort um den Fall. Die befragte Mutter, die fünf Kinder hat von vier verschiedenen Männern, war erstaunt, dass man sich darüber aufregen würde, die Methode sei doch erfolgreich gewesen. So habe es ihr Sohn doch endlich begriffen.

Als ein Klassenlehrer bei einem der an sich seltenen Besuche eines echten leiblichen Vaters bei einem Elternabend an einer sächsischen Schule berichtete, dass dessen Sohn und zwei weitere Zehnjährige per Handy auf der Schultoilette eigenen Aussagen zufolge einen Porno drehen wollten, was ein Vierter mitbekommen und ihm sofort ganz aufgeregt gemeldet habe, woraufhin er die drei vor der Klotür erwartet und zur Rede gestellt habe, meinte jener Vater voller Empörung, so was könne sein Sohn nur aus dem Fernsehen erfahren haben, von ihm habe der das ganz bestimmt nicht. Sei eh alles Scheiße, was die dort zeigten. Dieser Radetzky habe völlig recht.

Welcher Radetzky?, fragte der verblüffte Lehrer.

Na ja, der da, der sich so aufgeregt hat über den Mist, der immer gesendet wird.

Gemeint war Marcel Reich-Ranicki, und der naheliegende Vorschlag des Lehrers, in Zukunft seinen Zehnjährigen nicht jeden »Scheiß« anschauen zu lassen, wurde zurückgewiesen. Dann müssten er und seine Frau ja auch verzichten. Schließlich schliefen die Kinder im Wohnzimmer, wo der Apparat stehe.

Der Pädagoge gab nicht auf, obwohl er es dabei hätte bewenden lassen können. War schließlich nicht sein Problem. Und wenn Eltern kein Problem darin erkennen wollten, dass es vielleicht nicht dem normalen Verhalten von Kindern entspricht, wenn sie vor ihrem elften Geburtstag bereits das drehen, was ihre Erzeuger nachts anschauen, dann ist denen eben nicht zu helfen.

Doch den Kindern wollte er versuchen zu helfen. Er redete mit ihnen. Hörte ihnen zu. Was die drei Jungs verblüffte, weil sie das von zu Hause nicht kannten. Da lief immer der Fernsehapparat, und man hörte eigentlich nur denen zu, die dort auftraten. Wenn sie dabei störten, bekamen sie eine gelangt.

Weil sie sich schämten, was ihn rührte, bat sie der Lehrer, auf einem Blatt Papier aufzuschreiben, wie es gewesen sei auf dem Schulklo. Dann würden sie alle darüber reden können, und keiner müsste sich mehr schämen.

Peter schrieb: »Ich musste mal, und da waren Kevin und Leo und spielten Porno. Sie fragten, ob ich mitspielen wollte. Ich habe gesagt, ich weiß nicht, wie das Spiel geht. Sie haben es mir erklärt. Da habe ich Nein gesagt. Dann haben sie mich ausgelacht und geschubst. Und haben gesagt, du machst das wohl lieber mit deiner Mutter. Da habe ich geweint und bin weggelaufen.«

Leo schrieb: »Der Kevin hat gesagt, dass er das schon mal mit einer Achtjährigen gemacht hat. Ich sollte das mit meinem Handy alles aufnehmen. Mehr habe ich nicht gemacht.«

Kevin schrieb: »Eigentlich wollte ich das gar nicht. Aber der Leo hat mich überredet. Der hat das alles dann gedreht. Ich habe es dann gelöscht.«

Als er die Zettel gelesen hatte, lächelte der Lehrer. Sein Einsatz hatte sich gelohnt. Die drei hatten tatsächlich ja keine Ahnung, was ein Porno ist, sie hatten zu Hause nur mitbekommen, dass es irgendwas Verbotenes war, was nur Erwachsenen erlaubt ist. Das hatte sie gereizt. Er lobte sie für ihre Fähigkeit, per Handy Filme zu drehen. Er erfand einen Wettbewerb für alle seine Schüler. Sie sollten sich in kleinen Gruppen überlegen, was sie gerne filmen würden draußen in der Natur. Also keine Trinkhallen, keine Spielsalons, keine Dönerbuden, keine Videoshops, keine Nacktaufnahmen ihrer Freundin.

Sondern das, was ihnen im Park oder bei einem Ausflug in den Staatsforst auffallen würde – Tiere, Pflanzen, Menschen. Alle machten begeistert mit, alle Filmchen wurden gezeigt. Ja, mehr noch: Er überließ es der Klasse, ihren Superstar zu wählen, also das Team, dessen Film den Kindern am besten gefallen hatte.

Eine gute Idee. Hilflose Jugendämter dagegen kommen auf absurde Ideen, den sichtbaren Verfall der Sitten zu stoppen. Dass Bußgelder fällig werden für Schulschwänzer, steht in einem entsprechenden Gesetz. Aber erstens kümmert sich niemand darum, und zweitens ist es bei den betroffenen Familien eh sinnlos, Geld einzutreiben. Weil sie nichts haben, was einzutreiben sich lohnen würde.

Die Stadt Oer-Erkenschwick beschloss deshalb, ihre sogenannten Problemfamilien, wie diese auffälligen Eltern-Kind-Biotope im Amtsdeutsch heißen, für das zu belohnen, was normalerweise ihre Pflicht ist. Wer seine Sprösslinge mindestens vier Wochen lang pünktlich in der Schule abliefert, mit oder ohne Frühstück, bekommt einen Bonus-Stempel. Den soll es auch geben für regelmäßige Besuche beim Kinderarzt oder für die Belegung von Kursen an der örtlichen Volkshochschule, in denen gelehrt wird, wie man Kinder ohne die Hilfe einer durchs Fernsehen bekannten *Super Nanny* selbst erzieht. Wie in der Entwicklungspolitik steht Hilfe zur Selbsthilfe dahinter als Idee. Bei einer bestimmten Anzahl von Stempeln zahlt das Amt eine Prämie. Einhundert Euro. Gedacht war der Plan für Eltern, die sich »der Zusammenarbeit mit Jugendamt, Kindergarten oder Schule konsequent entziehen«.

Nach verständlichen Protesten derer, die ihre Kinder

pünktlich zur Schule schicken, ohne dafür eine Prämie zu verlangen, verkündete die Stadtverwaltung, natürlich würde es kein Bargeld geben, weil sonst die Gefahr bestünde, dass die Eltern die hundert Euro sofort umsetzen in Alkohol, Zigaretten oder eine fällige Rate für den ihnen liebsten Erziehungsberater, den neuen Fernsehapparat. Sondern Sachprämien. Eine Kamera. Einen Grill. Eine Kaffeemaschine.

Philipp Mißfelder, Vorsitzender der Jungen Union, ein junger Christdemokrat, der sich jeder passend scheinenden Lage mühelos anpassen kann, hat sich eigene Gedanken zum Thema gemacht. Die waren zwar etwa so blöde wie die Lieblingsformate der von ihm attackierten Zielgruppe ALG 2 und Hartz IV, aber er erreichte, was er wollte: ein paar Schlagzeilen und auch die zu erwartende wütende Reaktion des politischen Gegners. Die Erhöhung des Regelsatzes für Kinder zum 1. Juli 2009, so Mißfelder, sei ein Anschub für die Tabak- und Spirituosenindustrie, weil die Eltern das Geld nicht etwa für ihre Kinder einsetzen würden, in bessere Ernährung zum Beispiel, sondern in Zigaretten und Schnaps für sich selbst.

Ähnlich pauschal urteilte auch sein Parteifreund Oswald Metzger vor Jahren, als er noch ein Grüner war: »Sozialhilfeempfänger sehen ihren Lebenssinn darin, Kohlehydrate oder Alkohol in sich hineinzustopfen, vor dem Fernseher zu sitzen und das Gleiche den eigenen Kindern angedeihen zu lassen.«

Eine Frau, die es besser weiß, Susanne Kahl-Passot, Leiterin des Diakonischen Werks Berlin-Brandenburg, konterte wirksam mit Fakten und ihrer Erfahrung statt mit Empörung. Erstens seien viele Menschen arbeitslos, die nichts dafür könnten, keinen Job mehr zu haben. Punkt. Zweitens habe es das schon immer gegeben, dass Menschen ohne Arbeit ihre Probleme im Alkohol ertränkten. Punkt. Und was das Fernsehen betreffe: »Was sollen die Leute denn den ganzen langen Tag machen? Man muss Angebote schaffen, um ihnen aus der Isolation zu helfen.« Gutscheine würden an der hoffnungslosen scheinenden Lage dieses Teils der Nation nichts ändern, da kämen sich viele, die es nötig hätten, wie Bettler vor und würden lieber verzichten. Statt Bargeld oder Gutscheinen würden stattdessen gezielte Sachleistungen wie Kita, Schulspeisung, Lernmaterial, Kurse hilfreich sein. Und nicht mehr kosten als das, was bislang bar ausbezahlt wird.

Lehrerin X hat ihren täglichen Kampf mit den populären TV-Konkurrenten und deren Einfluss auf ihre Schüler in vielen Fallbeispielen protokolliert. Es sind kleine deutsche Biografien des Jahres 2009. Sie beginnt mit allgemeinen Sätzen über die Gesamtsituation ihrer Klasse: »Ich bin in diesem Jahr nur für achtundzwanzig Schüler als Klassenlehrerin zuständig. So wenige hatte ich noch nie in einer Klasse. Das verspricht weniger Stress als sonst und mehr Möglichkeiten, mich um jedes Kind individuell kümmern zu können. Normal ist das Verhältnis von deutschen Kindern zu denen mit Migrationshintergrund, diesmal lautet es dreizehn zu fünfzehn. Dass Deutschland längst ein Einwanderungsland geworden ist, wissen wir Lehrer ja schon lange.«

Mit den ausländischen Schülern aus Italien, Griechenland, der Türkei, Schwarzafrika, Iran hat sie weniger Probleme als mit einheimischen. Was erstaunlich ist und unglaubwürdig klingt, weil man immer wieder vom Gegenteil liest, kann sie aber erklären. Viele Ausländerkinder wachsen in intakten Großfamilien auf, werden von ihren Eltern streng erzogen, müssen mit Strafen rechnen, falls sie in der Schule als Krawallmacher auffallen, und haben die ehrgeizigen Ziele, die ihnen aufgetragen wurden, weil aus ihnen was Besseres werden soll, als es ihre Väter geworden sind, schon früh verinnerlicht.

Anders bei den Deutschen. Zehn von denen werden entweder nur von ihrem Vater oder nur von ihrer Mutter erzogen, die meisten Väter oder Mütter sind mit neuen Lebenspartnern gesegnet, was ihnen guttut fürs tägliche Leben. Zweimal Hartz IV plus Kinder- und Wohnungsgeld reichen selbst dann für den Flachbildschirm, wenn die Chancen auf geregelte Arbeit auch in Zukunft gegen null tendieren. Was alle besitzen, sind Handys und Computer. Auf denen gibt es allerdings kein Word-Programm, um eventuell besser die Hausaufgaben erledigen zu können. Die Festplatten ihrer Schüler sind ausschließlich mit Spielen bestückt.

Es sind deutsche Kinder, die das, was sie aus bestimmten deutschen Fernsehprogrammen aufgesaugt haben, mitbringen in die Schule. Selbstverständlich würden auch die anderen neun- und zehnjährigen Mitschüler zu gerne erlebt und gesehen haben, was denen ohne Einschränkungen offenbar gestattet war – den Gesang eines von Dieter Bohlen niedergemachten Talentlosen, das Lallen gepiercter Dumpfbacken in den Nachmittagsshows, die Auftritte irgendeiner harten Sex suchenden Schlampe in den Wohnhöhlen der Unterschicht –, doch in ausländischen Familien ist nur den Erwachsenen unbeschränkt Fernsehkonsum erlaubt, was zwar deren Weltbild nicht unbedingt erweitert, aber ihre Nachkommen qua Verbot wenigstens jetzt im Kindesalter vor dem schlimmsten Dreck schützt. Später holen die allerdings das Versäumte nach, und weil sie dann halbstark sind, wirkt ihr gewalttätiges Auftreten ungleich brutaler.

Ein paar Beispiele aus dem Alltag einer anderen Grundschule in einem der neuen Bundesländer: Kind eins kennt seinen leiblichen Vater nicht. Es gibt nicht mal ein Foto von dem. Begründung: Mama habe aus Wut alle zerrissen. Den Lebenspartner ihrer Mutter nennt das Mädchen Papa, weil ihre Mutter das so will und ihr angedroht hat, bei Nichtbefolgung das Handy wegzunehmen oder ihre Lieblingssendungen zu streichen. Dazu gehören *Deutschland sucht den Superstar* und *Big Brother*, mit dem vor knapp zehn Jahren der Siegeszug des Blöd-Fernsehens begann. Das wirkte. Seitdem sagt sie immer »Papa« zu dem ihr Fremden.

Kind zwei wurde im ersten Schuljahr, also kaum eingeschult, von einem Größeren aus der dritten Klasse (!) gezwungen, sich auf dem Klo auszuziehen und an ihm herumzuspielen. Das habe der am Tag zuvor nachts im Fernsehen auch gesehen, als Mama und Papa in der Kneipe waren. Beide Kinder wurden, als es herauskam, psychologisch betreut, ohne Erfolg.

Kind drei hat zwar einen leiblichen Vater, aber den hat es schon lange nicht mehr gesehen. Seine Mutter hat sich zunächst für einen Homosexuellen als Partner entschieden, weil der nichts von ihr wolle und beide durch die jeweiligen Hartz IV-Sätze eine echte Zugewinngemeinschaft gründen konnten. Das Kind muss den Mann Papa nennen, doch als der abhaut und ein neuer Mann in die Wohnung zieht, weigerte es sich, schon wieder »Papa« zu einem Fremden sagen zu müssen. Weint und schimpft mit seiner Mutter. Auch die reagiert konsequent: Maul halten, oder der Fernseher bleibt stumm.

Kind vier wird vom neuen Lebenspartner seiner Mutter ständig geschlagen, was es irgendwann seiner Lehrerin weinend beichtet. Die von ihr zur Rede gestellte Mutter meint abwehrend, dass ihr Sohn ein Lügner sei. Und falls er noch einmal einen solchen Scheiß über seinen neuen Papa erzähle, setze es auch von ihr Prügel.

Zufällige Beispiele, irrelevant für die Beurteilung der gesamten Situation? Daran schuld nicht ein Fernsehprogramm, weil man ja ausschalten könne, bevor es in die leeren Köpfe dringt?

Alles richtig. Aber deren Wirklichkeit ist eine andere. Niemand schaltet bei denen den Fernsehapparat aus. Der läuft permanent. Auf beengtem Wohnraum. Wenn es entweder auf dem Bildschirm oder tatsächlich zur Sache geht, wenn der neue Papa auf die Mutti will, sagt die nur: Dreh dich zur Wand, Kind. Sonst setzt es was.

Begonnen übrigens hat der Verlust des Privaten, was offenbar der Begriff »Privatfernsehen« auch impliziert, mit *Tutti Frutti*, als zum ersten Mall weibliche Vertreter der damals noch nicht als Kernzielgruppe erfassten Unterschicht ihre Brüste hüpfen ließen. Die Auftritte hatten sogar indirekt etwas mit Schule zu tun, weil die halb nackten Hupfdohlen, die sinnlos um einen gewissen Herrn Hugo Egon Balder tänzelten, ganz eindeutig ihre Schule zum frühestmöglichen Zeitpunkt verlassen hatten, um fortan im wahren Leben fürs Leben zu lernen.

Bei Streit auf dem Schulhof, den normalen Raufereien, wie es sie immer gegeben hat, sind auch früher Ausdrücke benutzt worden, die nicht unbedingt zu den besonders feinen gehören. Also so etwas wie »blöde Kuh« oder »dumme Sau«. Da gab es dann zur Sühne bei Bedarf vielleicht mal eine Strafarbeit, etwa hundertmal abschreiben: Ich darf meine Mitschülerin Silke nicht dumme Kuh nennen. Oder im Wiederholungsfall auch mal eine Stunde Nachsitzen. Beides ist vom zuständigen Ministerium den Lehrern untersagt. Sie dürfen nur die Eltern über den Vorfall informieren, falls sie die per Handy zufällig mal erreichen und falls die sich dafür überhaupt interessieren. Inzwischen geht es außerdem ja längst nicht mehr so gesittet zu. Die gängigen Beschimpfungen heute zählt Lehrerin X auf: Hurensohn, Fick dich doch selbst, Wichser, Nutte. Dass sie also morgens gefragt wird, was oben wiedergegeben wurde, schockiert sie zwar immer noch, aber es wundert sie nicht mehr.

Sie darf sich nicht einmal mit deutlichen Worten und Ermahnungen wehren. Selbst wenn die Väter und Mütter sonst nicht viel wissen, eines wissen sie genau – dass sie gewisse Rechte haben, und die kennen sie. Falls sie die ihren verletzt glauben, beschweren sie sich. Jeder Beschwerde muss nachgegangen werden. Das kostet die Beschuldigten, obwohl sie tatsächlich unschuldig sind, Zeit und Kraft. Und diese Kraft fehlt ihnen im täglichen Abwehrkampf gegen die Welle der Dummheit.

Also nehmen sie die Verrohung von Sprache und Sitte, das prollige Benehmen ihrer kleinen Faultiere hin, schieben die schlimmsten ab auf die letzte Station, die Sonderschulen. Überlassen das Seichtgebiet resigniert den Blöden, statt es beherzt auszutrocknen. Schließen ermüdet die Tür hinter dem Raum mit Leergut.

Wenn Politiker, egal welcher Couleur, die Zustände an solchen Schulen beklagen, deren innere Verfassung so marode ist wie die äußere, ähnelt das dem Gesang von Pharisäern. Ohne das nötige Handwerkzeug – Strafarbeiten, Nachsitzen, soziale Dienste – können die Frontkämpfer keine Schlachten gewinnen, keine Grenzen ziehen. Dieses Handwerkzeug wird ihnen von Behörden verweigert.

Das amtliche Versagen eröffnet den Predigern harter Schulen ein weites Feld. Sie schreiben auf, was nach ihrer Meinung immer noch so gut hilft, wie es einst bei den auffälligen Großvätern und Vätern geholfen hat: Strenge, Disziplin, Ordnung. Deutsche Sekundärtugenden also. Gelesen werden ihre Bestseller nicht von Unterschichtlern, denn die lesen nun mal keine Bücher, sondern von Oberschichtlern, die schon lange der Meinung sind, dass die unten selbst schuld sind, wenn sie es nicht nach oben schaffen. Aber zielen diese Autoren denn nicht vielmehr auf ihre verwöhnten Kinder statt auf die da unten, meinen sie denn nicht die Kinder, die alles haben, und stellen damit auch deren Eltern an den Pranger?

In der Tat. Das machen sie.

Frage der Eltern an ihren lieben Kleinen: Was machst du gerade, mein Kind?

Antwort: Ich chatte.

Aha.

Chatten im Netz gilt als ideale Beschäftigung für Einzelkinder, weil sie dort Freunde finden, mit denen sie über all das reden können, was ihre Eltern eh nicht verstehen. Früher schrieben die Mädchen ihre sie naturgemäß in einem gewissen Alter bedrängenden Probleme in ein Poesiealbum oder in ihr Tagebuch, die sorgsam gehütet und vor fremden Einblick versteckt wurden.

Heute gehen sie ins Netz. Damit sie keinem der finsteren Dunkelmänner in die Fänge geraten, hat das Familienministerium ein zielgruppengerecht gestaltetes Faltblatt herausgeben lassen, dessen Inhalt auch online abzurufen ist (www.jugendschutz.net). Die wichtigsten Vorsichtsmaßnahmen sind dort in einfachen Sätzen notiert: Chatte am Anfang nicht allein, sondern frage Eltern oder ältere Geschwister um Hilfe. Denk dir einen guten Spitznamen aus, benutze niemals den richtigen Namen, das richtige Alter, den Wohnort oder die Schule. Verrate nie deine Adresse, deine Telefonnummer. Versende keine Fotos von dir. Gib nichts Persönliches preis. Suche dir einen Chat, in dem jemand aufpasst. Solche Aufpasser sind Moderatoren, und man kann sie in guten Chats per Knopf um Hilfe rufen.

So einen Knopf hätte die Lehrerin X auch ganz gerne. Täglich. Stündlich. Als sie die fettleibige Mutter jenes Neunjährigen beim Elternsprechtag fragte, woher denn wohl ihr Kleiner solche Wörter wie »ficken« kennen würde, antwortete die, das wisse sie auch nicht, ehrlich. »Wenn mein Mann

so spricht, sind die Kinder eigentlich immer alle im Bett.«
Eigentlich.

Am Morgen nach dem Amoklauf von Winnenden hat Lehrerin X mit ihren Schülern über das gesprochen, was die alle am Abend zuvor in den Fernsehnachrichten gesehen haben. So was kommt manchmal von so was, sagte sie, es könnte doch sein, dass der Killer als gemobbter Außenseiter in seinem Wahn, sich nicht anders wehren zu können, um sich geschossen habe. Einem Jungen, der ihr zuhörte und dann zustimmend nickte, zischte daraufhin ein anderer zu: Du bist gedisst. Was so viel bedeutet wie: Du bist ein Außenseiter.

Offensichtlich war es ihr nicht gelungen, in die Seelen der Kinder vorzudringen. Aber als Erfolg wertet sie die dunkle Stunde dennoch. Sie weiß jetzt, auf wen sie aufpassen muss. Wen sie beschützen muss. Wen sie verteidigen wird gegen die mobbenden kleinen Blöden.

Es ist nicht mehr als ein Tagessieg.

Aber wenigstens war es mal wieder einer.

KAPITEL V

Kante statt Kant

Über den Wolken wohl darf Freiheit wirklich grenzenlos sein. Nur da. Es wäre wahrscheinlich doch sinnvoll gewesen, hätte man rechtzeitig dem ungestümen Drang nach Selbstverwirklichung ein paar Grenzen gesetzt und ein natürliches Schamgefühl gefördert und eingefordert, statt so etwas scheinbar Spießiges als Relikt bürgerlicher Konventionen zu verdammen. Hätte man Werte definiert, die unantastbar für alle, egal, in welcher Schicht sie sich bewegen, bleiben müssten, hätte man außerdem eiserne Reserven mit wirksamem Gegengift angelegt, um die Epidemie der ansteckenden Krankheit Verblödung selbst dann stoppen zu können, nachdem sie ausgebrochen war.

Denn zu viele glauben, sich alles erlauben zu können, weil alle Tabus gebrochen sind. Die Parole, deren geniale schlichte Konsequenz in ihrer Wirkung sogar Blöden einleuchten dürfte, falls jemand sie ihnen erklären würde und es dabei schafft, sie so in ihre Sprache zu übersetzen, dass sie den Sinn verstehen, ist bekanntlich der Kategorische Imperativ des Philosophen Immanuel Kant.

Demzufolge soll sich ein Mensch, egal, von welcher Geburt, und egal, zu welchem Stand erwachsen, grundsätzlich so verhalten, dass die Maxime des eigenen Handelns anderen ein Vorbild sei, in Kants Worten: »Handle nur nach derjenigen Maxime, durch die du zugleich wollen kannst, dass sie ein allgemeines Gesetz werde.« Grob vereinfacht müsste das der heutigen Zielgruppe von bestimmten Menschen etwa so erläutert werden: Was du nicht willst, das man dir tu, das füg auch keinem anderen zu.

Klar? Na klar.

Unterschichtler wie Oberschichtler, Ungebildete und Eingebildete, deutschstämmiges und Deutsch radebrechendes Volk eint aber im Gegenteil in einem von verblödeten Massen besetzten Flachland der Kampf gegen Klasse. Jedwede Geschmacksverletzung wird dabei selbstverständlich vorausgesetzt. Wer sich in diesem Klassenkampf voll krass danebenbenimmt, kommt unter seinesgleichen gut an. Schlechtes Benehmen ist die Voraussetzung, um überhaupt mitmachen zu dürfen, denn Rücksichtslosigkeit zählt sowohl zu den Pflichten als auch zu den Rechten. Insbesondere von denen wissen die verrohten Blöden vieles, auch wenn sie sonst nicht viel wissen und sich einen Teufel scheren um möglicherweise durch sie verletzte Rechte der anderen.

Kombattanten und Schlachtenbummler aus den verschiedenen Schichten unterscheiden sich zwar im Aussehen, im Auftreten, im Anspruch, im Ambiente. Die einen geben nur aus, was sie haben, weil ihnen anderenfalls der Schuldenberater von RTL in die Tür fällt, die anderen geben an mit dem, was sie besitzen, weil sie aus sich heraus sonst nichts zu sagen haben. Die einen haben durch die von Bankräubern der Oberschicht angestoßene Weltwirtschaftskrise ihren Arbeitsplatz verloren, die anderen die Hälfte ihres Vermögens. Die einen sind noch ärmer dran, die anderen nur ein bisschen weniger reich. Alle aber, sowohl die gemeinten Prolos wie die allgemeinen Protzer, gehören zum selben, nicht nur zum gleichen gemeinen Verein. In dessen Satzung steht eingetragen als Vereinszweck: Geist ist ungeil.

Was in diesem Geiste in trauter Eintracht rülpst, rotzt, rempelt, räsoniert, ist keine randalierende jugendliche Randgruppe, die man womöglich durch gezielte Schläge auf die Hinterköpfe zur Besinnung bringen könnte. Millionen von Vereinsmitgliedern, Alte und Junge, Frauen und Männer, haben sich bereits in die Mitte der Gesellschaft gepöbelt. Kleider machen da längst keine Leute mehr. Ihr Benehmen bestimmt nicht nur ihren eigenen Alltag, was akzeptabel wäre, solange sie unter sich blieben und sich gegenseitig antäten, was immer sie wollen.

Doch man trifft ihre Vertreter flachlanddeckend überall:

Den auf Bahnsteig 7 wartenden Reisenden erster Klasse, in feines Tuch gekleidet, der einem Verkäufer der Obdachlosenzeitung nicht nur keinen »Straßenfeger« abkauft, sondern ihm zusätzlich ungefragt empfiehlt, sich eine anständige Arbeit zu suchen, statt anständig Arbeitende wie ihn zu belästigen, und anschließend laut räsoniert, man werde überall von solchem Pack angebettelt.

Das fettarschige Leggings-Mädchen, grob geschätzte sechzehn Jahre alt, das zunächst die Fahrgäste in der U-Bahn herausfordernd mustert, dann den Kaugummi aus dem Mund nimmt, an eine Haltestange klebt, noch mal kräftig Rotz hochzieht und sich zungenküssend seinem ebenfalls gepiercten Freund widmet.

Die silbern ondulierte Trenchcoat-Dame, der man den Bildung suggerierenden gespreizten kleinen Finger an der im Salon gereichten Teetasse anzusehen glaubt, bis sie diesen Eindruck von Wohlerzogenheit verblassen lässt, sich in der wartenden Schlange von Passagieren nach vorne rempelt und das nächstbeste Taxi besetzt, ohne sich um die Proteste zu kümmern.

Den jugendlichen Mitbürger mit Migrationshintergrund, Oberarme dick wie die Oberschenkel der Prinzessin aus dem Plattenbau Ost, Cindy aus Marzahn, der im Kino laut mampfend seine Tacos verzehrt, deren Geruch wenigstens den ihm eigenen überdeckt, einmal noch aus der Tiefe seines Seins einen gewaltigen Rülpser holt und, als er merkt, dass er im falschen Film sitzt, weil es einer mit Dialogen ist, »Scheiße, Alter« pöbelnd die Vorführung verlässt.

Auf solche Szenen, beispielhaft für viele selbst erlebte ähnliche Momentaufnahmen, ließe sich alttestamentarisch reagieren, Auge um Auge, Zahn um Zahn, statt sie naserümpfend als nun mal nicht mehr zu verändernde Realität hinzunehmen und sich in die geschützten Refugien und Stadtviertel der bürgerlichen Schicht zurückzuziehen. Es würde doch Spaß machen, Lustgewinn bedeuten, sich entschlossen gegen die Grenzverletzungen zu wehren, nicht etwa mit dem Flammenschwert des selbst ernannten Sittenrichters, wozu sich viele ungebeten eh berufen fühlen, sondern mit einem gemein gespitzten Florett.

Das hieße konkret, den Erstklässler verbal zu provozieren und vor anderen auf die erste Klasse Wartenden zu blamieren, indem man ihm zwei Euro anbietet, weil er sich offensichtlich die Zeitung nicht leisten könne. Das hieße konkret, kurz vor der nächsten Station der Rotztussi in der U-Bahn ihren Kaugummi in die Haare zu schmieren und dann freundlich winkend auszusteigen. Das hieße konkret, die Taxiräuberin per Handy zu fotografieren und zu behaupten, von der Fughafenverwaltung den Auftrag zu haben, eine Fotoausstellung über Verstöße gegen die Transportverordnungen vorzubereiten. Das hieße konkret, dem türkischen Rülpser zu gratulieren, weil er sich soeben als Kandidat für die neue Super-RTL-Show *Boah.Ey.* qualifiziert habe; Bedingung sei jedoch, dass er am nächsten Morgen pünktlich um zehn Uhr im Studio Z in der Kreuzweisestraße 4 aufschlage.

Alles nur Spiegelfechterei. Aber eine befriedigende Vorstellung von »Was wäre, wenn ...«?

Schon deshalb aber zum Scheitern verurteilt, weil es zu viele Typen der geschilderten Art gibt und niemals alle getroffen werden könnten. Von den geschilderten Prototypen hochzurechnen auf ihren Anteil an der Gesamtbevölkerung wäre aber dennoch unredlich.

Der Schein könnte schließlich trügen.

Er trügt aber immer seltener. Sobald ein bestimmtes Sein das Bewusstsein prägt, hat das anscheinend doch sichtbare Folgen.

An seinem rüpelhaften Benehmen in der Öffentlichkeit war einst treffsicher das Proletariat erkennbar. So schien es zumindest. Es wurde den Proleten aber gestattet, solange sie unter sich blieben und nicht störten in der bürgerlichen Welt. Sie tummelten sich eh lieber in der ihren. Sie wussten sich nicht besser zu benehmen, sie konnten gar nicht anders sein als so, wie sie waren, denn sie hatten nicht das Privileg einer guten Erziehung und einer umfassenden Bildung genießen dürfen. Sie waren also in solchen Fällen nicht schuldig. Wer von ihnen trotzdem aus eigener Kraft den Aufstieg von unten nach oben schaffte, wurde vom Volk bewundert. In der höheren Spielklasse einmal angelangt, spielten schlechte Manieren keine Rolle mehr.

Ausgehend von sichtbaren und hörbaren Manieren lässt sich heute nicht mehr sicher sagen, wer wohin gehört. Längst schon sind schlechtes Benehmen, Menschen beleidigender Umgangston und moralfreie Grobschlächtigkeit nicht mehr nur bei Proletariern typische Erkennungsmerkmale. Kante statt Kant bestimmt ebenso das Verhalten einer Oberregierungsrätin aus München, eines Sachbearbeiters aus Göttingen, eines Chefredakteur aus Köln. Ob man Klasse hat, ist unabhängig von der Klasse, in die man geboren wurde und in der man aufwuchs. Das ist auch gut so – oder wie es im deutschen Sprichwort heißt: Jeder ist seines Glückes Schmied.

Schön wär's, schön simpel vereinfachend, ließen sich auch für die Verrohung der Sitten, die befördert worden ist durch die allgemeine Verblödung, die Blödmacher des Fernsehens verantwortlich machen. Geht leider nicht so einfach. Denn die wollen ja im Gegenteil gerade keine klassenlose Gesellschaft, sondern zielen in ihrem Bestreben, Menschen nach ihrer Art glücklich zu schmieden, auf eine ganz bestimmte Klasse, in der banale Wünsche des Alltags direkt ohne irgendeinen geistigen Überbau am Schwanz gepackt werden. Solche Wünsche werden hemmungslos von ihnen erfüllt. Siehe *Super Nanny*, *Raus aus den Schulden*, *Superstar*, *Supermodel*, *Papa gesucht* usw.

Würde es ein quotenmäßig relevantes Potenzial an Pöbel geben, dem Manieren beizubringen sich lohnen könnte, weil sie eine von RTL oder Sat.1 oder ProSieben oder Kabel eins erfüllbare, bisher noch verborgene Sehnsucht haben nach anständigen Umgangsformen oder auch nur weil sie wissen wollen, ob sie Pizzas und Döner mit Messer und Gabel essen und Bier auch aus Gläsern statt aus Dosen trinken können, bei welchen Anlässen sie Krawatte tragen sollen zum Trainingsanzug und wann ein Kerl von Welt der Tussi seines Herzens die Tür nicht ins Kreuz fallen lässt, sondern sie vor ihr öffnet – längst hätten die fest angestellten Blödmacher der Sender ein passendes Format mit zehn, zwölf ausgesuchten Rüpelinnen und Rüpeln gestartet, statt die wie bisher unbearbeitet toben zu lassen im Big-Brother-Container. Titel hätte lauten können »Volle Kante«, gecoacht von Nina Hagen und moderiert von Hans Meiser.

Von Sendung zu Sendung müsste sich im Sinne eines Spiels herausstellen, welche Fortschritte in Benehmen und Wortwahl erzielt worden sind, wobei die Juroren – Hera Lind, Jürgen Fliege, Achim Mentzel – unverbesserliche Rüpel nach dem Vorbild anderer Formate regelmäßig beleidigen, ausmustern und zurückschicken dürften in ihre speziellen Seichtgebiete. Die Gewinner werden beim Promi-Dinner auf VOX zu Tisch gebeten, wo sie unter Beweis stellen dürfen, was sie gelernt haben, und wo neben ihnen ebenfalls sattsam Unbekannte vor sich hin mampfen.

Falls jetzt und hier jemand auf die Idee kommen sollte, diese Idee zu verwirklichen – die Idee ist längst schon geschützt.

Verwahrlost sind nicht nur die Sitten. Verkommen ist normal menschliches Empfinden, das sich zum Beispiel im Mitleid zeigt. *Kante statt Kant* lautet auch das Motto für unmoralisches Verhalten im Alltag. Ein geradezu erschreckend gutes Beispiel dafür ist jener Sachbearbeiter des Sozialamts in Göttingen, der einem Bettler nicht etwa ein paar Cents in die vor dem Mann stehende Blechdose warf, aus der er als Beamter nie würde fressen müssen, sondern grob schätzte, was drin lag. Etwa sechs Euro. Am Tag drauf, auf dem Weg zur Mittagpause, prüfte er erneut, erneut ohne was von sich zu geben. Diesmal waren es von dem Groben geschätzt nur etwa 1,40 Euro. Der Sozialleistungsbeamte ging zurück in sein geheiztes Zimmer, waltete dort seines Amts, errechnete einen Durchschnittswert möglicher Tageseinnahmen des Bettelnden, denn er hatte ja nur zählen können, was bis Mittag in der Büchse lag. Mit dieser Aufgabe war er tagelang beschäftigt. Schön für ihn, hatte er doch was zu tun.

Aber warum wird diese Geschichte aus einem deutschen Alltag ausgerechnet hier erzählt? Hat doch nichts mit dem Thema zu tun, oder doch?

Doch.

Der Hochrechner im Dienst kannte den Mann nämlich als Kunden seiner Abteilung, die Göttinger Hartz IV-Empfänger zu betreuen und ihnen ihr Geld auszuzahlen hat. Beim betreffenden Bettler von der Straße beträgt die Summe 351 Euro pro Monat. Davon konnte der Mann nicht leben, deshalb setzte er sich vor einen Supermarkt und bat Einkaufende um ein paar Almosen. Die gaben ihm gerne. Nur von der Amtsperson bekam er statt Almosen ein amtliches Schreiben. In dem wurde ihm mitgeteilt, dass aufgrund von Hochrechnungen, basierend auf geschätzten Einnahmen durch Bettelei, was als Zusatzeinkommen betrachtet werde, vom Regelsatz monatlich 120 Euro abgezogen würden, also fast ein Drittel. Mit freundlichen Grüßen. Ihr Sozialamt.

Proteste ließen den Beamten kalt. So stehe es im Gesetz, und daran halte er sich als getreuer Untertan. Nach wenigen Tagen aber ließ der SPD-Bürgermeister der Stadt, moralisch unterstützt vom CDU-Sozialminister des Landes Niedersachsen, die Anordnung zurücknehmen und untersagte zukünftige ähnliche Gesetzestreue von Beamten, die sich sekundärtugendhaft für genau die Bürger halten, die ein Staat in Krisenzeiten brauche.

Bürger hielten sich zu anderen Zeiten, egal, wie schlecht es ihnen ging, was darauf zugute, in jeder Lebenslage wenigstens die Form zu wahren. Diese Haltung hatten sich viele vom Adel abgeschaut. Selbst die Blöden dieser beiden Stände, die zahlreich waren, aber wegen der den Alltag dominierenden Proleten nicht so auffielen, wussten zumindest, wo das Klavier stand, auch wenn sie nicht darauf spielen konnten.

Nachdem aber die überwältigte Mehrheit der gebildeten Deutschen, Reihen dicht geschlossen, die spießigen Kleinbürger der gemeingefährlichen Himmler-Sorte fest untergehakt, dem aus Österreich stammenden Prolo Adolf Hitler gefolgt war, was dann Millionen ihrer jüdischen Mitbürger das Leben kostete, was dann viele anständige Proleten, die beim braunen Pack nicht mitmarschieren wollten, das Leben kostete, was die dann endlich besiegten Deutschen ihre nationale Einheit kostete, hatte diese selbst ernannte Elite ihren einst selbstverständlichen Anspruch auf Führung verloren.

Selbst wenn sie für ihre Untaten, Mörder oder Schreibtischtäter, auf Erden nicht zur Verantwortung gezogen wurden und ungestraft davonkamen – irgendwann werden auch sie drankommen. Beim Jüngsten Gericht sind alle Verbrecher gleich, egal, in wessen Namen sie gemordet haben. Man müsste allerdings an eine göttliche Gerechtigkeit glauben.

Die irdische Konsequenz des politisch-moralischen Sündenfalls war zu besichtigen in der inzwischen ehemaligen DDR, wo das hehre Ziel einer gerechten Gesellschaft, in der alle Menschen gleich seien, keiner den anderen ausbeuten würde, verwirklicht werden sollte. Die Theorie hörte sich menschlich anspruchsvoll visionär an, doch die regierenden Einheitssozialisten setzten bekanntlich die Vision von einer besseren Welt in der Praxis auf diktatorische Art um. Statt gleiche Rechte für alle zu garantieren, schalteten sie rücksichtslos alle ihre Staatsbürger mit allen Mitteln gleich. Wer sich wehrte und sich auf die DDR-Verfassung berief, wo ja, theoretisch zumindest, alle Freiheiten garantiert waren, wurde mundtot gemacht.

Oder auf der Flucht erschossen.

Die Lehre von der Diktatur des Proletariats war Pflichtfach in den Schulen. Der Begriff »Diktatur« hätte den realen Zuständen im anderen deutschen Staat zwar entsprochen. So aber war das von den jede freie Wahl scheuenden Politbürokraten nicht gemeint. Diese realistische Bewertung ihrer tatsächlichen Herrschaft blieb dem Klassenfeind vorbehalten. Die Einschätzung, dass es sich beim SED-Staat um eine real existierende deutsche Diktatur handle, wurde gekontert mit den klassischen Mitteln der Gegenpropaganda, was ihnen lange Zeit nicht schwerfiel, weil in der Bundesrepublik die bürgerlichen Nationalsozialisten wenige Jahre nach der Befreiung bereits wieder zur herrschenden Klasse gehörten.

Die proletarische Elite betrachtete ihre den Menschen gerecht werdende Diktatur, die mit einer richtigen Diktatur, gar mit der untergegangenen deutschen, nichts gemein hätte (was prinzipiell richtig ist, denn die eine stand für Auschwitz, die andere für die Mauer, und die eine ist mit der anderen in ihrer mörderischen Substanz nicht vergleichbar), als einen von der Arbeiterklasse getragenen vorübergehenden Zustand, der höchstens bis zum endgültigen Sieg der Weltrevolution währen sollte. Sie gaben vor, freiwillig einen dritten Weg zwischen Kapitalismus und Kommunismus eingeschlagen zu haben. Wenn Letzterer erst einmal gesiegt habe, also ideale Zustände auf Erden existieren würden, woran nicht zu glauben im Paradies der Arbeiter und Bauern bei Strafe verboten war, dann sollte die bis dahin notwendige Diktatur des Proletariats beendet werden.

Mit dieser Theorie von Marx und Lenin legitimierte die SED vierzig Jahre lang ihre Herrschaft, bis es das systematisch für dumm verkaufte Volk satthatte, auf die versprochenen sozialistischen Wunder zu warten, weil sichtbar war, dass die Architekten der Zukunft in Wahrheit nichts weiter waren als Ruinenbaumeister. Über Nacht jagte es sie zum Teufel. Woran erinnert dieses Wunder?

Richtig, an ein Märchen.

Sieh da, sagte einst das Kind, der Kaiser hat ja gar keine Kleider an. Der ist ja nackt.

Für das Individuum, für einen mündigen Bürger, gab es in der DDR keine Freiräume. Wer sich gegen den Anspruch der Einheitsproleten wehrte, im Besitz der Wahrheit zu sein, wurde – beruflich, privat, gesellschaftlich – rücksichtslos als

Verräter an der Arbeiterklasse ausgegrenzt, aller Chancen auf eine anständige Zukunft beraubt oder weggesperrt. Was zur Folge hatte, dass bis zum Bau der Mauer 1961, womit dann alle eingesperrt wurden, rund 2,1 Millionen Bürger, die in ihrem Land als Bürger rechtlos waren, der DDR den Rücken kehrten.

Was wiederum zur Folge hat, dass es heute der Gesellschaft Ost an Bürgern fehlt, also der für eine Zivilgesellschaft nun mal notwendigen Substanz.

Im Westen, wo sich in den Sechzigerjahren des vergangenen Jahrhunderts die Nachgeborenen endlich von ihren Nazivätern befreiten, wuchsen sie in die Gesellschaft integriert zu mündigen Bürgern heran. Als endlich doch ein Wunder geschah und die Mauer fiel, feierten zunächst alle, Ost wie West, gleichermaßen trunken vor Glück und viele betrunken vom Sekt fröhlich den Sieg der Demokratie, umarmten die Freiheit, besangen gemeinsam die ihnen leuchtenden Götterfunken. Nach abgeflautem Orgasmus und dem Vollzug der deutschen Ehepflichten – »post coitum omne animal triste!« – stellte sich bald heraus, was in den neuen Bundesländern neben vielem anderen fehlte: Bürger und eine wehrhafte Zivilgesellschaft.

Das merkten zuerst die Neonazis. Sie machten sich, angetrieben von Funktionären aus dem Westen, in demokratiefreien Zonen breit. Gewannen Zuspruch ausgerechnet im Osten, wo der Antifaschismus jahrzehntelang von Staats wegen gepredigt wurde. Gepredigt ja. Aber gespeist von niedrigen Intelligenzquotienten – doch wie man seit dem Dritten Reich weiß, schützt Bildung nicht vor geistiger Verrohung –, war der Dreck nur unter die Teppiche gekehrt worden. Man hatte nur so getan, als habe es nach dem Krieg im anderen Teil Deutschlands keine Nazis mehr gegeben. Nach der Einheit staubte es braun, als die Teppiche entfernt wurden.

Gewaltbereite junge Männer atmeten den aufgewirbelten Staub ein. Und der stieg in die eh leeren Köpfe. Aus Verblödung wächst Verrohung.

Was noch kein Grund ist, pauschal ein Loblied auf die Bürger West anzustimmen. Viele dort fordern ihre Rechte als freier Bürger nicht nur ein, wenn es gilt, einer in autoritäre Verhaltensmuster zurückfallenden Obrigkeit die Kante zu zeigen. Protestieren nicht nur dann, wenn es dringend geboten ist, sich lautstark zu wehren gegen Versuche einer Regierung, dem Leviathan Staat zu viel Futter zu geben.

Nein, viele pochen auch im normalen demokratischen Alltag auf ihre nun wirklich nicht in der Verfassung verankerten Grundrechte. Beispielsweise auf ihre Rechte als Autofahrer. Die populäre Parole gegen die Forderung nach Geschwindigkeitsbegrenzungen auf westdeutschen Autobahnen lautete einst: »Freie Fahrt für freie Bürger!« Dieser Forderung schloss sich der motorisierte Pöbel an. Die Politiker gaben der großen Koalition nach. So herrscht auf den Straßen nach wie vor das Recht der Stärkeren. Die fühlen sich stärker denn je.

Das Recht auf Selbstbestimmung beinhaltet zwar nicht, selbst zu bestimmen, was Recht ist und was nicht. Aber auch auf Straßen in der ehemaligen DDR, saniert mit Milliardenaufwand im Aufbau Ost, wird das Recht auf freie Fahrt rücksichtslos erfahren.

Beispiele?

Aber gern.

Abgeleitet von ihren offenbar höchstpersönlich selbst bestimmten Rechten als bessere Hälfte von Besserverdienenden, die es sich finanziell leisten können, mit spritschluckenden Off-Roadern die Dschungel der Großstädte zu durchqueren, was gleichzeitig den Mitbürgern ihre herausgehobene Stellung beweist, parken freie Bürgerinnen ihre blechernen Dinos vor Kindergärten, in denen sie ihre lieben Kleinen abgeben, liebend gern in der zweiten Reihe. Das bezeichnen sie auf höfliche Nachfrage als ihre ureigenen Mütterrechte. Nur widerwillig unterbrechen sie dabei die Gespräche mit anderen Müttern, die hinter und vor ihnen auf gleiche Art ihre Autos abgestellt haben. Der Hinweis, dass sie den Verkehr aufhalten, in dem es gewisse Regeln gebe, und dass die für alle Autofahrer gelten würden, ohne Ansehen des Einkommens, werden in der Regel mit der Bemerkung gekontert, man sehe doch, dass sie als Mütter Wichtiges zu besprechen hätten, und außerdem hätten sie ja voller Rücksicht die Warnblinklampen eingeschaltet.

Dies ist jetzt keine frauenfeindliche Beschreibung alltäglicher Rücksichtslosigkeiten, denn auch bessergestellte Männer parken ihre Autos in gleicher Manier beim Bäckerladen, beim Zeitungsladen. Sie reden sich nicht heraus auf ihre Menschenrechte, wie es die Mütter tun, sondern kontern das Hupen von Geschlechtsgenossen, die nicht aus ihrer Parkbucht herausfahren können, prollig mit einem klassischen Satz des Pöbels: »Die paar Minuten werden Sie wohl warten können, Sie Nervsack.«

Und wo bleibt die Polizei, um Respekt vor Gesetzen einzufordern? Die muss sich zu oft selbst ihrer eigenen Haut wehren. Seit 1998 sind in Deutschland die Übergriffe gegen Polizisten um 20 Prozent gestiegen. Wobei auch Schubsen in dieser Statistik als Übergriff gilt. Geschah es früher noch öfters, dass sich eine angespannte Lage automatisch beruhigte, sobald Uniformierte nur auftauchten am Rande eines zur Schlacht bereiten Haufens, genügt heute immer häufiger bereits ein einziger Funke, um Auseinandersetzungen loszutreten. Das mit dem Funken ist wörtlich zu verstehen. Der Respekt vor seinen Beamten, klagt der Chef der Bundespolizei, Matthias Seeger, sei zwar ganz allgemein gesunken, allerdings besonders auffällig bei jugendlichen Migranten. Schon die Aufforderung an die, eine Zigarette zu löschen und die Funken auszutreten, führe zur Gewalt.

Dass es nach Fußballspielen zwischen verfeindeten Hooligans zu Straßenschlachten kommt, dass bei den erlaubten Aufmärschen von Rechtsradikalen oder Linksautonomen das in der Verfassung festgelegte Grundrecht auf Demonstrationen mit Füßen getreten wird, dass immer mehr Polizisten bei solchen Einsätzen verletzt werden, ist so alltäglich wie das tägliche Auftreten der kleinen Monsterrüpel in Grundschulen.

Dass aber Polizisten gezielt von Jugendlichen in einen Hinterhalt gelockt werden, um sie dort totzuschlagen, einfach nur so, weil Gewalt nun mal geil sei, ist als Kräftemessen mit dem Staat eine neue Dimension der Gewalt. Die entsprechenden Täter wurden gefasst, weil sie blöd genug waren – in dem Fall half ihre Blödheit bei den Ermittlungen –, auf der Flucht ein Handy zu verlieren.

Konrad Freiberg, Bundesvorsitzender der Polizeigewerkschaft (GdP), nennt als Ursachen für die steigende Gewaltbereitschaft »gescheiterte Integration, vernachlässigte Erziehung, berufliche Perspektivlosigkeit« und fordert die Politik auf, nicht nur immer wieder die Wirkungen solchen Versagens zu diskutieren, sondern endlich dem Übel an die Wurzel zu gehen. Über die notwendigen Maßnahmen müssten sich alle Parteien Gedanken machen. Es sei höchste Zeit. Sein Kollege Rainer Wendt von der anderen deutschen Polizeigewerkschaft (DPoIG) sieht Polizisten als Leidtragende der sozialen Verwahrlosung. Die Täter greifen sich Uniformierte als Sündenböcke, weil sie »Politiker nicht erreichen können. In Berlin oder im Duisburger Norden gibt es Stadtteile, in denen sich die Kollegen kaum noch trauen, ein Auto anzuhalten, weil sie wissen, dass sie dann 40 oder

50 Mann an der Backe haben«, klagte er in einem Interview mit »Spiegel Online«.

Während für wandernde Kröten und ähnliche Kriechlinge unter großem Aufwand entweder deren Leben rettende Tunnels unter viel befahrenen Straßen gebaut werden oder für aufrecht rennende Säugetiere Brücken über Autobahnen, auf denen freie Bürger ihr Grundrecht auf rasend freie Fahrten blinkend ertrotzen, bleibt für alte Menschen nur die Flucht nach vorne. Falls sie dabei unter die Räder kommen, ist das eben Schicksal. Aber nicht gar so schlimm, weil sie sowieso nicht mehr so viel Leben übrig haben. Ampeln an den Fußgängerüberwegen sind oft so geschaltet, dass nur austrainierte Jungdeutsche es über die Straße schaffen, bevor das Signal wieder aufs rote Männchen (Ost) oder die pure Farbe Rot (West) springt. Wären die Verantwortlichen vom Straßenbauamt – oder wie immer die zuständige Behörde heißen mag – im Alter der gehetzten Alten, würden sie selbst mal erleben, wie lange man braucht, um die andere Straßenseite zu erreichen, wäre das Problem längst gelöst. Einfach nur ein anderer Rhythmus in der Ampelanlage programmiert. Aber auch sie sind zunächst und in erster Linie – na was denn wohl? – Autofahrer, und die treten zu gern aufs Gas, sobald ihre Ampel Grün zeigt.

Es gibt zu viele Prolos auch unter Taxifahrern. Nicht nur, dass sie auf ihren selbst bestimmten Rechten bestehen, weil sie nicht verwechselt werden wollen mit normalen Autofahrern, die sie für dahinschleichende Arschlöcher halten, die ihnen durch regelgerechtes Fahrverhalten den Broterwerb erschweren. Die Drotschkisten in Berlin verlieren sogar »offenbar sofort ihre Lizenz«, schrieb der Kolumnist Klaus Kocks in der »Frankfurter Rundschau«, falls an ihnen Anzeichen von Umgangsformen oder auch nur Freundlichkeit festgestellt würden. Wenn sie zum Beispiel Müttern mit

Kindern helfen oder einer alten Dame behilflich sein würden, das schwere Gepäck in den Kofferraum zu wuchten. Immerhin sind sie ja bereit, per Automatik von ihrem Sitz aus den Kofferraumdeckel zu öffnen.

Von den verallgemeinernden Beispielen zum Besonderen. Um den Trend weg von Kant, wonach das eigene Handeln stets anderen als Vorbild dienen sollte, hin zur Kante, wonach man rücksichtslos gegen andere handeln darf, belegen zu können, braucht es keine Trendforscher. Jene Scharlatane des Unbelegbaren, die auf ihre Art viele Jahre lang bei blöden Gläubigen mit ihren in des Kaisers neue Kleider gehüllten Zukunftsprognosen – Horx, was kommt von draußen rein? – erfolgreich waren, haben seit Ausbruch der großen Krise ihre Zukunft hinter sich. Was sie auf Symposien, in Büchern, bei Kongressen erzählt und mit allerlei Fremdwörtern untermauert haben, ist im Wahrheitsgehalt vergleichbar mit dem, was einst in der DDR an Parolen bei den verordneten jährlichen Aufläufen zu lesen war.

Kante statt Kant ist nicht nur typisch für die Unterschicht, weil dort in Ermangelung von Sprachgewalt die Auseinandersetzungen mit rücksichtsloser Gewalt entschieden werden. So aggressiv geht es auch in besseren Kreisen zu. Der Fahrer eines teuren Jaguars, einer Automarke, die beim Prekariat selten anzutreffen ist, gehört ja eher zur Oberschicht.

Zum Beispiel der hier:

In der Nacht zum 26. Januar 2008 war der 29-jährige Dzevad Johic in einem Hamburger Vorort mit seinem Fahrrad unterwegs zu seinem Arbeitsplatz. Er musste so früh am Morgen anfangen, um pünktlich in Kaltenkirchen zu sein, denn Johic arbeitete als Lokführer einer privaten Bahngesellschaft, die in Schleswig-Holstein verkehrt. Er kam nie in Kaltenkirchen an. Ein betrunkener Autofahrer rammte ihn. Johic lebte nach dem Zusammenprall noch, wie die Gerichtsmediziner später feststellen, er lag zwar verblutend auf der Straße, aber er hätte noch gerettet werden können.

Doch weil der Unfallverursacher, wie das im Juristendeutsch heißt, seinen drei Tonnen schweren Wagen ein paar hundert Meter nach dem Zusammenprall wendete und das Opfer noch einmal überrollte, hatte dieses keine Chance zu überleben. Johic starb auf der Straße. Der Jaguar-Fahrer floh, aber er wurde bei seiner Flucht beobachtet, sein Nummernschild notiert. Kurze Zeit später hatte ihn deshalb die Polizei ermittelt und nahm ihn im Haus seiner Mutter fest.

Zum Zeitpunkt des Unfalls hatte Christian L. mindestens 1,11 Promille Alkohol im Blut. Auch das konnte bewiesen werden. Wie die Beamten nach dem Verhör in einem Protokoll notierten, zeigte er nicht nur keine Reue, sondern verhöhnte sein Opfer. Der sei doch ein fetter Kerl gewesen, der hätte das doch vertragen müssen, von ihm angefahren zu werden, außerdem zahle er stolze 600 Euro Versicherung pro Jahr, dafür dürfe er doch wohl mal einen überfahren. Ärgerlich sei nur, dass bei einem Unfall mit einem Erwachsenen das Auto beschädigt werde. Besser sei es, ein Kind zu überfahren, weil da an seinem Jaguar kaum Schäden blieben. Es spricht für die Moral der Vernehmungsbeamten und ihre gute Ausbildung, dass sie nach diesen Aussagen nicht spontan auf eine Art und Weise geantwortet haben, die selbstverständlich verboten ist, aber seiner Aussage durchaus angemessen gewesen wäre. Ein Richter immerhin, der Herrn L. zu drei Jahren Haft wegen fahrlässiger Tötung, Trunkenheitsfahrt und Unfallflucht verurteilte, rügte das »menschenverachtende Verhalten des Angeklagten«, aber da es keine Paragraphen gibt, die Menschenverachtung unter Strafe stellen, blieb es bei der Rüge.

Rücksichtsloses Verhalten ist alltäglich. Handy-Terroristen laufen frei herum. Sie nerven im Restaurant, sie labern laut in überfüllten Zügen, sie belästigen ihre Mitmenschen am Strand, in den Bergen, und auch bei Trauerfeiern ertönt die Aufforderung an Carmens Torero, in die Schlacht zu ziehen. Sie sind von einem unstillbaren Mitteilungsbedürfnis befallen, sobald sie die heimische Höhle, ihre Wohnung, verlassen haben. Wer nicht dauernd erreichbar ist, auch wenn ihn niemand erreichen will, ist so gut wie tot.

Aus dieser unüberhörbaren Tatsache ließe sich doch Kapital schlagen. In der Krise liegen auch unerhörte Chancen. Beispielsweise wäre es eine einmalige Gelegenheit für die Deutsche Bahn, erneut das Konzernergebnis zu verbessern und parallel imagefördernde Eigenwerbung zu machen. Dafür müsste sie diesmal weder E-Mails löschen noch Daten vergleichen noch Journalisten ausspähen lassen. Alles wäre ganz legal. Dass eine gute Tat sich sofort niederschlägt in guten Zahlen, ist sonst eher selten. Hier genügt eine einfache Anordnung – E-Mail reicht –, die so wirksam wäre wie die gute Idee, zu einem bestimmten Datum 2008 über Nacht alle deutschen Züge in Nichtraucherzonen umzuwandeln, indem man schlicht das Rauchen in denen untersagte. Punkt.

Und was wäre die simpel gute Idee, auf die nicht mal der ehemalige Bahnchef Hartmut Mehdorn gekommen war, der eigentlich alles wusste und vor allem immer besser als alle anderen?

Hier die Idee. Kostenlos! Zeitlos! Konkurrenzlos!

Vor wenigen Jahren verkehrte zwischen den Metropolen Hamburg und Köln ein besonderer Zug, der *Metropolitan*. Dass er für die Fahrt nicht so lange brauchte wie andere Züge auf dieser Strecke, weil er bis auf einen Halt in Essen haltlos durchs Land raste, war nicht das Besondere an ihm. Auch nicht besonders erwähnenswert das an den reservierten Platz gereichte Mahl. Nein, wesentlich war, dass es im

Metropolitan Oasen der Ruhe gab, weil in den *Silent Cars* genannten Waggons keine Handys benutzt werden durften, keine Laptops, keine Musicplayer. Seliges Schnarchen bis zu einer gewissen Dezibelstärke war gestattet. Weil himmlische Ruhe herrschte, weil man verschont blieb von den lauten Laberern aus der Oberschicht und aus Führungsetagen, und nicht etwa, um Zeit zu sparen, wählten viele Mitbürger diesen Zug, in dem die Ruhe erste Bürgerpflicht war. Irgendwann nahm die Bahn diesen Service von den Gleisen und strich ihn aus ihren Plänen. Der Luxus Ruhe lohnte sich angeblich nicht mehr, machte sich nicht bezahlt.

Eine Fehlentscheidung.

Allerdings reparabel.

Denn die Marktlücke namens *Ruhe bitte!* ist inzwischen größer, als sie es je war, weil die zuginternen Lärmpegel dramatisch gestiegen sind. Man könnte die Lücke füllen mit drei, vier Waggons auf den meistbefahrenen Strecken zwischen Frankfurt und Köln, Frankfurt und Hamburg und vor allem zwischen Hamburg und Berlin, wo sich die meisten Sprachmaschinisten sammeln. Was offenbar daran liegt, dass sich alle für wichtig halten, die unterwegs sind in die Hauptstadt, und dies hörbar für alle auch kundtun wollen. Die Fahrt von und nach Berlin ist auch deshalb bei Journalisten so beliebt. Sie bekommen so viele Neuigkeiten und Intrigen mit, ohne sich für eine separate Eigenrecherche bewegen oder anstrengen zu müssen.

Nach Testläufen folge die flächendeckende Markteinführung mit zwei, drei *Silent Cars* pro ICE, bis es irgendwann zu bestimmten Stoßzeiten ganze *Silent Trains* geben würde. Der nötige Aufpreis wird von Ruhebedürftigen stillschweigend bezahlt. Verletzungen der Stille durch Ruhestörer, die per Handy unbedingt ihrer Gattin glauben mitteilen zu müssen, dass sie an Bahnsteig 7 einen Verkäufer von Obdachlosenzeitungen gefaltet hätten, würden stillschweigend unter uns geregelt. Zusätzliches Personal ist nicht erforderlich. Immerhin wird bereits getestet, ob Ruhe wieder ankommt bei den Fahrgästen. So geschehen unlängst überraschend zwischen Hamburg und Stuttgart. An den Türen eines Waggons stand unübersehbar *Ruhezone*. Das Angebot wurde angenommen. Bald waren alle Plätze besetzt. Es folgte eine entspannend ruhige Fahrt durchs weite Land, und selig schnarchten die sonst vom Lärm Verfolgten.

Gegen Rücksichtslosigkeit könnte wohl besser rücksichtsloses Vorgehen helfen, und zwar bereits zu einem frühen Zeitpunkt, bevor aus der hemmungslosen Verblödung der Gesellschaft alltägliche Verrohung wächst. Der kategorische Imperativ hilft eher weniger. Den muss man erst einmal vergessen. Macht man sich aber nicht gemein mit gemeinen Rüpeln, falls man ihnen mit harter Kante begegnet, statt sie Kant zu lehren?

Macht man. In der Tat.

Deshalb ist diese Alternative, so befriedigend sie auch wäre, nicht erlaubt. Stattdessen müssen die Möglichkeiten ausgeschöpft werden, die jetzt schon per Gesetz geboten werden. Eine wehrhafte Demokratie hat nicht nur ein Recht, sondern die Pflicht, ihre friedlichen Bürger davor zu schützen, von unfriedlichen Prolos angepöbelt und belästigt zu werden.

Der Staat darf Flagge zeigen, wann immer er es für nötig hält. Falls seine Repräsentanten im Falle eines Falles wie dem des Massakers von Winnenden Rücksicht nehmen auf wort- und vor allem schussgewaltige Lobbyisten, weil Schützenbünde und -vereine ein gewaltiges Potenzial an Wählern mobilisieren können, sobald ihnen der Gesetzgeber an die gelagerten scharfen Waffen gehen will – geschätzt in privaten Haushalten rund acht Millionen! –, nennt man das Feigheit vor dem Feinde. Damit machen sie sich mitschuldig am nächsten Amoklauf. Sie sollten sich deshalb überlegen, was sie tun, und schnell entscheiden.

Sonst werden es ihnen viele heimzahlen und zurückschießen. Gewaltfrei selbstverständlich. Mit der Waffe eines Wählers.

Dem Kreuz.

KAPITEL VI

Das Versagen der Eliten

Vermutlich ist es eh zu spät. Wahrscheinlich lässt sich nichts mehr ändern. Vielleicht haben sich Politiker in einer ganz großen Koalition mit der Teilung der Nation abgefunden. Nur anlässlich eines staatlichen hohen Feiertags wie an dem der Deutschen Einheit oder dem des Mauerfalls wird von Nach-, Vor- und Querdenkern in patriotischen Brandreden an die Pflicht einer demokratischen Gesellschaft erinnert, sich nicht nur um die Fortbildung der Klugen zu kümmern. Sondern verdammt noch mal auch um die Grundbildung der Doofen, deren schon verblödete Eltern durchschnittlich pro Tag 207 Minuten vor dem Fernsehapparat sitzen und schweigen.

Danach applaudieren einheitlich die Repräsentanten von Staat und Gesellschaft in jährlich wechselnden deutschen Theatern, was für ihre draußen wartenden Chauffeure ein hörbares Zeichen dafür ist, demnächst mit den Limousinen vorzufahren.

Ist es nicht tatsächlich sinnlos, sich um die zu bemühen, die gefüttert mit TV-Fastfood aufgewachsen sind, nie geistige Nahrung bekommen haben, in deren Zuhause keine Bücher gelesen wurden außer denen von Bohlen, Barth, Bushido & Co. und Gespräche im Wesentlichen aus »Boah, Ey, super, geil«-Versatzstücken bestanden?

So kann man es sehen.

Was aber ziemlich dumm und arrogant wäre.

Denn nur eine Minderheit der Blöden ist bereits blöde auf die Welt gekommen. Bei manchen hätte sich in ihren frühen Jahren noch was durch gezielte Fortbildung richten lassen. Dafür ist es jetzt wohl zu spät. Mit diesen nicht mehr zu Rettenden muss man leben. Bei ihren heranwachsenden Nachkommen könnte jedoch vielleicht noch was zu machen sein. Investitionen in deren Zukunft sind Investitionen in die Zukunft der Nation. Die braucht keine Superstars, aber viele Stars in allen Bereichen der zielgerichteten Forschung. Nur aus deren Kopfgeburten erwächst mal, was den Standort Deutschland konkurrenzfähig macht im Vergleich zu China, Indien, den Vereinigten Staaten. Statt wider bessere Einsicht, wider besseres Wissen aus Angst vor der Reaktion ortsansässiger Wähler weiterhin Kohleförderung mit Milliarden zu subventionieren, müssten Politiker den Rohstoff Bildung fördern. Zum Beispiel den Etat der Max-Planck-Gesellschaft, die nach Aussage ihres Präsidenten »fantastische Projekte« aus Mangel an Geld nicht verwirklichen kann, um fünf, besser um zehn Prozent erhöhen.

Auch für den Abbau umweltschädlicher Dummheit sollte es Abwrackprämien geben. Wer freiwillig die Seichtgebiete verlässt, um sich vom Baum der Erkenntnis zu ernähren statt von Junkfood, wird mit Kopfgeld belohnt.

Klingt ganz nett und phantastisch.

Aber wie soll das gehen?

Mit einem Milliarden-Konjunkturpaket für Bildung und Forschung und staatlichen Bürgschaften für innovative Start-up-Unternehmen. In Krisenzeiten ausgerechnet da zu sparen, wird mal teuer. Heutige Versäumnisse kosten zukünftig Geld. Weil dann importiert werden muss, woran es im eigenen Land mangelt.

Immer dann, wenn bei Wahlen die Partei der Nichtwähler größer ist als die stärkste Partei unter den gewählten Parteien, wird von politischen Eliten, deren Versagen in sinkender Wahlbeteiligung deutlich wird, in reflexhaft abzurufender Betroffenheit mehr Engagement eingefordert. Jugendliche in der Diaspora deutscher Seichtgebiete Ost wie West haben sie jedoch schlicht zu lange den Blödmachern überlassen, ganz egal, ob die nun als Mario Barth verkleidet daherkommen oder als glatzköpfige Dumpfbacke.

Mag ja sein, dass auch bei denen bereits alles zu spät ist. Das weiß aber niemand. Deshalb ist es nicht nur eine Frage der Ehre, einen Versuch zu wagen, sondern angesichts offensichtlich geringer Erfolgschancen eine coole Herausforderung. Den Nutzwert solcher Anstrengungen bereits vorab infrage zu stellen, wäre dagegen ziemlich uncool.

Wie lassen sich Blöde am besten einfangen?

Indem sie erst einmal ernst genommen werden, statt sie zu verhöhnen. Selbst wenn sie eine solche ernst gemeinte Annäherung nicht verstehen, selbst wenn es bedeuten würde, Perlen vor laut grunzende Säue zu werfen, statt sich in Übereinstimmung mit den Klugen stillschweigend zum Marsch Richtung Zukunft aufzumachen und die Blöden sich selbst zu überlassen, selbst dann dürfte ein Anfang nie so apokalyptisch daherkommen wie in den ersten drei Sätzen dieses Kapitels. Stattdessen wäre ein kleiner Zauber, der bekanntlich allen Anfängen innewohnen sollte, eine überraschende Taktik, um die Zielgruppe erst mal neugierig zu machen und so anzulocken.

Dies im Sinn, werden deshalb zunächst die Farben aus den Paletten Traum und Wirklichkeit neu gemischt, bevor es irgendwann wieder gemein zur Sache geht. Aus diesem Anfang erwächst eine traumhafte Szene, eine malerisch verrückte, die es in Wirklichkeit noch nie gegeben hat und in der Wirklichkeit auch nie geben kann. Der Rahmen allerdings, in dem sie stattfindet, ist von der Realität vorgegeben. Die Leisten sind zwar abgegriffen, weil sie in Aufarbeitung anderer echter Skandale oft gebraucht wurden, doch für jenes erträumte Kunstwerk stimmt tatsächlich die Vermutung, dass Kunst im Auge der Betrachter entsteht.

Um die ihnen scheinbar vertraute Wirklichkeit neu zu erleben, müssten die Betrachter, Augen weit offen geschlossen, freiwillig in einen Traum abtauchen, in dem es für sie nicht nur heitere Szenen, sondern auch schreckliche Gestalten gibt, die aber gebraucht werden, um überhaupt mal der Blöden Aufmerksamkeit zu wecken. Die Probanden müssten zusätzlich und unmittelbar nach ihrem Erwachen aufschreiben, woran sie sich noch erinnern können.

Das würde sich etwa so lesen:

Morgensonne tastet sich vorsichtig durch die hohen Fenster an der Westseite des Reichstagsgebäudes. Da ihr kein Mensch im Saal gebührende Beachtung schenkt, spielt sie mit dem aufgewirbelten Feinstaub. Aus dem flirrenden Dunst tauchen dabei Gestalten auf und bekommen sichtbare Konturen. Da vorn im Licht zum Beispiel tänzelt einer, der aussieht wie Dieter Bohlen, hält Hof und grinst selbstgefällig in die auf ihn gerichteten Kameras.

Ist er es tatsächlich?

Er ist es tatsächlich.

Man hätte ihn, obwohl die Sonne blendete, an seinen Manieren erkennen können, an den für ihn typischen Handbewegungen zum Beispiel. Ab und zu fasst er sich prüfend in den Schritt und nickt dann zufrieden. Daran hängt er, denn davon hängt bei ihm viel ab. Es sind nicht nur gewöhnungsbedürftige Manieren, die der Superstar-Scharfrichter selbstverständlich zur Schau stellt, denn schlechtes Benehmen gehört gerade hier und heute selbstverständlich zum guten Ton. Das haben zur Abwechslung mal nicht die Fans bei ihren Stars, sondern die bei ihnen abgekupfert. Der Griff unter die Gürtellinie ist Dieter Bohlen eine Herzensangelegenheit, gleichsam hält er so eines seiner wesentlichen Prinzipien fest umklammert, das da heißt, ein Mann müsse in allen Lebenslagen Stehvermögen beweisen.

Viele würden ja glauben, spricht er zu den anwesenden Vertretern der vierten Gewalt, die jedes seiner Worte begierig aufnehmen, viele würden ja glauben, dass jedermann mit *Deutschland sucht den Superstar* so schnell Erfolg bekomme wie ein Dreizehnjähriger »seinen Pimmel hochbekommt. Wer das glaubt, wird leider auch merken, dass diese Latte so schnell vergeht wie bei einem Fünfundsiebzigjährigen«, denn letztendlich gebe es nur einen einzigen Weg zum Erfolg, und der heiße Arbeit, Arbeit, Arbeit.

Klartext. So klar kann es nur einer sagen, der in sich ruht und auf sich steht und weiß, was das Volk gerade noch so versteht. Sowohl der dreizehnjährige Enkel als auch sein fünfundsiebzigjähriger Großvater, beide aus unterschiedlichen Gründen verblödet, begreifen sein handfestes Beispiel als eine der vier, fünf Weisheiten des Lebens, die für alle Schichten gelten. Zumindest für die sich darin bewegenden Männer.

Hinter Bohlen umarmen sich zwei aus seiner so umschriebenen Arbeitswelt, geben sich Küsschen auf die Wangen. Sie blicken dabei anmaßend auffordernd, als müsse jeder sie kennen, zumindest schon mal gesehen haben, bevor Heerscharen von Erschreckten einst erschrocken in ein anderes Programm zappten. Es handelt sich, wie ein sachkundiger Reporter vom »Gong« versichert, dabei um die Moderatoren Oliver Geissen und Bärbel Schäfer, die auch als Ehefrau von Michel Friedman bekannt sei. Aus den Küsschen dürfe nichts Zweideutiges geschlossen werden, denn es sei eindeutig so, dass sich in der hier anwesenden Branche alle andauernd irgendwohin küssen, ohne sich dabei groß was zu denken. Weil er dabei die Wörter »groß« und »denken« gebraucht, wirkt seine Erklärung glaubhaft.

Die beiden Fernsehschaffenden haben sich aus strategischen Gründen in Dieter Bohlens Nähe zur Schau gestellt. Wo der auftritt, fällt von seinem Schein immer genügend ab auf Nebendarsteller. Weil sich aber in dem Moment, als Schäfer und Geissen einander umarmen und so tun, als hätten sie seit Jahren keinen körperlichen Kontakt mehr gehabt, alle Fotografen von Bohlen und damit automatisch auch von ihnen abwenden und stattdessen auf Mario Barth stürzen, der mit dem Ausruf, es sei ja trotz der frühen Stunde schon eine supergeile Stimmung hier, den Saal betritt, achtet niemand mehr auf ihre Inszenierung. Nur die Sonne, die mittlerweile den ganzen Raum erobert hat, ist noch ihr Zeuge. Deshalb stoßen sie zwischen einzelnen Küsschen ein paar spitze, nach Lust klingende Schreie aus, bis sich ein Kameramann von Tele 5 ihrer erbarmt und draufhält. Das freut sie. Sie kriegen nicht mit, dass er dabei leise einen Kabelträger fragt, um wen es sich bei diesem Paar denn handle. Der klärt ihn auf.

Sofort schwenkt er wieder zum Eingang.

Dort herrscht erneut Gedränge. Heidi Klum und Katarina Witt gönnen sich, Zahnreihen strahlend gefletscht, gegenseitig den Vortritt nicht. Was Sat.1-Star Oliver Pocher, der hinter ihnen warten musste, mit der ironischen Bemerkung kommentiert: »Wie einst Kriemhild und Brünhild im Dom zu Worms am Rhein«, womit er seine klassische Bildung unterstreicht, die er in der Late Night Show bei Harald Schmidt unter dessen Scheffel hatte stellen müssen. Er stößt den neben ihm stehenden Dirk Bach aufmunternd in die Seite. Der quiekt erregt und drückt mit einem einzigen Stoß seines Bauches die beiden Frauen als deutsche Einheit durch die Tür.

Dass unbemerkt von Fotografen und Fernsehteams mittlerweile Bernd Neumann, amtierender Staatsminister für Kultur und Medien, in der Mitte des halbrunden Podiums an der Südseite des Saales Platz genommen hat, dass links und rechts von ihm einige verstört wirkende Damen und Herren, alle hochgeschlossen mit Bluse und Krawatte, auf ihren Stühlen herumrutschen, fällt nur einem Grimme-Preisträger von 3sat auf. Gert Scobel räuspert sich, zupft an seinem Jackett und spricht nach einem abfälligen Blick auf Bohlen und Barth und Co. in die Kamera:

»Ich begrüße Sie, meine verehrten Zuschauer, zu dieser frühen Stunde des jungen Tages bei einem Ereignis, das einmalig ist in der Geschichte des Parlaments. Ein Untersuchungsausschuss des Deutschen Bundestages beginnt in wenigen Minuten mit der Anhörung von geladenen Zeugen und Gutachtern. In den kommenden Tagen soll untersucht werden, warum jahrelang versäumt wurde, rechtzeitig etwas gegen die Verblödung der Deutschen zu unternehmen, und wer für diesen Skandal und dessen Vertuschung verantwortlich ist: Politiker der rot-grünen oder die der jetzigen Regierung. Nach einer Studie des Instituts für Demoskopie Allensbach, basierend auf einer Repräsentativumfrage unter allen Deutschen ab vierzehn Jahren, ist die allgemeine Verblödung inzwischen so angewachsen, dass sie die Demokratie gefährden könnte. Ein erschreckendes Ergebnis, das über alle Parteigrenzen hinweg eine Zweidrittelmehrheit der Parlamentarier bewogen hat, diesen Ausschuss einzuberufen, um die Schuldfrage zu klären. Wir werden in Abänderung unseres Programms die Beweisaufnahme live übertragen und...«

In diesem Moment ertönt lautes Klingeln. Automatisch greifen alle im Saal Versammelten zu ihren Handys. Nur Scobel nicht. Der hat bereits geortet, woher das Geräusch kam, und dreht sich missbilligend um in Richtung Podium, lächelt aber, als er den Mann erkennt, der gewagt hatte, ihn zu unterbrechen, und nickt dem Minister zu. Der nickt zurück. Sie kennen sich. Bernd Neumann hält in seiner rechten Hand eine jener kleinen Glocken, wie sie bei Fraktionssitzungen des Bundestages benutzt werden, wenn die Tagesordnung aufgerufen wird. Vorsitzender Neumann gibt mit einem letzten Bimmeln den Saaldienern ein Zeichen, dass es jetzt ernst wird, dass der Untersuchungsausschuss mit der Befragung beginnen will, und legt dann die Schelle hin.

Die Mitarbeiter der Bundestagsverwaltung drängen daraufhin alle Fotografen aus dem Raum und schließen hinter ihnen die Türen. Drei Kamerateams dürfen im Saal bleiben. Die von 3sat, die von Phoenix, aber erstaunlicherweise auch die von RTL, obwohl der Kölner Sender noch nie, weder als Aufzeichnung noch gar live, von einer Debatte berichtet hat, in der es um Kultur statt um die beim Sender angelegten Kulturen ging. Die Begründung für diese Kulturrevolution, einen in der Tat revolutionären Vorgang, einen geradezu sensationellen Bruch mit der Tradition des Marktführers, den Blöden zu garantieren, dass sie bei ihm stets eine warme Herberge finden, gibt RTL-Chefin Anke Schäferkordt, die nervös darauf wartet, in den Zeugenstand gerufen zu werden: So viele Superstars, auch die von der Konkurrenz, bekäme sie so günstig *für umme* nie wieder in ihr Programm.

Sie sind tatsächlich alle da. Überlebende Königinnen und Könige der bereits versendeten Dschungelcamps. Ihnen ist beim Empfang ein großes rotes Schild mit Vor- und Nachnamen um den Hals gehängt worden. Eine gute Idee. Andernfalls hätten die Teams von 3sat und Arte keinen der zwar den Blöden bekannten, aber ihnen total fremden C-Prominenten aus dem Urwald wahrgenommen. Hätten womöglich Ingrid van Bergen mit Nicoletta Schwanz oder

Bata Illic verwechselt. In der Südecke des Saales tauschen flüsternd die Sat.1-Richter Barbara Salesch und Alexander Hold Urteile im Namen des von ihnen vertreten Volkes aus, weil sich zwar ihre Fälle gleichen, ihr Publikum intelligenzmäßig das gleiche, aber eben nicht dasselbe ist.

Außerdem im mittlerweile hellen Sonnenlicht zu erkennen: Cindy aus Marzahn, die hierher in den Berliner Reichstag mit der S-Bahn gefahren ist, um von den Bemerkungen der früh am Morgen wie üblich vor sich hin grummelnden Unterschicht ein paar Anregungen für künftige Auftritte zu bekommen. Die ins Nirgendwo lächelnde Frauke Ludowig steht verloren da, während die just wieder von irgendeinem jüngeren Mann getrennte Birgit Schrowange auf Inka Bause einredet. Ob es um einen frei laufenden Großbauern im richtigen Alter geht? Andy Borg, Hansi Hinterseer, Florian Silbereisen sowie eine Schar namenloser Köche und Friseure, die nur einem harten Kern von Allesguckern bekannt sind, haben beide Frauen umringt und hören ihnen aufmerksam kichernd zu.

Der ranghöchste Saaldiener, auszumachen an drei Streifen auf der rechten Schulterklappe, bittet jetzt die Anwesenden, ihre Plätze einzunehmen, alle Handys auszuschalten und sämtliche Privatgespräche zu beenden. Seine letzte Aufforderung, sich ruhig zu verhalten, wird mit empörtem Murren registriert. Er lasse sich nicht von einem Bediensteten den Mund verbieten, sagt einer, der von hinten so aussieht wie Bernd Clüver. Wie sich zeigt, ist es doch nur Andy Borg, bei alten Unterschichtlern so bekannt und beliebt wie Dieter Bohlen bei den jungen. Aber als ihm keiner zur Seite springt, hält auch er den Mund.

Nicht nur die bekannten Helden der Jungen und die Produzenten ihrer Formate sind aufgefordert worden, Zeugnis abzulegen, auch die Programmverantwortlichen deutscher

Fernsehsender, die in der Öffentlichkeit niemand und außer ihren Untergebenen auch sonst kaum jemand kennt, wurden geladen. Ein Vorwurf, der vor dem Ausschuss auf seine Substanz hin untersucht werden soll, lautet ja, dass ARD und ZDF sich der Strategie der Blödmacher von Sat.1 und RTL und ProSieben und VOX angepasst haben, statt mit hauseigener Qualität zu kontern.

Eingeladen als Gutachter sind die Ministerinnen Ursula von der Leyen und Annette Schavan, vorgeladen sind Buchverleger und deren Erfolgsautoren – die da, ist das Charlotte Roche? Und der da, ist das Bushido? – sowie Chefredakteure von »Bunte« und »Gala« und »Frau im Spiegel« und »Bild« und »Super Illu«. Die haben es aber in einer gemeinsamen Protestnote abgelehnt, vor dem Ausschuss zu erscheinen, weil die angebliche oder tatsächliche Verblödung mit ihrer journalistischen Arbeit nichts zu tun habe und sie zudem ihre Informanten schützen müssten.

Der Saaldiener wiederholt seine Bitten, denn in wenigen Minuten werde mit den Befragungen begonnen. Diese Ankündigung sorgt tatsächlich für Ruhe. Alle hoffen darauf, dass sich der unmittelbare Konkurrent oder die direkte Konkurrentin bei einer Befragung möglichst blöd anstellen und sie selbst dann laut was zu lachen haben. Da dies aber alle hoffen, kann es in der Tat gleich ziemlich heiter werden.

Im Nu sind alle Stühle besetzt

Nur Annette Schavan, die vorgesehene Gutachterin zum Thema Schule und Erziehung, findet keinen freien Stuhl mehr. Sie war vertieft in die Lektüre des FAZ-Feuilletons, in dem Frank Schirrmacher in einer leidenschaftlichen Philippika ZDF-Chefredakteur Nikolaus Brender gegen die Attacken des CDU-Quotenjägers Roland Koch verteidigte, was im Übrigen auch ihrer Meinung entsprach, und hat deshalb die Aufforderung überhört, Platz zu nehmen.

Ihre persönliche Referentin beugt sich runter zu Jörg Pilawa. Sie bittet ihn leise, was aber im ganzen Saal gehört wird durch das Mikrofon, das er wie alle anderen Männer im Saal am Revers trägt – die Frauen haben es in ihre Dekolletés gesteckt –, ob er nicht so freundlich sein könne, der Ministerin seinen Stuhl zu überlassen. Pilawa lehnt kategorisch ab. Erstens kenne er die Dame nicht, weil sie noch nie bei ihm in der Sendung war, zweitens sei er zuerst da gewesen, und drittens sei er nicht hier wegen einer möglichen Verwandtschaft zum Freiherrn von Knigge, sondern als der bekannte Quizling vom Ersten.

Neumann verweist noch einmal auf den Artikel 44 des Grundgesetzes, wonach der Bundestag das verbriefte Recht hat, und auf Antrag »eines Viertels seiner Mitglieder sogar die Pflicht, einen Untersuchungsausschuss einzusetzen, der in öffentlicher Verhandlung die erforderlichen Beweise zu einem bestimmten Problem erhebt«. In dem Fall heute gehe es um die Frage, ob die Deutschen, verursacht durch bestimmte Fernsehformate, aber auch durch bestimmte Bücher, Zeitschriften, Zeitungen heute dümmer seien als Deutsche zu früheren Zeiten und ob das die Demokratie gefährde.

Genau darum geht es heute. Um eine mögliche Gefährdung der demokratischen Gesellschaft. Die befürchten auch die neben ihm sitzenden Delegierten der anderen im Bundestag vertretenen Parteien, und entsprechend ernsthaft haben sie sich auf diesen Tag vorbereitet. Zuvor hatten die meisten von ihnen von dem, worüber sie befinden sollten, zwar noch nie was gesehen, weil sie nicht zur Zielgruppe gehören, aber aus vielen Abstimmungen waren sie daran gewöhnt, auch dann per Handzeichen ihre Meinung kundzutun, wenn sie von einem zur Entscheidung anstehenden Problem nicht alles verstanden. Jede Fraktion hatte für jedes

Problem Experten in ihren Reihen, und wenn die das Zeichen gaben, wurde entsprechend reagiert.

In einem dreistündigen Schnelldurchlauf haben sie gemeinsam in der Parlamentarischen Gesellschaft am vorherigen Sonntagabend einen Zusammenschnitt angeschaut, von ihren Referenten für sie aus allen zur Debatte stehenden Formaten erstellt, und am Morgen zusätzlich beim Frühstück seitenweise Kopien bestimmter Stellen aus bestimmten Büchern gelesen. Manche Männer sollen bei der Lektüre rot geworden sein, aber das ist nur ein Gerücht.

Aus einem in der Decke verborgenen Lautsprecher ertönt eine Stimme: »Pardon, Herr Minister, können wir bitte das Ganze noch einmal haben, wir hatten eine kleine technische Störung. Danke.« Neumann nickt ergeben und schenkt sich zunächst mal eine Tasse Kaffee ein. Diese Chance, zu Wort zu kommen, lässt sich der grau melierte Moderator von Phoenix nicht entgehen. Er kann loswerden, was er sich in nächtelanger Arbeit notiert hat, und unter Beweis stellen, dass er für höhere Aufgaben bei Arte geeignet ist:

»Bevor der Minister noch einmal beginnt, möchte ich etwas zum Hintergrund dieser heutigen Sitzung sagen. Dumm sein und Arbeit zu haben, galt ja, wie Sie und ich wissen, seit Gottfried Benns Gedicht als das wahre Glück. Viele aber haben heutzutage keine Arbeit [wobei er drei, vier Sekunden lang betroffen blickt, bevor er fortfährt] und kein Glück, aber viel Zeit. Die totzuschlagen ist die Strategie vieler Sender. Begonnen hat das alles vor mehr als einem Jahrzehnt mit einer simplen Idee [jetzt blickt er abschätzig von oben herab]. Man filme einen Container voll mit Idioten, die hundert Tage lang Vollidioten draußen im Lande vorgeführt werden. Das war die Geburtsstunde von *Big Brother*. Sie werden sich erinnern an einen der Gäste damals, den heutigen FDP-Chef Guido Westerwelle [dabei blickt er angewidert, aber tut dies wegen des Rundfunkrates, in dem auch ein Vertreter der FDP sitzt, nur für einen kurzen Moment]. Halbdeppen wurden über Nacht zu Halbgöttern, unbekannte strohdumme Blondinen zu bekannten strohdummen Blondinen.«

Weiter kommt er nicht. Ein Redakteur im Studio, das sich am anderen Ende des Saales hinter einer Glasscheibe befindet, dreht ihm den Saft ab, denn jetzt ist wieder Neumann dran. Er klopft auf das Mikrofon, das vor ihm auf dem Tisch installiert ist. »Zunächst werde ich die Tagesordnung bekanntgeben und dabei feststellen, ob die geladenen Zeugen und Gutachter auch alle im Saal sind, wobei mir jeweils ein einfaches Handzeichen genügt.«

Er hat ganz bewusst »einfaches Handzeichen« gesagt, denn aus seiner Erfahrung bei den Verleihungen der Deutschen Filmpreise weiß er, dass Medienmenschen dazu neigen, auch ungefragt das Wort zu ergreifen, und es nur ungern wieder freigeben. »Wie gesagt«, betont er deshalb noch einmal, »Handzeichen genügt.« Dann zieht er einen Zettel aus der vor ihm liegenden Klarsichthülle, von dem er abliest und nach jeder Frage prüfend in den Raum blickt. »*Bauer sucht Frau*? Danke. *Adel sucht Braut*? Danke. *Frauentausch*? Danke. *Mister Perfect*? Danke. *Ich kann Kanzler*? *Zwei bei Kallwass*? *Britt*? Danke. *Papa gesucht*? Danke.«

In diesem Augenblick gibt es in der Nähe der Saaltür einen Tumult. Zwei Diener halten eine junge Frau fest, die offenbar nur darauf gewartet hat, wer sich beim Stichwort *Papa gesucht* melden würde, und hindern sie daran, einer anderen Frau, bei der es sich um Barbara Eligmann handeln könnte, das Mikrofon aus dem Dekolleté zu ziehen. Bevor die Männer sie rausschaffen können, brüllt Oliver Pocher: »Nehmen Sie Ihre Hände von der Frau, und lassen Sie die in Ruhe sagen, was sie zu sagen hat, wir sind hier schließlich nicht in Nordkorea oder beim ZDF-Verwaltungsrat.«

Die Frau lächelt ihm dankbar zu, wischt die Saaldiener achtlos zur Seite, nimmt die dunkle Perücke und die Sonnenbrille ab und genießt das aufkommende Geraune im Saal. Anke Engelke hatte schon immer ein gutes Gespür für gute Auftritte im richtigen Augenblick. Dann holt sie, nunmehr unbehelligt, das Mikrofon aus dem tiefen Ausschnitt von Barbara Eligmann, geht ein paar Schritte hin zu dem Mann, der sich per Handzeichen gemeldet hat, als Neumann nach den Verantwortlichen für *Papa gesucht* fragte, stellt sich ihm gegenüber, blickt ihm in die Augen, haut ihm mit der Linken eine runter, hebt die rechte Hand, schüttelt dann aber den Kopf, lässt die Hand sinken, dreht sich um und wendet sich direkt an alle Anwesenden im Saal:

»Freunde. Feinde. Mitbürger. Hört mich an. *Papa gesucht* ist nicht nur ein Magazin für bereits völlig Verblödete, produziert von Ihrem Sender, Frau Schäferkordt – schauen Sie nicht so, als wüssten Sie nicht, wovon ich rede! –, es ist auch derzeit das menschenverachtendste Fernsehformat auf allen Kanälen, man könnte sagen, eine richtige Kanalratte, jedenfalls ein schlimmes Beispiel für den heute zur Debatte anstehenden Vorwurf der Massenverblödung. Es ist perfide, diese armen Schweine, die schon im Alltag in die Tonne getreten werden, trotz ihrer offensichtlich grauenerregenden Eigenschaften zum Mitmachen zu überreden und sie zu animieren, die Scheiße, die sie von sich geben, auch noch selbst zu fressen. Wobei ich eher glaube, dass ihnen die Sätze von sogenannten Drehbuchschreibern in den Mund gelegt wurden. Sagen Sie mir jetzt nicht, die hätten alle freiwillig mitgemacht. Weiß ich. Bin ja nicht blöde. Mach mir ja nichts vor. Es gibt aber auch so was wie eine moralische Pflicht von Produzenten. Die romantische Carmen und die schüchterne Dolores oder Erwin, der verklemmte Buchbinder, sind nicht nur arm an Geist, sondern auch geistig arme Menschen, die sich zwar noch nicht kennen – wobei ich zugebe: Ich möchte die auch nicht kennen –, vor laufender Kamera aber heiter bekennen, beim gemeinsamen aufgeregten Pupsen im Thermalbad sei man sich doch nähergekommen. Vor solchen Menschen müssen nicht nur alle geschützt werden, sondern jene auch vor sich selbst. Danke.«

Dann geht sie wieder zu ihrem Platz, stößt die Perücke achtlos unter den Stuhl, gibt Barbara Eligmann das Mikrofon zurück und setzt sich. Zunächst herrscht nur betretenes Schweigen, doch als sich der Produzent von *Papa gesucht* erhebt, um zu antworten, beginnen Frau Schavan und Frau von der Leyen zu klatschen, dann folgen Pocher, dann Pilawa, dann Feldbusch, dann Klum, dann Witt, dann sogar Bohlen und Barth, und plötzlich klatschen ihn alle nieder und alle Anke Engelke zu. Im Lärm geht unter, was Frau Schäferkordt ihrer Sekretärin zugezischt hat: »Sendung absetzen, sofort. Den Kerl rausschmeißen. Auch sofort. Sendeplatz Anke Engelke anbieten. Sofort. Womit auch immer. Blind Dates auf ihre Art.«

Bernd Neumann bedankt sich bei Anke Engelke für ihren, wie er sich ausdrückt, aufschlussreichen Beitrag, hebt beide Hände und bittet erneut um Ruhe, man müsse trotz dieses interessanten Zwischenspiels mit der eigentlichen Befragung vorankommen. Also. »*Deutschland sucht den Superstar?* Herr Bohlen, bitte, würden Sie bitte die Hand heben? Herr Bohlen! Herr *Booohlen*!«

Das letzte Bohlen brüllt er fast. Der von ihm gemeinte Dieter unterbricht für einen Moment das Gespräch mit einer seiner neben ihm sitzenden Ex-Gattinnen, die ihn um drei Millionen Euro zur Überbrückung finanzieller Engpässe ihres derzeitigen Gatten gebeten hatte, und nickt Neumann ungnädig zu: »Mann, sehen Sie doch, oder? Kennen Sie mich etwa nicht?«

Neumann verzieht angewidert die Mundwinkel und fährt fort. »*Zuhause im Glück*? Danke. *Der Schuldendoktor*? Danke. Katharina Saalfrank? Danke. *Dschungelcamp*? Danke. *Voll total*? *Hund sucht Hütte*? Danke. *Germany's next Topmodel*? Danke. *Mitten im Leben*? Danke. *Echt gerecht*? Danke. Uri Geller?«

Keine Reaktion im Saal.

»Uri Geller?«

Jörg Pilawa steht auf und meint, über den folgenden eigenen Witz schon mal lachend: »Hat sich wahrscheinlich weggezaubert, Herr Vorsitzender.«

Niemand lacht.

Pilawa setzt sich beleidigt wieder hin.

Neumann flüstert leise, aber so, dass es über das eingeschaltete Mikrofon alle hören: »Ich halt' diese Idioten nicht aus, ich will hier raus«, und bittet die Vertreterin der Partei *Die Linke*, Petra Pau, ihn für ein paar Minuten abzulösen und seinen Part zu übernehmen. Dabei fällt ihm ein, dass die Mehrheit der Anwesenden im Saal nicht die geringste Ahnung haben dürfte, wie und warum ein Untersuchungsausschuss installiert wird und wer in dem überhaupt mitmachen darf. Deshalb erklärt er erst mal die Bestimmungen. Außer ihm und den Protokollführern seien von jeder im Bundestag vertretenen Partei entsprechend der Stärke ihrer Fraktion Abgeordnete in den Ausschuss delegiert worden. Die Beweisführung habe grundsätzlich öffentlich zu erfolgen. Es sei denn, fügt er hinterhältig lächelnd hinzu, die anwesenden Damen und Herren wünschten Ausschluss der Öffentlichkeit.

Dabei blickt er sich fragend um.

Das ist das Letzte, was die sich wünschen, und wie erwartet gibt es keine Einwände gegen eine Live-Übertragung.

Die burschikose Abgeordnete der Linken nimmt achtlos einen vor ihr liegenden Zettel und liest vor: »Süße, willst du nicht in meine Show?«, bricht ab, als alle laut zu lachen beginnen, wird rot, blickt hoch und bemerkt, dass Heidi Klum ihr freundlich zunickt. Streng erteilt sie ihr einen Verweis: »Unterlassen Sie das. Wenn so etwas noch einmal passiert, wird die Öffentlichkeit« – und zeigt auf die TV-Teams »bis auf Weiteres ausgeschlossen.«

Katarina Witt zischt: »Blöde Kuh«, meint aber nicht die ihr aus dem nahen Osten vertraute Abgeordnete der Linken, sondern Heidi Klum. Die wiederum hat sehr wohl verstanden, dass dies ihr galt, und lächelt freundlich. Dann schreibt sie etwas auf einen Zettel und reicht ihn der ehemaligen Eiskunstläuferin, die unter dem Titel *Biggest Loser* eine Diätshow auf ProSieben moderiert hat. Witt liest. Wird bleich unter der Schminke, zerknüllt den Wisch, lässt ihn fallen. Pocher hebt ihn auf, faltet ihn auseinander, grinst dreckig, zeigt ihn Frauke Ludowig. Die gibt laut vernehmliche Hähähä-Laute von sich, denn auf jenem Zettel steht: »Zonentussi, deine Titten hängen. Du solltest sie abnehmen!«, hält sich sofort aber entschuldigend die Hand vor den Mund, als sie ein böser Blick des die FDP vertretenden Abgeordneten Dirk Niebel trifft.

Ruhe im Saal. Die Herren von Phoenix, graubärtig, kordhosig pferdeschwänzig, halten ihre Kameras entweder auf Frau Schavan, für die ihre Referentin inzwischen einen Hocker besorgt hat, oder auf von der Leyen oder auf Neumann, weil sie die Einzigen sind, die von der Kernzielgruppe des Senders erkannt werden dürften, wagen aber ab und zu einen Schwenk auf die Stars des deutschen Unterhaltungsfernsehens.

Petra Pau fährt mit ihrer Aufzählung fort: »Frau Minister von der Leyen? Danke. Frau Minister Schavan?« Annette Schavan erhebt sich stöhnend vom Hocker und nickt. »Danke. Börsenverein des Deutschen Buchhandels? Danke.

Lehrergewerkschaft? Danke. Vereinigter deutscher Elternrat? Danke. Die Autoren Roche, Bushido und Darnell? Danke. Die Damen und Herren von ARD, ZDF, Sat.1, ProSieben, RTL, VOX, Kabel eins?« Nacheinander stehen Anke Schäferkordt und ein paar ältere Herren auf, alle im dunklen Anzug und mit Krawatte, deren Namen keinem spontan einfallen. »Herr Doktor Günter Struve? Danke.«

Auf das einsetzende Gemurmel und die Blicke in Richtung des einst mächtigen Fernsehmanagers, gepriesen und verdammt als Obergärtner des unter seiner Regie erblühten Seichtgebietes Show und Unterhaltung im Ersten, achtet sie nicht weiter. Sie weiß nicht wer dieser Struve ist. Die anderen sehr wohl. Eigentlich sollte der Ex-Pate der ARD in Los Angeles seine Pension verzehren, war aber von seinen Amigos beim MDR als Talkmaster verpflichtet worden, was er gerne annahm. Selbst ein Mann seines Alters vermag dort, in den verblühten Landschaften des Ostens, noch ein gar griffiges verborgenes Schätzchen zu finden.

Joachim Huber, Reporter des Berliner »Tagesspiegel«, notiert, was er in seinen Bericht über die Qualität des deutschen Fernsehens schreiben wird: »Der Mitteldeutsche Rundfunk ist personell so ausgelaugt, dass für die Talkshow *Riverboat* alle zwei Wochen ein 69-jähriger Ex-ARD-Programmdirektor aus Los Angeles nach Leipzig eingeflogen werden muss. Das Moderatoren-Trio kommt samt und sonders aus dem Westen.«

Neumann schüttelt hektisch seine Glocke, bis wieder Ruhe im Saal herrscht, zieht dann das Mikrofon näher zu sich heran und verkündet: »Wir beginnen jetzt mit der Befragung des ersten Gutachters. Ich rufe auf...«

Ausgerechnet jetzt erstirbt der Ton. Die Türen zum Sitzungssaal gehen auf. Ein Mann tritt ein, klatscht zweimal in die Hände, winkt hinauf zum Studio, wo hinter einer Glasscheibe Menschen mit Kopfhörern sitzen, blickt auf seine Armbanduhr und sagt: »War schon sehr gut. Zehn Minuten Pause für alle. Und dann zeichnen wir auf.«

Hier endete der Traum.

Hier endet deshalb auch das Protokoll der Probanden.

Ab jetzt übernimmt wieder die Realität.

Dieses traumhafte Szenario wäre in Wirklichkeit schon im Vorfeld gescheitert, weil die Verwaltung des Bundestags für ein derartiges Spektakel keine Räume zur Verfügung gestellt hätte. Die Würde des Hohen Hauses in Berlin erlaubt keine unpolitischen Showdowns. Szenen wie die beschriebenen ließen sich nur nachstellen und ein Saal in einem Atelier originalgetreu nachbauen. Statt auf Reality TV würde dann auf Dokusoap gesetzt, was eh billiger ist. Nur für die Politiker, die im Untersuchungsausschuss auftreten, müssten Schauspieler verpflichtet werden, alle anderen Selbstdarsteller aus den betreffenden versendeten Formaten bekämen nur eine Aufwandsentschädigung.

Dafür würden die nicht kommen?

Würden sie doch. Wetten dass?

Denn sobald etwas live im Fernsehen zur besten Sendezeit übertragen wird, sind alle dabei. Moderatorinnen oder Moderatoren, deren IQ dem ihrer Kandidaten ähnelt, mal zwei Punkte drüber, mal drei darunter, gibt es in allen Anstalten. Trotz ihrer natürlichen Unterschiede wie gefühlte Oberweite, geföhnte Frisur, getürktes Alter haben sie und ihre Zielgruppen ein gemeinsames Ziel – nämlich aufzutreten, egal wo, egal wie, egal warum, egal mit wem. Ernst zu nehmende Politiker gehen zwar nicht in eine Freak Total Show, außer Heide Simonis und Norbert Blüm, aber die zählen nicht mehr wirklich, weil ihr Verfallsdatum bereits überschritten ist und ihre Anwesenheit keine Einschaltquoten bringt, sondern diese eher senkt.

Eine Dokusoap mit dem Leergut der Nation, ob nun weiblich oder männlich, mit Menschen, die weder kochen können noch ihre Kinder bändigen, die nicht wissen, wie sie ihre Wohnungen einrichten sollen, von Sat.1-Richtern belehrt werden müssen, ob sie ihren Nachbarn ungestraft an den Zaun pinkeln dürfen, die weder singen können noch Deutsch sprechen, die aussehen wie Töchter und Söhne des Glöckners von Notre-Dame, die sich mit anderen tätowierten Prolos bei *Big Brother* einschließen lassen, wäre ein Quotenrenner.

Nein, es wäre *der* Quotenrenner.

Dass es so ist, wissen viele Politiker. Aber sie hüten sich, es laut auszusprechen. Denn es könnte durchaus sein, dass sich plötzlich aus unerfindlichen Gründen, vielleicht deshalb, weil Mario Barth oder Heidi Klum oder Dieter Bohlen sie dazu auffordern, doch ganze Gruppen der Unterschicht entschließen, von ihrem Stimmrecht Gebrauch zu machen – in der Wahlkabine zählt jede Stimme – und einen der Ihren zu wählen. Also sind auch Blöde, egal wie blöde, immer auch potenzielle Wähler. Und mit denen wollen es sich Parteien nicht verderben. Es zählen nur ihre ausgefüllten Stimmzettel, niemand fragt anschließend nach der Höhe oder Tiefe ihres Intelligenzquotienten.

So wie kein Produzent von sogenannten Büchern wie denen von Bruce Darnell oder Dieter Bohlen oder Bushido oder Bärbel Schäfer fragt, was da wohl drinstehen mag oder in welcher dem Deutschen ähnlichen Sprache die geschrieben sein könnten, sondern seiner Marketingabteilung vertraut, die ihm garantiert hat, dass Hunderttausende das Ding nur wegen der ihnen vertrauten Namen kaufen würden und es deshalb unwesentlich sei, worüber die sich darin wie verbreiten.

Die Unterschicht hat ja auch die Politik beeinflusst. Wäre

es nicht so, müsste man sich sogar Gedanken machen, ob irgendwas faul ist im Staat. Denn was sind Volksvertreter anderes als eben Vertreter des Volkes, nicht besser, nicht schlechter, nicht klüger, nicht dümmer? Nicht dümmer, okay. Aber warum dürfen sie nicht klüger sein? Dürfen sie doch gern. Falls sie sich nicht nur Zeit nehmen für Empfänge und Volksreden und Intrigen und Ausschüsse oder zum Regieren, wofür sie so schlecht ja nicht bezahlt werden im Vergleich zu dem, was ihre Wähler verdienen, sondern auch für das, was die Welt, also auch die ihre, im Innersten zusammenhält: Bücher, Filme, Musik, Kunst, Theater.

Damit könnten selbst die Ungebildeten den anderen Ungebildeten, die sie ins Parlament gewählt haben, ein Beispiel geben. Man ist nicht blöd geboren, es ist nie alles vorbei, wenn es mit einem Schulabschluss dumm gelaufen ist, es geht immer noch was. Man muss es nur wollen. Deutsches Sprichwort sagt ja, jeder sei seines Glückes Schmied.

Joschka Fischer hat das bewiesen. Keinen seiner geschätzten Kollegen, sagt der ehemalige Kulturstaatsminister und heutige »Zeit«-Herausgeber Michael Naumann, nicht mal den klavierspielenden klassischen Vertreter des deutschen Bürgertums, Otto Schily, habe er Bücher so gierig in sich reinschlingen sehen wie den Autodidakten Joschka Fischer. Keineswegs nur politische Brocken, nach deren Lektüre der grüne Außenminister als Wissender bei internationalen Auftritten habe glänzen können. Joschka sei ein Leser aus Leidenschaft. Er liebt gute Geschichten so bedingungslos, wie er Frauen liebt. In Elke Heidenreichs Sendung *Lesen* behauptete Fischer einst, dass er Carlos Ruiz Zafóns »Schatten des Windes« in einer einzigen leidenschaftlichen Nacht durchgelesen habe. Seinem Beispiel folgten nach der Ausstrahlung Hunderttausende. Jahrelang stand der in der Tat spannend geschriebene 526-Seiten-Roman auf den Bestsellerlisten ganz oben. Womit bewiesen ist, dass auch unpolitische Entscheidungen eines Politikers Einfluss haben auf das Verhalten des Volkes, im Wortsinne populär sind.

Bei manchen Volksgruppierungen allerdings ist alle Liebesmühe vergebens. Da hilft gegen die Verblödung auch nicht mehr, Millionen in ihre Fortbildung zu stecken. Darf man das so gemein und deutlich aussprechen? Es widerspricht der Political Correctness, und man darf das als Politiker nur dann wagen, wenn man entschlossen ist, sich aus der aktiven Politik zu verabschieden. Also in Zukunft nicht mehr angewiesen sein wird auf einen sicheren Listenplatz, den Parteigremien auskungeln, nicht mehr angewiesen sein wird auf die Gunst der Wähler, nicht mehr angewiesen sein wird auf öffentliche Akzeptanz durch Gutwillige der vierten Gewalt.

Bevor der allerdings bereits im Amt wegen politisch unkorrekter, jedoch sachlich korrekter Bemerkungen insbesondere bei seinen sozialdemokratischen Genossen umstrittene Berliner Finanzsenator Thilo Sarrazin zur Bundesbank wechselte, sagte er zum Abschied nicht nur denen grimmig Servus, sondern redete noch ein letztes Mal zur Sache. Es habe keinen Sinn, und Nutzwert fürs Gemeinwohl habe es schon gar nicht, sich die Wirklichkeit schön zu malen.

Jeder fünfte Berliner lebe bereits jetzt, so Sarrazin, Tendenz ungebrochen steigend, von staatlichen Sozialhilfeleistungen. In bestimmten Bezirken der Hauptstadt stamme schon jeder zweite Jugendliche aus Hartz-IV-Familien. Man habe eine bereits »von allen anderen Gruppen abgenabelte Unterschicht«, die zudem auch noch ständig wachse. Was dazu führe, dass es in den Schulen immer mehr schwierige Kinder und immer mehr renitente Eltern gibt. Ein ungleicher Kampf zwischen denen und den Lehrern sei längst in vollem Gange. Die hätten keine Chance, den noch zu gewinnen.

Und er fügte hinzu, dass es deutsche Alleinerziehende und

Hartz-IV-Empfänger sind, die den harten Kern der Unterschicht bilden, und eben nicht die erst später, dann jedoch gewaltig auffällig werdenden arbeitslosen Ausländer. Dies sei, sagte er knapp und barsch, obwohl er wahrscheinlich ahnte, welche Protestwelle anderntags über ihn hinwegschwappen würde, eine beispiellose soziale Verwahrlosung. Und wer vor der die Augen fest verschließe, statt den Tatsachen in die Augen zu sehen, handle grob fahrlässig.

Fernab dieser real existierenden Welt fühlen sich Politiker lieber dazu berufen, den Lauf der Welt zu bestimmen. Nun ja. Bis zum Ausbruch der globalen Krise glaubten ihre Gegner, mächtig arrogante Manager, sie seien die eigentlichen Herrscher des Universums. Das hat sich mittlerweile von selbst und für immer erledigt, nachdem sich auch an ihnen das Märchen von des Kaisers neuen Kleidern offenbart hat. Politik ist wieder mächtig und nicht nur an der Macht.

In der richten sie sich ein. Wenn sich die Unterschichtler in ihrer Welt tümeln, an deren Spitze Kaiser Mario und ihm ähnliche Hofschranzen für die nötige Stimmung und Volkes wahren Himmel sorgen, na prima, sollen die sich doch amüsieren. Dann stören sie nicht weiter bei den dringenden Geschäften. Falls Politiker von einer besseren Welt träumen, dann spielt in der ihre eigene Zukunft eine wichtige Rolle.

Ganz schön blöde pauschalisiert.

Denn wäre es so simpel, könnte das Thema hier abgeschlossen werden. Deckel drauf, Sarg in die Grube lassen, Erde drauf, Grabstein errichten mit der Inschrift: Hier ruhen die Blöden. Es gibt ja noch immer genügend Volk, das klug genug ist, mit dem sich auch in der Zukunft, wie einigermaßen erfolgreich geschehen in der Vergangenheit, Staat machen lässt. Das Problem wäre so zwar unter die Erde gebracht, aber die Verblödung natürlich nicht aus der Welt geschafft.

Es muss also differenziert werden.
Das ist naturgemäß mühsamer.
Und würde sich etwa so lesen:
Eine lebendige Demokratie braucht lebende Vorbilder. Eine Binsenweisheit. Aber selbst eine Binse hat einen weisen Kern. Genau deshalb ist die Feststellung, Volksvertreter könnten logischerweise nicht besser sein als das Volk, das sie vertreten, im Kern zwar richtig, aber dennoch nicht ausreichend oder gar befriedigend als Erklärung real existierender Zustände. An Politiker müssen andere Maßstäbe gelegt werden als beispielsweise an Brieftaubenzüchter, Getränkegroßhändler, Investmentbanker.

Würden die anlässlich ihrer Jahrestreffen bei einer Aufführung von Beethovens fünfter Symphonie bereits nach dem ersten Satz klatschen und sich umschauen, ob die Bierbar schon geöffnet ist, fiele das nicht weiter ins Gewicht. Aber wenn sich die Mehrheit des Deutschen Bundestages anlässlich eines für sie arrangierten Konzertabends so verhält, kann man ins Grübeln kommen und bei der Verwaltung des Bundestages im Namen des Volkes den Antrag stellen, dass es künftig als Angebot für alle Mitglieder des Hohen Hauses Fortbildungskurse in Sachen Kultur gibt.

Die müssten so organisiert werden wie die Treffen der Anonymen Alkoholiker. Da schämt sich angesichts der Schwächen der anderen auch keiner seiner eigenen und bekennt sich. Die Öffentlichkeit wird ausgeschlossen. Es wird nicht gemeinsam nach der Weltenformel geforscht, es wird Kultur nicht gedeutet, sondern konkret an Beispielen erklärt. »Nutzwert« lautet die Devise. Was man nicht weiß, was man aber wissen sollte. Die Reihe steht unter dem bekannten Motto der erfolgreichsten Aufklärungsserie der Fernsehgeschichte, der *Sesamstraße*, und das lautet einfach: »Wieso, weshalb, warum – wer nicht fragt, bleibt dumm.«

Was ist eine Symphonie? Wieso besteht die aus mehreren Sätzen? Wann ist sie zu Ende? Wieso unterscheiden sich Brecht'sche Dramen von denen Goethes? Welche fünfzig Romane der Weltliteratur sollte selbst ein Abgeordneter der CSU gelesen und welche fünfzig US-Filme sogar eine Delegierte der Linken aus Sachsen-Anhalt gesehen haben? Warum wurde einst im Theater beim Satz »Sire, geben Sie Gedankenfreiheit« sowohl in der ersten als auch der zweiten deutschen Diktatur geklatscht? In welchem Stück? Geschrieben von wem? Wer gehört zu den Impressionisten, wer zu Expressionisten, wer zu den Abstrakten, und in welchen Museen in Berlin kann man ihre Werke anschauen? Weshalb stirbt die Protagonistin in »La Bohème«? Von welchen Rockstars außer Udo Lindenberg, den Puhdys und den Scorpions sollten Sozialdemokraten schon mal was gehört haben?

Alle gebildeten Abgeordneten, die keine Volksvertreterhochschule mehr brauchen, weil sie das bereits alles wissen – und von denen gibt es auch viele –, gewinnen Zeit zum Lesen von Neuerscheinungen und zum Besuch von Neuinszenierungen im Theater und der Oper. In Berlin alles in unmittelbarer Nähe der Politik leicht erreichbar. Noch aber sind viele Politiker geradezu stolz darauf, wenn sie ungefragt, mit dem Unterton, würde ja gern, kann aber nicht, immer wieder beteuern, leider fehle ihnen die Zeit, um Bücher zu lesen, Filme anzuschauen, ins Konzert zu gehen, ins Theater, in die Oper, in eine Ausstellung. Sie müssten sich stattdessen ums große Ganze in Berlin kümmern und zusätzlich noch um kleinere Probleme in ihren Wahlkreisen.

Es handelt sich dabei um eine kulturelle Verwahrlosung, nicht etwa einfach um eine moralische, die an Leuten wie dem ehemaligen Postchef Klaus Zumwinkel oder dem gefeuerten HypoRealEstate-Manager Georg Funke festgemacht werden kann, am ehemaligen Baulöwen Jürgen

Schneider, der schamlos nach seiner Haftentlassung mit seinen Memoiren durchs Land zog, statt sich schweigend zu schämen dafür, dass er so viele kleine Handwerker in die Pleite gerissen hatte. Es geht nicht um einen VW-Betriebsrat wie Klaus Volkert, der auf Firmenkosten in den Bordellen dieser Welt die Hosen runterließ, nein, es geht nur um Kultur.

Nur?

Ein weites Feld.

Aus den selbst verfassten Angaben der Parlamentarier im Handbuch des Deutschen Bundestages ist zu erfahren, wie alt sie sind und welchen Schulabschluss sie haben, ob sie evangelisch sind oder katholisch oder keins von beiden, ob sie geschieden sind oder verheiratet, ob sie Kinder haben oder nicht, in welchen Ehrenämtern und Beiräten und Ausschüssen sie aktiv sind, welche Spezialgebiete sie beackern und wie hoch ihre Nebeneinkünfte sind. Was da nicht steht: Welches Buch ihr Leben beeinflusst hat, wann auch immer sie es gelesen haben. Welche Musik sie bevorzugen, ob eher Udo Jürgens oder doch Wolfgang Amadeus Mozart, ob sie eine Schwäche für die Oper haben oder nur eine für Musicals, ob sie lieber ins Theater gehen oder lieber ins Kino und welche Filme sie beeindruckt haben.

Würde jedoch mancher noch unentschlossene Bürger von ihnen gern wissen, diesseits aller hinlänglich bekannten Parteiprogramme, für die sie werben. Ab und zu wird die politische Bühne von einem Spot beleuchtet, dann treten einzelne Volksvertreter ins Licht und geben ihre kulturelle Identität preis.

Peer Steinbrück kennt nicht nur jeden Roman von John Le Carré, er sitzt auch persönlich in der ersten Reihe, wenn der sein neuestes Werk vorstellt, und unterhält sich anschließend mit dem britischen Schriftsteller bis zum frühen Morgen in einem Restaurant. Wolfgang Schäuble sucht Abstand zum Tagesgeschäft Politik, wann immer es möglich ist, im Parkett eines Theaters. Klaus Wowereit nimmt sich Zeit für Opern und nicht nur für Modeschauen. Angela Merkel erfüllt zwar ihre Pflichten als Bundeskanzlerin, wenn sie bei den Bayreuther Festspielen dem wartenden Volk zuwinkt, sie freut sich aber wirklich auf Wagners Opern, so wie sie in Berlin jede seltene Gelegenheit nutzt, ein Konzert zu besuchen oder einen Film anzuschauen. Bundestagspräsident Norbert Lammert hat schon als Stadtrat von Bochum keine Peter-Zadek-Inszenierung versäumt, die unmittelbare Konfrontation auch mit zunächst verstörender Kultur prägt seine bildungssatten, gelassenen Reden bis heute. Gregor Gysi sieht in Thomas Manns Roman »Zauberberg« ein »Jahrhundertbuch, die Beschreibung einer ganzen Welt« und schwört auf Beethoven. Guido Westerwelle sammelt wie Gerhard Schröder moderne Kunst, das Porträt des Altkanzlers für die Galerie des Kanzleramts malte Jörg Immendorf, der wie Anselm Kiefer, Markus Lüpertz, aber auch DDR-Altmeister Willi Sitte zu den von Schröder bewunderten Künstlern gehörte etc.

Alles also gut?

Alles nur Panikmache?

Sieht doch ganz so aus.

Zumal im Bundestag über Parteigrenzen hinweg Beifall einsetzte, als Angela Merkel in ihrer ersten Regierungserklärung betonte, dass Kultur keine Subvention sein soll, sondern eine »Investition in ein lebenswertes Deutschland«, Politik niemals für Kunst verantwortlich sei, aber für die Bedingungen, unter denen sie stattfindet. Außer dem Kulturausschuss, in den alle Fraktionen ihre besten Köpfe schicken, gibt es sogar eine Kunstkommission, die darüber befinden darf, welche Werke der Bildenden Kunst im Parlamentsgebäude aufgestellt oder gezeigt werden.

Doch bei manchen Entscheidungen ging es schon vor Jahren so zu wie heutzutage bei der Suche nach *Germany's next Topmodel* oder dem Wettbewerb um den *Superstar* oder bei Rach, dem Restauranttester. Da wurde gezickt und intrigiert und gelästert und abgeschmeckt, und alle redeten mit, besonders laut jene, die eigentlich nichts von dem verstanden, worüber sie redeten, aber als gewählte Vertreter des Volkes darauf bestanden, angehört zu werden.

Als Volkes veröffentlichte Stimmung gegenüber dem für den Reichstag vorgesehenen Werk des weltberühmten Künstlers Hans Haacke Stimmen im Wahlkreis versprach, sobald man sich dagegen aussprach, als sich Mehrheiten in den unmittelbar abzuerntenden Seichtgebieten abzeichneten, kannten viele Abgeordneten keine Parteifreunde mehr. Quer durch alle Fraktionen wuchs unter dem wie immer populären Motto: Und das soll Kunst sein? Und auch noch mit 300 000 Mark bezahlt aus Steuergeldern? der Widerstand gegen den riesigen Holztrog, Titel: »Der Bevölkerung«, für dessen Inhalt jeder Parlamentarier eine Handvoll Erde aus seinem Wahlkreis beisteuern sollte. Die Erde dürfe er wieder symbolisch mitnehmen, wenn er mal aus dem Bundestag ausscheidet.

Die allgemeine Empörung wurde im Herbst 2000 angeführt von »Bild«-Hauern, deren Werke im Gegensatz zu dem von Haacke das Volk bewunderte und deren Schlagzeilen wie »Boykott gegen Bio-Kitsch im Reichstag« das Volk verstand. Wie bei großen moralischen Entscheidungen der Nation – Aufhebung der Verjährungsfrist bei Naziverbrechen, Abtreibungsrecht, Stammzellenforschung – wurde schließlich der Fraktionszwang aufgehoben und namentlich darüber abgestimmt, was Kunst sei und was nicht. 260 Abgeordnete votierten für Haackes Trog, 258 dagegen.

Es war keine Sternstunde des Parlaments, aber eine Premiere war es schon. Nie zuvor in der Geschichte der Bundesrepublik hatten Abgeordnete über Kunst entscheiden dürfen. Früher gab es oft Parlamentarier und Minister, die ihr eigenes Banausentum zum Maßstab für alle hatten machen wollen, doch seit den Sechzigerjahren in der Westrepublik scheiterten alle Versuche am Widerstand gebildeter freier Bürger und der unterstützenden veröffentlichten Meinung.

Auch das unterschied neben so vielem anderen die Bundesrepublik von der DDR, wo die offizielle Wertschätzung von Kunst vom simplen Geschmack der sie betrachtenden Politgreise abhing, aber die eigentliche Kunst heimlich entstand.

Über die Affäre Haacke ist Gras gewachsen, das inzwischen auch in seinem Trog sprießt. Gelassenheit bestimmt das Handeln. Zensur findet nicht mehr statt, selbst da nicht, wo sie stattfinden müsste, bei bestimmten pornografischen Websites im Internet. Alles scheint erlaubt.

Was es allerdings auch den Blödmachern erlaubt, ungestört die Seichtgebiete mit Blöden zu bevölkern.

Und jetzt?

In Berlin hatte das Bezirksamt Pankow eine durchschlagend gute Idee, um die Schmutzfinken unter den Restaurants in seinem Bezirk anzuprangern. Die Inspektoren stellten von entsprechenden Kneipen und Restaurants Fotos aus Küche, Keller, Lokal ins Netz. Jeder Verbraucher konnte sich die genüsslich erschaudernd anschauen. Dafür wurden die einfallsreichen Lokalpolitiker gefeiert. Sie hatten mit einer kleinen Idee Großes bewirkt. Die Wirkung schlug sich nieder auf die Umsätze der betreffenden Wirte.

Daraus ließe sich doch was lernen.

Würde der Börsenverein des Deutschen Buchhandels allen Abgeordneten des Bundestages alle zwei Monate ein Buch, ausgewählt von einer unabhängigen Fachjury, ins Fach legen zwecks Lektüre, im Sommer gern mal was intelligent Leichteres, könnten ihre Wähler auf deren Homepage klickend nachfragen, ob sie das auch wirklich gelesen haben, und sie bitten, ihr Urteil ins Netz zu stellen.

Eine traumhafte Vorstellung.

Leider aber nur ein Traum.

Denn wie ließe sich überprüfen, ob sie wahrheitsgemäß antworten oder schlicht sich was zurechtlügen?

Geht also nicht.

Man wäre in der Realität aber schon mal dankbar, wenn viele – wie ein gutes Viertel ihrer Wähler auch – zwar nie ein Buch lesen würden, aber wenigstens keins schreiben oder schreiben lassen.

Denn die gedruckten Leerformeln der gewählten Sprachlosen, zu denen auch erwählte Ikonen der versendeten Blödformate gehören, tragen wesentlich bei zur Verblödung und Verrohung des Volkes.

Und das ist leider Realität.

Heuchlerisch wäre es, mit dem Finger nur auf andere zu zeigen. Denn auch das gewalttätige Verhalten der Vierten Gewalt ist symptomatisch für die verwahrlosten Sitten. Nach dem Amoklauf von Winnenden wurde zwar in vielen Kommentaren und Leitartikeln voller Betroffenheit gefragt, in welchen Zeiten wir bloß lebten, wenn so etwas Furchtbares sogar in einer schwäbischen Kleinstadt passieren könne und eben nicht nur im fernen Alabama.

In finsteren Zeiten.

Zu den Akteuren auf dieser Bühne zählen skrupellose Blödmacher, die sich als Journalisten ausgeben und dem ehrenwerten Beruf Schande bereiten, Schaden zufügen. Bei einem Ereignis wie dem in Winnenden scheuen sie keine Schweinerei, um sich als Sau bei ihren Vorgesetzten anzubiedern. Die sind nicht besser, denn die haben sie gleichfalls schamlos auf die Jagd geschickt. Alle sitzen im Glashaus. Ein öffentlich-rechtlicher Sender wollte unbedingt von Frank Nipkau, Chefredakteur der örtlichen »Winnender Zeitung«, wie der in »Panorama« und in der »Zeit« erzählte, Fotos des Attentäters haben und bot als Gegengeschäft an, seine Zeitung bundesweit in der Hauptnachrichtensendung zu nennen. Der anständige Journalist aus der Provinz lehnte ab.

Boulevardzeitungen, und nicht nur die übliche verdächtige »Bild«, deren Redaktion wenigstens um Entschuldigung bat und die druckte, nachdem sie irgendeinen Zehnjährigen abgebildet hatte als Attentäter, luden sich Fotos der Opfer aus dem Internet runter, ohne sich lange darum zu kümmern, ob sie dafür zum Beispiel die Erlaubnis der Eltern, die sie nie bekommen hätten, einholen müssten. Ihre Bluthunde klingelten bei Nachbarn und fragten, ob sie was über die Familie der Opfer oder die des Täters sagen könnten, ließen Briefkästen und Mülltonnen durchwühlen, negierten die Bitte des Pfarrers bei der Trauerfeier, das Fotografieren während der Messe zu unterlassen, klickten eifrig weiter, hielten bar jeder Scham ihre Kameras drauf. Manche Sender schickten in gieriger Hast, die Ersten zu sein, ihre dümmsten Reporter nach Winnenden.

Insofern ist es ein Wunder zu nennen, dass keine von den sich an ihr Mikrofon klammernden Blödtussis das Attentat aus Versehen oder ihrem Weltbild entsprechend ein supergeiles Ding nannten. Verstörten Mitschülern wurden bis zu 100 Euro geboten, falls sie in der Nähe des Tatorts Blumen hinlegen und sich anschließend in Großaufnahme beim Weinen filmen lassen würden.

Soll man heulen?

Nein.

Keulen.

KAPITEL VII

Die Sprache der Sprachlosen

Früher war die Zukunft besser. Wer in der damaligen Gegenwart Bücher machte, war kein Buchmacher, wie es sie in der heutigen Zeit gibt, sondern ein Buchverleger. Bevor sie überhaupt ein Buch druckten, lasen solche Buchmacher zunächst einmal selbst alle Manuskripte, die zukünftig im Namen ihres Hauses verlegt werden sollten. Danach warteten sie auf das Urteil der hauseigenen Bücherfreunde. Ob den Lektoren und den Programmleitern die zur Entscheidung vorliegenden Geschichten inhaltlich gefielen, war nicht der entscheidende Aspekt. Vorrangig ging es ihnen um Sprache. Der waren sie schon von Berufs wegen verfallen. Für eigene originäre Sprachschöpfungen reichte es bei den meisten zwar nicht. Umso mehr aber liebten sie alle, die ihr hörig waren wie sie – Dichter und Poeten und Schriftsteller – und dies in ihren Texten spielend unter Beweis stellten.

Persönlicher Geschmack blieb dabei draußen vor der Tür, die rote Linie allerdings, die Sprachzauberer von Sprachklaubern trennte, wurde nicht überschritten. Die Grenzlinie verlief genau da, wo beim Erscheinen eines kurzfristig noch so großen Erfolg versprechenden Romans langfristig der Ruf des Verlags in Gefahr geraten wäre und sein Renommee beschädigt hätte werden können. Fehlentscheidungen waren bei einer solchen intellektuellen Grundhaltung natürlich nie auszuschließen, aber die gehörten eben selbstverständlich zum verlegerischen Risiko.

Mittelmäßiges oder Mäßiges reichten sie lieber weiter. Auch das ungebildete Volk sollte lesen und etwas zu lesen bekommen. Nicht unbedingt Thomas Mann und Manès Sperber und Virginia Woolf, sondern entsprechend seinem – was gebildete Leser glaubten beurteilen zu können – qua Geburt und Elternhaus und Schulbildung beschränkten Horizont eher Leichtes, Einfaches, Kitschiges. Für gewisse Bücher gab es gewisse Verlage, und für gewisse Verlage kamen diese gewissen Bücher gewiss nie infrage. Um die Bedürfnisse der Unterschicht zu befriedigen, die damals verallgemeinernd nur Proletariat genannt wurde, obwohl ebenso viele Blöde sich in den Salons der Oberschicht tummelten, so wie sich heute ihre nachgeborenen Brüder und Schwestern im Geiste bei den Events der Bussi-Society spreizen, gab es Druckanstalten, die passende Bücher produzierten.

Hedwig Courths-Mahler, Tochter einer Marketenderin und eines Flussschiffers, ohne Schulabschluss aufgewachsen in Weißenfels, wäre andernfalls nie gedruckt worden. Sie schrieb im Laufe ihres Lebens mehr als zweihundert Romane und Novellen. Manchmal veröffentlichte sie drei, vier Bücher in einem Jahr. Alle erfolgreich. Das weibliche Dienstpersonal suchte und fand in denen seinen Alltag wieder und wenigstens bei Courths-Mahler, wenn schon nicht in der Wirklichkeit, die Erfüllung seiner Sehnsüchte.

Einfache Wünsche des hart arbeitenden einfachen Weibervolks einfach geschildert, aber die Geschichten fast immer nach Irrungen und Wirrungen mit dem Sieg einer romantisch verkitschten Liebe endend, waren Bestseller, bevor es Bestsellerlisten gab, beliebte Vorläufer der heutzutage unter dem Sammelbegriff »Moderne Frauenliteratur« gedruckten Bücher. In denen tranken damals die Hauptpersonen

Fassbier und Brause, ebenso wie die, denen ihr Schicksal zu Herzen gehen sollte. Heute trinken Protagonistinnen wie Leserinnen, vereint im gleichen Lebensstil, den sie für stilvoll halten, grünen Tee und Prosecco, verdrängen ihre Beziehungskrisen nicht mehr im stillen Kämmerlein, sondern breiten sie vor ihren Freundinnen und dann in aller Öffentlichkeit aus, suchen unter gewissen anderen Umständen nicht Engelmacherinnen, sondern schlucken rechtzeitig die Pille, weil es ihnen viel zu langweilig wäre, ein Engel zu sein.

Was die literarische Substanz betrifft, hat sich Aussagen von gebildeten Fachfrauen zufolge eigentlich kaum etwas geändert. Es muss nicht mehr nur das Herz schmerzen, es darf detailliert beschrieben auch gern viel tiefer wehtun.

Wer noch kein Sabbergreis ist und als Mann naturgemäß nicht zu dieser Zielgruppe gehört, derartige Werke also nie gelesen hat, kann über Inhalte natürlich kein Urteil abgeben. Dürfte sich allenfalls Gedanken darüber machen, aber mehr nun wirklich nicht, ob es an der Zeit wäre, die Bestsellerlisten, auf denen Bücher solcher Machart gleichwertig neben originärer Literatur rangieren, zu zerschlagen und das Genre anschließend neu zu ordnen. So wie es nicht *das* Fernsehen gibt, sondern verschiedene Fernsehkanäle für die verschiedenen Ansprüche zwischen Arte und Super RTL, gibt es nicht *die* Belletristik oder *die* Sachbücher.

Eine Neuordnung wäre eine Kulturrevolution, zugegeben. Aber vorstellbar:

Ganz oben steht eine Bestsellerliste Belletristik, in der ausschließlich Literatur aufgeführt wird, die diesen Namen verdient. Leicht dahingesagt. Doch wer bestimmt, welche Romane literarische Ansprüche erfüllen? Ist schließlich nicht so einfach zu entscheiden. Und wer muss sich bemühen, die entscheidenden Unterschiede zu benennen? Nein, nicht schon wieder eine Jury. Die Buchhändler, wer denn sonst?

Noch gibt es knapp viertausend unabhängige Buchhandlungen in Deutschland, die das Kulturgut Buch anbieten. Was im gemeinsam erstellten aktuellen Kanon der Buchhändler aufgenommen wurde und was sich dann davon am besten in ihren Geschäften verkauft hat, kommt auf diese Liste. Am Anfang stehe immer die Liebe, schrieb »Literaturen«, das monatliche Zentralorgan der lesenden Intelligenz, nämlich diejenige von Buchhändlern zu einem noch so kleinen Roman, in dem sie das gefunden haben, was sie in den Büchern, die griffbereit neben der Kasse liegen, nicht finden können. Eine Geschichte. Eine Idee. Sprache.

So etwas wie eine gemeinsame Aktion in Sachen Literatur wäre früher nicht zu realisieren gewesen. Es hätte zu lange gedauert, bis alle relevanten Neuerscheinungen gelesen und sortiert und ein entsprechendes Votum weitergegeben worden wären. Heute ginge das täglich und stündlich, weil alle Buchhandlungen auf Knopfdruck online ihre Urteile abgeben könnten. Die müsste ein Webmaster, in dem Fall wäre er ein Bookmaster, beim Börsenverein des Deutschen Buchhandels koordinieren und anhand der gemailten Bewertungen die Rangliste der literarischen Superstars erstellen. Illusorisch? Eben nicht, kontert die Berliner Buchhändlerin Ruth Klinkenberg, eben nicht, denn es gebe ja jetzt schon Bestseller, die »von Buchhändlern gemacht werden«, und die fänden ihren Weg auf die Listen schlicht durch Mund-zu-Mund-Propaganda unter Kollegen, weitergegeben dann an neugierig fragende Kunden.

Voraussetzung dafür ist allerdings, dass die fragenden Kunden kompetente Gesprächspartner in den Buchhandlungen finden. Der verzweifelte Autor eines »Tagesspiegel«-Artikels berichtet von seinen Versuchen, in einer Zweigstelle des Branchenriesen Hugendubel (Jahresumsatz 250 Millionen Euro) den Roman »Das Geld« von Emile Zola, dem

Chronisten der französischen Bürger und Proletarier im 19. Jahrhundert, zu bestellen. Telefonische Auskunft: »Finde ich nicht, Geld, sagen Sie? Schau ich mal am besten unter Ratgebern nach.« Und als ein Bekannter von ihm, diesmal direkt im Laden, das legendäre Hörbuch »Die letzten Tage der Menschheit« von Karl Kraus, gelesen von Helmut Qualtinger, kaufen wollte, gab die Verkäuferin im Computer ein »Helmut Kwaltinger«. Kein Treffer, leider.

Eine zweite Bestsellerliste Belletristik notiert die Favoriten des Massengeschmacks. Auf der erscheint je nach Verkaufserfolg oben oder unten alles, was nach Ansicht der Buchhändler nicht in die anspruchsvolle Liste 1 passt. Man könnte dies auch eine Buchliste des gemeinen Lesevolkes nennen, was aber gemein wäre. Der qualitative Unterschied zwischen Liste 1 und Liste 2 entspricht in etwa dem zwischen Oper und Operette, zwischen Picasso und Jeff Koons, zwischen Sean Connery und Til Schweiger. Wahrscheinlich würde Charlotte Roches Millionenerfolg »Feuchtgebiete« auf eine solche Liste gehören, ebenso alles von Stephenie Meyer oder von Ildiko von Kürthy oder auch Sarah Kuttners Erstling »Mängelexemplar«, der übrigens mit dem Boah-Ey-Satz beginnt: »Eine Depression ist ein fucking Event.« Darauf zumindest muss man erst einmal kommen.

Das kann aber auch nur beurteilen, wer solche Bücher gelesen hat. Die »Feuchtgebiete«, so hört und liest Mann von Leserinnen, das erste Erzeugnis in der beliebten Reihe »Musiksender-Moderatorinnen, die nicht schreiben können, aber plappern, schreiben Bestseller für alle, die plappern können und sonst nichts lesen«, wären unter den anfangs beschriebenen elitären Bedingungen der Vergangenheit von renommierten Verlagen als undruckbar abgelehnt und an die nächsttiefere Instanz weitergereicht worden. Das erging auch Charlotte Roche in der Gegenwart so, bis der Buchverlag

DuMont das Erfolgspotenzial ihrer Tabuzonen erkannte und begeistert zugriff.

Eine richtige Entscheidung. Es war das ideale Produkt für die Zielgruppe der Erstleser zwischen 14 und 49, also der auch von RTL und Sat.1 und ProSieben leidenschaftlich begehrten Klientel. Eifrige Nachahmer folgten der sichtbaren Spur des Millionenerfolgs. Mit Buchtiteln wie »Mösenbetrachtungen«, »Fucking Berlin«, »Bitterfotze«, »Schokospalte«, »Seelenficker« wurden die Seichtgebiete beschickt und aus männlicher Perspektive mit »Fleckenteufel«. Der Markt scheint noch lange nicht gesättigt.

Die Sachbuch-Bestsellerliste enthielte tatsächlich nur Biografien und Sachbücher, also keine als Sachbücher getarnten Leitfäden und Kalenderweisheiten oder Sach-bloß-Bücher, in denen es darum geht, ob Frauen besser einparken können als Männer, ob die sowieso alle nur Schweine sind, ob SPD/CDU/FDP/LINKE/Grüne noch zu retten sind oder ob die englischen Durchsagen bei der Deutschen Bahn akzentfrei im Oxford-Englisch gesprochen sind, das natürlich alle beherrschen, die in den ICEs unterwegs sind.

Auf der vierten Liste ginge es analog zum Massengeschmack in der Belletristikliste 2 um Bücher aus dem Bereich Lebenshilfe. Wie man eine Pilgerreise unternimmt und sich dabei nicht verirrt. Es sind vor Hape Kerkeling ja schon viele auf Wanderschaft gegangen, aber nur ihm ist es erfolgreich gelungen, die deutsche Wanderlust mit der anderen deutschen Sehnsucht zu verbinden, im Weg das eigentliche Ziel zu sehen. Der als Harald-Schmidt-Adlatus aus dem Fernsehen bekannte Manuel Andrack begnügte sich mit Sehnsucht eins und stolperte durchs mittelgebirgige Vaterland, doch auch sein Buch schaffte es auf die Bestsellerliste.

Solche Erfolgsgeschichten sind die konsequente Fortsetzung der Erfolgsgeschichten aus dem Metier der Plappernden. Wer nicht singen konnte und nicht tanzen, aber irgendwie geil ankam, schaffte es trotz hörbar sichtbarer Mängel dennoch zu irgendeinem Superstar. Warum sollte jemand, der nicht schreiben kann und nicht denken, es also auf dem Buchmarkt nicht schaffen?

Eben.

Gern gekauft wird deshalb die gebundene Fortsetzung der üblichen Dauerbrenner aus Frauenzeitschriften – was viele Männer für die eigentliche Ursache dafür halten, warum sie Frauen nie werden verstehen können: Wie Paare ihr Glücksgeheimnis lüften und vom Gelingen ihrer Liebe erzählen. Wie Frauen von ihren besten Jahren sprechen, die dann kommen, wenn sie älter werden. Wie man abmoppelt, ohne seine Fröhlichkeit aufzugeben. Wie auch immer irgendwas, aber immer irgendwie auch so ähnlich.

Kein Verleger oder Verlagsmanager, und mag er noch so guten Willens sein, kann heute selbst lesen, was in seinem Verlag jährlich produziert wird. Bei der internationalen Verlagsgruppe Random House sind es monatlich rund zweihundert Titel aus allen möglichen Bereichen – Belletristik, Sachbuch, Ratgeber, Kinderbuch, Biografie usw. Vertrieb, Marketing und Lizenzabteilung haben deshalb bei jedem Titel ein paar Wörtchen mitzureden. Allerdings gibt es noch keine Schreibautomaten, in die die gängigen Zutaten für einen Erfolg geschüttet und die anschließend geschüttelt werden – und hinten unten kommt dann Bohlen oder Bushido raus.

Gut verkäuflicher Stoff für gewisse Bedürfnisse, Romane oder Sachbücher in den Listen 2 und 4, muss entweder erfunden oder gefunden werden. Solcher Stoff liegt selten offen auf der Straße, meist verborgen in den Gassen, oft nur in den Gossen. Das war früher aber nicht anders. Von wegen alles und alle seien besser gewesen in der guten alten Zeit.

Bücher der einfachen Art wurden vorab gedruckt, zum Beispiel in der »Gartenlaube«, mit einer Auflage von 380 000 Exemplaren damals so beliebt wie heute die viel- und einfältigen Produkte der Yellowpress, und anschließend in Massen verkauft.

FAS-Autor Peter Lückemeier, Sonntag für Sonntag mit seiner »Herzblatt«-Kolumne ständiger Begleiter einer nicht gesellschaftsfähigen Gesellschaft, über die noch zu lästern sein wird, nennt sie schlicht Knallpresse. Ob nur deren Macher einen Knall haben oder ihre Leser, weil sie sich regelmäßig für dumm verkaufen lassen und dafür auch noch bezahlen, weiß auch er nicht. Seine Bücher übrigens sind undeutsch heitere Bücher, also unbedingt empfehlenswert.

Seichtes zu verbreiten, wobei wie bei der Kriegsberichterstattung als Erstes die Wahrheit auf der Strecke bleibt, ist keine neue Strategie, die eine Schar von Anwälten gut ernährt. Gedrucktes von Blödmachern für Blöde hat Tradition.

Neu dagegen ist, dass Druckwerke von Sprachlosen beispielsweise auf der Frankfurter Buchmesse präsentiert werden, als handle es sich dabei tatsächlich um Bücher, nicht nur um von ausgebufften Marketingstrategen kühl platzierte Produkte für den Massenmarkt. Wenn in der einst nur der Literatur vorbehaltenen Halle E in Frankfurt vor einem Verlagsstand die Fotografen und Fernsehteams um die besten Plätze rangeln, wenn superlautes Gekreische die Tonlage bestimmt, wenn erblassende Damen ehrenwerter Häuser sich fluchtartig auf die Suche nach der verlorenen Zeit begeben, sind wieder mal Verdichter des Volkes eingetroffen, um am Stand des ihnen zugetanen Verlags für ihr aktuelles Leergut zu werben.

Ob es sich dabei zufällig um Bruce Darnell mit »Drama, Baby, Drama« handelt oder, mit werbewirksam gestrecktem Mittelfinger, Stefan Effenberg mit »Ich hab's allen gezeigt«

den Dichter gibt oder Dieter mit dem Bohlen-Weg »Planieren statt Sanieren«, dem ultimativen Leitfaden für alle, die wissen wollen, wie er es nach oben geschafft hat, seine Anhänger jubeln lässt, ist dabei egal. Der Protagonist, die Protagonistin müssen talkshowkompatibel sein, also am besten: jung, frech, allzeit bereit, alles mitzumachen und selbst die dümmsten Fragen auszuhalten.

Je prolliger die Performance, desto größer die Chance, in den ihnen supergeil nahen Boulevardmagazinen des Fernsehens einen Auftritt zu haben. Auf das Urteil der Feuilletons legen sie alle keinen Wert, das lesen weder sie noch ihre Leser. Dass ein in »Bild« als Fortsetzungsgeschichte gedruckter Ausschnitt aus einem Werk nicht nur von Sprachlosen, bekannt aus Film, Funk, Fernsehen, sondern auch von intellektuellen Autoren wie Frank Schirrmacher das entsprechende kurz darauf erscheinende Buch zu einem Bestseller macht, ist im Übrigen ganz nebenbei der Beweis dafür, dass am Vorurteil, »Bild«-Leser würden außer »Bild« nichts lesen und verstehen, nichts dran ist.

Die Sprachlosen schreiben, wie sie sprechen. Und sprechen, wie sie schreiben. Seit es sie zum Buche drängt, leider nicht, um mal eins zu lesen, leben aber zumindest die Ghostwriter gut von diesem Supermegatrend. Beten allerdings doch, dass niemand ihre Arbeit würdigt und dabei ihren Namen lobend erwähnt. Sie wissen ja, was sie tun, und schämen sich dafür.

Den zweitgeistigen Buch-Stars hat ein gütiger Gott, der, wie am Beispiel Mario Barth schon bewiesen, alle Menschenkinder liebt, dies und jenes mit auf den Weg gegeben, aber darunter nie die Fähigkeit, sich schriftlich wortreich statt wortvergewaltigungstätig ausdrücken zu können. Es muss dennoch so etwas wie eine geheime trotzige Absprache geben unter den Leerschwätzern, sich nicht vorschreiben zu lassen, wie sie schreiben, was sie schreiben, worüber sie schreiben, und erst recht nicht dann, wenn sie außer einem Autogramm kaum was Eigenes niederschreiben können.

Solange Nichtsnutze und Nichtskönnerinnen, die erst später als das konkurrierende Leergut aus einem Dschungelcamp rausgeflogen sind, oder solche, die tagelang ununterbrochen mit einem ehemaligen Tennisspieler verlobt waren, in für sie bestimmten TV-Kanälen moderieren dürfen, egal was, dürfen auch alle anderen, die ebenfalls nichts zu sagen haben, Nichtssagendes von sich geben, also schreiben lassen. Selbst dann, wenn es ein zwischen zwei Deckel gepresstes Nichts bleibt.

Wer im Meer der Blöden verzweifelt schwimmend ein rettendes Ufer sucht, muss dennoch nicht verzweifeln. Es gibt werktäglich die versendete Rettungsinsel namens *3sat Kulturzeit*. Wenn sie Pause macht, am Samstag und am Sonntag, lässt sich die aus fünf vorhergegangenen Tagen gewonnene Information gewinnbringend umsetzen in selbst zu Erlebendes, in lebendige Kultur – Theater, Oper, Musik, Bücher. Wer sich dem entschleunigt hingibt, gewinnt Zeit für sich und verliert träumend die Angst, etwas Wichtiges zu versäumen. Und wer den »Du-warst-gut-wie-war-ich?«-Jahrmarkt der Eitlen bei den Messen in Leipzig oder Frankfurt scheut, kann sich dort sogar live auf die Kulturzeit-Inseln retten und am 3sat-Stand die Zeit anhalten, wenn sich lebende Autoren lebendigen Moderatoren stellen, die nur nach dem fragen, was sie zuvor nächtelang selbst erlesen haben.

Es geht dabei stets um Sprachzauberer, nie um Sprachgaukler.

Sonya Kraus, die ihre Karriere als gütige Fee im »Glücksrad« begann, ist nebenberuflich auch Autorin. Nach »Baustelle Mann« erschien 2009 »Baustelle Body«. Sie verpackt genau das, was die Titel versprechen, in einfache Sprache, um sich verständlich zu machen. Sie ist klug genug, nie zu erwähnen, dass ihre Durchschnittsnote im Abiturzeugnis 1,6 betrug und dass sich in ihrem vollbusigen Männertraum-Körper eine ironisch denkende Frau verbirgt. Ihr Motto klingt so blöd, dass keiner auf andere Gedanken als die naheliegenden kommt: »Wenn dir das Leben eine Zitrone gibt, frag nach Salz und Tequila.«

Wesentlich ist bei ihr und ähnlich bekannten Wortschätzchen nicht der Inhalt ihrer Bücher. Nur aufs Cover kommt es an. Das groß abgebildete Gesicht muss auf den ersten Blick den Kenn-ich-Effekt auslösen – kenn ich aus'm Fernsehen! –, damit auch Analphabeten zugreifen und sich in ihrem Freundeskreis jemanden suchen, der lesen kann und ihnen daraus vorliest. Peter Hahne zum Beispiel kennen sie als den gütigen Mann vom ZDF, der immer alle Politiker ausreden lässt und ihnen niemals ins Wort fällt. Er spricht, wie er schreibt. Mal ein Büchlein wie den Sach-Bloß-Bestseller »Leid – warum lässt Gott das zu?«, regelmäßig als Kolumnist eines populären Sonntagsblatts der Seichtgebiete, wo er seiner Leserschaft schonungslos härteste Fragen stellt. Ohn' Ansehen der Thematik. Nachdem der prominente Fußballprolo Lukas Podolski dem prominenten Ballproleten Michael Ballack während eines Länderspiels auf dem Platz eine geballert hatte, fragte er zum Beispiel, ob dieser Ausraster »den Mangel an Respekt in unserer Gesellschaft« widerspiegle.

Zwar hätte sich angeboten die kurze Antwort: Pack schlägt sich, Pack verträgt sich. Doch am Beispiel der Ohrfeige ging es Hahne um ein »nationales Problem«. Sie war nicht irgendeine Klatsche, sondern »ein Schlag ins Gesicht einer Kulturnation, die den Begriff Respekt längst aus ihrem Wortschatz gestrichen hat [...] Respekt ist das soziale Schmiermittel, ohne das ständige Reibung entstehen würde.«

Das musste endlich mal gesagt werden. Darauf wäre außer ihm niemand gekommen.

Erfolg gibt all jenen recht, die sich keine Gedanken machen um ein etwaiges Renommee ihres Verlages, sondern den Tunnelblick fest gerichtet haben auf eine zweistellige Rendite ihrer Druckanstalt. Sie handeln nach dem kühlen Prinzip von Bundesliga-Fußballclubs, wonach es, wenn am Ende abgerechnet wird, keine Sau mehr interessiert, ob drei Punkte grandios erspielt oder mit Glück ermauert wurden.

Weil an dem Material, das sie drucken, sprachlich nichts zu verfeinern ist, denn dafür müsste zumindest ein Rest von Substanz erkennbar sein, an der sich feilen ließe, verzichten sie auf Lektoren. Das wird als zeitgemäßes Kostenmanagement verkauft. Die vor absonderlichen Absonderungen, verfasst für die Bewohner von Seichtgebieten, zurückschreckenden Verleger stehen mittlerweile auf einer Roten Liste bedrohter Arten. Wo Marketing- und Vertriebsabteilungen das letzte Wort über Wörter haben statt sprachgeile Lektoren und Programmleiter, entscheidet nicht die Qualität, sondern die Quote.

Woher kennt man das?

Richtig. Kommt von daher.

Wenn Deppen wie, sagen wir... nein, das sagen wir lieber mal nicht, sagt da der Anwalt des Hauses Bertelsmann, ein literarisch hoch gebildeter Mensch, garantieren können, dass sie mit ihren höchst unwesentlichen An- und Einsichten auch noch in Talkshows eingeladen werden, wenn sie um der Sache willen bereit sind, im übertragenen Sinne kurz den Rock zu lüften oder die Hosen zu öffnen, ist ihnen ein Platz auf der Bestsellerliste so gut wie sicher.

Es gibt, gezielt produziert für diese Gruppe, inzwischen »Bücher für Dummies« als zwar ironisch klingendes, aber ernst gemeintes Verlagsprogramm. Versehen mit »handlichen Schummelseiten« und mit gezeichneten »Achtung, wichtig!«-Symbolen für besonders wertvolle Einsichten, erscheinen die in einem Spezialverlag. Beispielsweise wird in der »Deutschen Geschichte für Dummies« nicht lange fabuliert und analysiert, sondern leicht verdaulich in Häppchen dargeboten die Historie aufbereitet. Knapp, kurz, aber immerhin fehlerfrei. Erreicht werden Unverbildete, Ungebildete und Halbgebildete wie jene Zeitgenossin, die bei Jauchs Millionärs-Quiz auf die Frage, durch welches Verfahren im antiken Athen missliebige Mitbürger in die Verbannung geschickt wurden – a: Götterspeise, b: Henkersmahlzeit, c: Scherbengericht, d: Grillteller –, zu Grillteller tendierte und erst vom Publikum auf die richtige Spur gelenkt wurde.

Dummie-Autor Christian von Ditfurth, sprachbegabter Autor von intelligenten Kriminalromanen, hat im Sinne der Verlagsphilosophie die einsetzende Verdämmerung des Arbeiter- und Bauernparadieses DDR unter der Überschrift »Honi in Bonn« für die Zielgruppe passend so zusammengefasst: »Als die DDR fast schon am Ende war, erlebte Honecker den Höhepunkt seiner politischen Laufbahn: den Staatsbesuch in der BRD im September 1987. Er fühlte sich nun auf Augenhöhe mit Kanzler Kohl. Im Jahr darauf reiste er auch noch auf Staatsbesuch nach Paris. Und die Bürger der DDR fragten, warum sie nicht auch nach Bonn und Paris fahren durften. Immer mehr drängten auf Ausreise.«

Tja, geht doch.

Einst wussten die vor ihrer schwarzen Remington oder ihrer roten Valentine, für die ein Begriff wie »Kult« zutreffend wäre, sitzenden Schreiber, dass sie noch so viele tolle Sätze in ihre Maschinen hacken könnten, aber all ihre Mühe vergebens sein würde, falls ihr Werk niemand zu drucken bereit war. Sie stritten sich zwar mit ihren Verlegern, doch hüteten sie sich, mit denen zu brechen. Von Zeit zu Zeit sahen sie die für sie zuständigen Alten sogar gern. Aber die auf der anderen Seite, die im Besitz der Produktionsmittel waren, wussten ebenso gut, dass sie ohne deren Software keine Hardware in ihren Druckereien produzieren können würden und stattdessen gezwungen wären, Nähmaschinen herzustellen oder Regencapes.

Was nicht gar so viel Prestige in ihren Kreisen bedeutet hätte wie Buchverleger zu sein.

Man war aufeinander angewiesen, so oder so. Die einen beäugten misstrauisch die anderen, weil sie vor dem ersten Satz Vorschüsse verlangten, ungern Termine einhielten, bis zum letzten Moment um noch besser passende Wörter rangen und dies auch wortreich schriftlich begründen konnten, falls Mahnungen bei ihnen eintrafen. Früher per Post, was die Möglichkeit erhöhte zu lügen, etwa mit dem Argument, der Brandbrief des Verlags müsse unterwegs verloren gegangen sein. Heute sind Schreiber im Nachteil, weil sie im Zug der Neuzeit ihre Valentine oder Remington entsorgt haben, ihre guten Einfälle dem Computer anvertrauen und selbstverständlich alle bis auf Peter Handke online erreichbar sind.

Buchmacher blickten und blicken auf Buchautoren voller Neid und Eifersucht. Dichter waren von liebestollen Groupies umsorgt, für sie sorgte eine liebevolle Sekretärin. Von leidenschaftlichen Frauen angehimmelte Verleger wie Heinrich Maria Ledig-Rowohlt oder Siegfried Unseld waren die Ausnahmen. Viele heutige Verlagchefs unterscheiden sich rein äußerlich kaum von ihren hauseigenen Buchhaltern und fallen deshalb den Schönen der Buchnächte in Frankfurt oder Leipzig oder Chicago oder London nicht auf.

Dichter dagegen bekamen schon immer und bekommen immer noch, egal, wie hässlich sie auch sein mögen, dank der ihnen innewohnenden Gabe, mit Worten verzaubern zu können, die schöneren Mädchen ab. Die lieben lieber jene, die ihnen ihr erstes Buch zu widmen versprechen, als jene, die es drucken. Poeten machen sie sprachlos und dadurch wehrlos, weil sie ihnen wortreich eine Welt beschreiben können, in der das Wort Rendite nicht vorkommt, aber verheißungsvoll klingende Wörter wie Wolke, Sonnenuntergang, Mondschein, Meeresstrand, Himmel, Liebe und Sehnsucht.

In ihrer Sehnsucht nach einem vergrabenen Schatz am Ende des Regenbogens sind Dichter unberechenbar. Unberechenbares jedoch ist der Feind von Managern, abschätzig in der schreibenden Zunft auch Korinthenkacker und Erbsenzähler genannt. Diese wiederum drohen, bei nächstbester Gelegenheit, also beim nächsten Buch, die bisher bezahlten Vorschüsse drastisch zu reduzieren und sich zu rächen. So herrschen klare Verhältnisse, denn nichts geht auch in der Welt der Sprache über ein allseits belebendes Feindbild.

Nachdem eigentümliche Verleger nahezu ausgestorben sind, brauchen Schriftstellerinnen und Schriftsteller und ebenso ihre Brüder und Schwestern im Journalismus kühne Kaufleute und begeisterungsfähige Buchhalter, die schwarze Wörter auf weißem Grund schätzen und dennoch darauf achten, dass nicht alles ins Rote abrutscht. Ohne gebildete Kaufleute müssten Autoren ihre Texte in Fußgängerzonen oder Bierzelten vortragen und anschießend beim gemeinen Volk um milde Gaben bitten. Die Alternative, sich einen anständigen Beruf zu suchen, war nie eine so recht prickelnde.

Es ist verlorene Liebesmüh, in den einstigen schönen Zeiten zu schwelgen. Ein Buch ist ein Buch ist ein Buch, ganz egal, ob es noch eins ist oder eigentlich nie eins wird und nur Gedrucktes zwischen zwei fetten Deckeln verbreitet, und es ist ein besonders gutes Buch dann, wenn es sich besonders gut verkauft. Das zu behaupten ist grob verallgemeinernd, denn es gibt ja immer wieder die plötzlich entdeckten literarischen Schätze am Ende des Regenbogens, und die sind dann begehrt bei Hunderttausenden von Lesern.

Bohlen hat eben nicht immer recht, der Kotzbrocken. In seinem Druckerzeugnis »Der Bohlenweg – Planieren statt Sanieren«, nach eigenen Angaben ohne Ghostwriter oder Schreibautomaten selbst verfasst, was man nach wenigen Zeilen bestätigen kann, verkündet der studierte Superstar in seiner Nebenrolle als Autor: »Scheiß auf das warme Kulturkissen, das vollgepupst unter dem breiten Hintern liegt, wenn das eigene Buch nicht gelaufen ist, so nach dem Motto: Die drei, die es geschenkt bekommen haben, fanden es gut. Das interessiert mich einen Scheiß. Ich will Erfolg! Ich weiß, dass das eine hochexplosive Aussage ist, aber für mich ist Erfolg das Maß aller Dinge. ERFOLG IST GEIL. Ende der Durchsage.«

Das steht da wirklich. Ehrenwort.

Verlegt worden ist das Buch, das ist wahr, im Heyne Verlag, der zu dem Buchkonzern gehört, in dem auch dieses Buch erscheint. Schade eigentlich, dass niemand rechtzeitig das Bohlen-Manuskript unauffindbar verlegt hat, statt es mit Tamtam zu verlegen. Hätte aber in diesen geilen Zeiten auch nichts verhindert, weil Bohlens Plattitüden bereits in einer Datei gespeichert waren.

Dennoch sind die Winde, die Bohlen erzeugt und zu denen er sich bekennt, betriebswirtschaftlich beschnuppert reine Duftwolken. Auf denen fliegen noch unbekannte Debütanten, deren Erstlinge sonst nicht finanzierbar wären. Man nennt dies unter Buchmachern eine Mischkalkulation. Und richtig, viele Autoren hätten tatsächlich keine feste Bleibe ohne Betriebswirte. Sie sind die Baumeister. Errichten das Haus, in dem Wörter wohnen dürfen. Sorgen dafür, dass die Statik des Gebäudes stimmt, die Mauern dick genug sind, das Dach nicht leckt und das Ganze auf festem Boden steht.

Ohne sie wäre das, was Bücher ausmacht, nicht machbar. Aber ohne Buchschreiber wären sie nichts als Macher.

Zum Beispiel Manager, die Lidls Überwachungsvideos oder bei der Hypo Real Estate faule Papiere entsorgen oder eine Steuererklärung samt der ihm vertraglich zustehenden Pensionszahlungen für Klaus Zumwinkel erstellen müssten. Alles machbar. Aber längst nicht so glamourös und prestigeträchtig wie der aufregende Arbeitsalltag im zweitältesten Gewerbe der Welt. Von der Existenz des ältesten hätte man ohne die Verbreitung durch Erzähler, zunächst mündlich, dann schriftlich, übrigens nie etwas erfahren.

Wer schreibt, gehört zu jenen Lebewesen, aus deren Gehirnschalen Verleger einst ihren Champagner schlürften. In Zeiten der Krise tun sie das nur noch heimlich – öffentlich saufen sie Wasser, allenfalls bei Buchpräsentationen mit einer jungen Autorin mal ein Gläschen Prosecco.

Was ist der wesentliche Unterschied zwischen Buchschreibern und Buchmachern? Ganz einfach. Die einen halten im Leben alles für möglich, riskieren das unmöglich Scheinende. Die anderen suchen nach Möglichkeiten, jedes Risiko auszuschließen. Falls die Vertreter beider Welten in ihrer jeweiligen Welt aber Könner sind, entstehen für die Auftritte der einen durch das Bühnenbild der anderen erstklassige Inszenierungen, Seelen berührend, Köpfe belebend, Herzen öffnend. Falls sie versagen, schaltet das Publikum ab und anschließend um auf ProSieben oder RTL oder Sat.1. Gutes, Schönes, Wahres ist letztlich auch eine Ware, die sich verkaufen lassen muss.

In dieser neuen Welt halten sich Kellner für Köche, Wortsucher für Sinnsucher, Verlagschefs für Verleger. Die Sprachlosen führen das große Wort. So liest sich, was sie schreiben, oder hört sich an, was sie reden, und so spricht für sich selbst, was sie ausstrahlen.

Bei vielen bunten Blättern sind die Redakteure noch dümmer als ihre Leser. Das haben auch deren Vorgesetzte erkannt. Kein Wunder, dass Betriebswirtschaftler, Juristen und Ingenieure denen vorschreiben, was ihnen gerade einfällt. Das ist nicht viel, aber für die Zielgruppe reicht die Einbildung. Im Journalismus konnte man die Folgen bereits früher betrachten und lesen als in Buchverlagen. Die Klause der ihrer Herbergen beraubten Autoren, ob die nun im Himmel tagen oder sich in der Hölle zum x-ten Mal die Geschichten aus ihren guten alten Zeiten erzählen, ist wegen Überfüllung geschlossen. Auf der Warteliste stehen viele.

Wenn bei der Flurbereinigung nur Selbstdarsteller und Gossenjungs auf der Strecke geblieben wären, hätte man sich wenigstens an übler Nachrufrede ergötzen können. Aber seit sich zu viele Manager einbilden, Schriftsteller und Journalist seien Berufe wie der ihre auch, trifft es Männer und Frauen, die für Höheres begabt sind, die ihr Handwerk beherrschen, unbestechlich Haltung zeigen, moralisch handeln oder an das glauben, was sie schreiben.

Talent und Instinkt und Leidenschaft, die Heiligen Drei Könige der schreibenden Zunft, sind nicht lehrbar. Eine Zielgruppe anzupeilen, ohne ein eigenes Ziel zu haben, endet in Gruppendiskussionen. Zu viele Manager sind überzeugt davon, sie könnten qua Position das, was Könner können – Geschichten aufspüren, Menschen berühren durch Bücher und durch Zeitungen. Noch immer, sagt einer der wenigen gebildeten Stars des Fernsehens, der Journalist Günther Jauch, sind Zeitungen Lebensmittel für wache Bürger. Was die »informationelle Müllhalde Internet« (Jauch) nicht kann, das können Zeitungsmacher – unter der Flut von Meldungen die wesentlichen auswählen und in vertiefenden Artikeln erklären, was sie bedeuten.

Die wahre Kunst von Autoren besteht darin, aus kleinen Meldungen große Bücher zu machen. Und aus manchen Träumen wundersame Romane zu weben. Und aus unscheinbaren Klötzen zarte Gedichte zu formen. Dass zu viele Autoren vom Schreiben so viel verstehen wie von der Psyche ihrer Frauen oder ihrer Geliebten, stört sie nicht bei der Eroberung der Seichtgebiete, in denen die Sprache versumpft ist und ihre eigene Sprachlosigkeit deshalb unbemerkt bleibt. Die Krise des Journalismus ist die Krise von Eingebildeten der Medienbranche, doch die werden nie zugeben, dass sie überall besser aufgehoben wären als da, wo sie sind.

Warum bitte sehr sollte man die Klowitze eines Mario Barth nicht drucken, wenn damit eine Leserschaft erreicht wird, die sonst nichts liest? Warum Gott behüte nicht den geistigen Dünnschiss von Dieter Bohlen so lange zwischen Buchdeckel pressen, bis er nicht mehr stinkt? »Keine Macht den Drögen« war mal selbstverständlicher Konsens, egal, aus welcher Ecke der Wind über die Verlagslandschaft wehte. Heute dünken sich Gnome, die sich in den Radkappen ihrer Dienstwagen spiegeln, als Riesen. Männer mit ihren Eigenschaften wurden einst nur für die Errichtung eines Verlagshauses eingesetzt. Bereits die Ausstattung der Zimmer, in die Kreative einziehen – Exzentriker, Wahnsinnige, Eitle, Sprachzauberer –, ging sie nichts mehr an. Die Dachterrasse stand ihnen offen wie die Kantine, aber zu den fernen Horizonten hin offene Räume, in denen schreibend Ungewöhnliches entstand, in denen die Reisen zum Regenbogen begannen, waren No-go-Areas für sie.

Wenn aber auf der anderen Seite des Tisches Manager mit Mut sitzen, könnten sie mit Dichtern und Journalisten, unter denen viele verhinderte Dichter sind, zu gemeinsamen Zielen aufbrechen und deren Visionen in Realität umsetzen. Politiker mit Visionen sollten vielleicht wirklich den Rat des

Politikers Helmut Schmidt befolgen und zum Arzt gehen. Im Buchgewerbe ist es anders. Im Gegenteil: Wer da keine Visionen hat, sollte eine Therapie beginnen.

»Back to the roots« lautet deshalb für die Zukunft die Erfolgsformel des Gewerbes. Die klassische Arbeitsteilung zwischen Koch und Kellner ist zwar für immer Vergangenheit. Blödköpfige werden auf Buchmessen wie Köpfe gefeiert, weil sie prominent sind und ihrer unwesentlichen Biografie ein Ghostwriter Leben eingehaucht hat. Hausverwalter dürfen mitbestimmen über Inhalte, stoßen kaum noch auf Gegenwehr, was allerdings auch daran liegt, dass sich seit jenen Zeiten, in denen alles möglich schien, zu viele Blindgänger Dichter und Publizisten nennen durften, nur weil sie ihren Kopf mit einer Hand abstützen konnten, ohne in Seichtgebiete abzurutschen.

Wortgewaltige Überzeugungstäter, überzeugt davon, dass Gedrucktes die Welt nicht nur erklärt, sondern im Innersten zusammenhält, gibt es unter denen, deren Vision eine zweistellige Rendite ist, immer seltener. Wer schreibt, der bleibt – und glaubt schon deshalb, alles besser zu wissen, wie auch an diesem Buch erkennbar ist. Manchmal stimmt es sogar. Fragt sich nur, woran man erkennt, dass es mal stimmt.

Einfache Antwort: Man weiß es nie.

Begonnen hat es mit den Büchern, bevor es welche gab, mit Wortwanderern, die übers Land zogen und auf den Plätzen atemlos mit offenem Mund lauschenden Edenbewohnern Geschichten von der Welt jenseits ihrer Dörfer erzählten. In denen spielten feuerspeiende Drachen und todesmutige Ritter und anhimmelnswerte Frauen und gnädige Zauberer und böse Geister die Hauptrollen. Mit den mit so unerhörten Handlungen Reisenden, die im Dunkeln gut munkelten, kein Tageslicht brauchten und keine Kerzen, weil es eh noch nichts Geschriebenes gab, das sie hätten erkennen müssen und vorlesen können, die mit Mund-zu-Ohr-Beatmung das Überleben der kollektiven und subjektiven Erinnerungen ermöglichten, mit glaubwürdig vorgetragenen Lügen und Märchen und Legenden und Mythen also, hat einst die Literatur begonnen.

Ist zumindest so vorstellbar.

Irgendwann sind solche Geschichten – Gegrüßet seist du, Homer! – nicht nur von Generation zu Generation weitererzählt, sondern aufgeschrieben worden. Danach galt der Gruß Herrn Gutenberg, dem Vater aller Drucker. Es fielen nie Genies einfach vom Himmel, es schrieben tatsächlich alle Genies fort in der Tradition anderer und alle zusammen an einer unendlichen Geschichte.

Dass die Helden in dieser unendlichen Geschichte, die Bücher, bei einer Temperatur von 232 Grad zu verbrennen beginnen, wissen die Nachgeborenen seit der Lektüre von Ray Bradburys Vision von einer bücherlosen Welt, seinem Roman »Fahrenheit 451« – die Herrschenden wollen alle Bücher in ihrem Land verbrennen, keines darf überleben, das freie Wort muss sterben. Sie wissen, warum sie das tun, weil jedes Buch einem geladenen Gewehr gleicht, das jederzeit gegen sie gerichtet werden kann. Sie werden aber nicht gewinnen, denn versteckt im Untergrund leben Menschen, die alle Bücher auswendig lernen, um die Wörter und Sätze und Gedanken und Abenteuer im Kopf zu lagern, sie irgendwann wie einst die Geschichtenerzähler weitergeben zu können. Auch die realen Staatsterroristen, die Nazis, verbrannten vor den Menschen die Bücher.

Was die durch ihre Bücher unsterblich bleibende Susan Sontag tragbare kleine Gedanken nennt, die ins Reisegepäck passen, wurde von Diktaturen zensiert, verboten, vernichtet – und am liebsten alle, die sie erschaffen hatten, gleich mit. Entweder brannten sie auf den Scheiterhaufen einer gottesfürchtigen fürchterlichen Religion, die als Mutter Kirche ihre Kinder vor allzu freien Gedanken zu schützen vorgab, oder sie wurden in Konzentrationslagern und Gulags zu Tode gequält. Vor Büchern mussten und müssen noch alle Angst haben, die Angst verbreiten, Bücher sind ein unberechenbares feindliches Heer mit Millionen Wörtern als Soldaten.

Es gibt viele Bücher, die vergessen wurden und die das nicht verdienen. Doch kein Buch, das es verdient, ist je vergessen worden. Es wurden und werden zu viele sprachlose Bücher gedruckt, nach deren schon flüchtiger Lektüre man all die Bäume um Vergebung bitten möchte, die für den Schund ihr Leben lassen mussten. Es gibt aber Bücher, die werden leidenschaftlich nachts verschlungen, weil sie nur im Rausch begreifbar sind und nach deren letztem Satz sich der von ihnen verführte Leser so verlassen vorkommt wie nach dem Ende einer großen Liebe. Trost gibt es: Wer ein gutes Buch so sinnlich begriffen hat, begreift zukünftig sich selbst ein bisschen mehr.

Bücher sind Zeugen einer Zeit. Bücher ziehen mit in die Schlachten gegen die schrecklichen Vereinfacher der heutigen Zeit. Die gibt es nicht nur in der Gesellschaft außerhalb der Bücherwelt, sondern im eigenen Zunfthaus. Mit Büchern – sogar mit E-Books! – kann man Musik machen, indem man sie auf Hohlköpfe schlägt und dann auf den Klang achtet, und, wenn es dumpf klingt, die richtige Entscheidung treffen – es muss sich um Hohlköpfe handeln.

Mit Büchern kann die Welt, an die sich die meisten Menschen am liebsten erinnern, die unbeschwerte Welt ihrer Kindheit, an jedem Tag des Erwachsenenlebens Auferstehung feiern, bis zum letzten Moment, bis der Tod zu den dann von keiner Zeitvorgabe mehr beschränkten Lesungen im Club der toten Dichter bittet.

Wer ohne Bücher lebt, wird nie erfahren, dass es im Leben mehr als alles gibt. Wer wiederum manche Bücher nie liest, wird nichts im Leben versäumen. Gemeint sind die gedruckten Schreibversuche von Dilettanten, die nicht nur dumm sind, sondern unverschämt dreist, weil sie glauben, zu schreiben sei keine große Kunst, sei jedem gegeben, auch ihnen, sei ein Handwerk wie zu dübeln, zu bohren, zu schrauben.

Dass verdiente Staatsmänner im Ruhestand noch einmal ein Zubrot verdienen mit ihren Memoiren – bei Helmut Kohl wichtig, weil er nach der Affäre um die schwarzen Kassen der CDU zwar die Namen der Spender nicht verriet, aber seiner Partei 700 000 Mark überwies, als die mit der üblichen Strafe belegt wurde –, ist nicht neu. Konrad Adenauer verfasste seine Erinnerungen oder das, was er erinnert wissen wollte, Willy Brandt schrieb die seinen, Schröder und Fischer ließen sich früh für die ihren feiern, und Helmut Schmidt schreibt eh jedes Jahr ein neues Buch. Sogar die Gedichte des ehemaligen Hamburger Bürgermeisters Hans-Ulrich Klose – »Charade« – können als die ihm eigene Form, sich an Wesentliches zu erinnern, gelesen und verstanden werden.

Aber wer hat auf ein Buch gewartet von Franz Müntefering (»Macht Politik«), wer auf die Biografie von Klaus Wowereit (»Und das ist auch gut so«), wer auf die Erkenntnisse von Kurt Beck (»Ein Sozialdemokrat«) oder die Einsichten von Jürgen Rüttgers oder Ursula von der Leyen oder Sigmar Gabriel oder Guido Westerwelle und und und. Egon Krenz hat mit seinen Gefängnisnotizen zumindest eine gerade noch lebende Zielgruppe von Ewiggestrigen erreicht, der musste jetzt sein Machwerk veröffentlichen, wann denn sonst?

Aber die anderen?

Haben die nichts Besseres zu tun?

Sollten sie nicht lieber was lesen, statt irgendwas zu schreiben?

Lesen nämlich bildet.

Die hessische Kultusministerin Dorothea Henzler von der FDP, deren Namen man sich nicht unbedingt merken muss – aber das ist wahrscheinlich eine unsachliche Bemerkung –, überschrieb einst eine Broschüre zur Bildungspolitik der Hessen-Liberalen mit der Zeile »Jedem das Seine«. Zwar stammt dieses Zitat – suum cuique – ursprünglich von Cicero. Aber seit die Nazis »Jedem das Seine« als zynischen Gruß für die Todgeweihten über dem Eingangstor des Konzentrationslagers Buchenwald anbrachten, das, von der Bevölkerung angeblich unbemerkt, auf einem Hügel über der Goethe-Stadt Weimar lag, ist dieser Satz für immer diskreditiert. In einem anderen Zusammenhang gebraucht deshalb undenkbar. Es gibt viele Bücher, in denen Frau Henzler etwas über die Zeit nachlesen kann, der sie entronnen ist.

Aus denen könnte sie was fürs Leben lernen.

Und für ihre Politik.

KAPITEL VIII

Die Gärtner der Seichtgebiete

Die Folgen schlechter Ernährung durch TV-Fastfood über mittlerweile mehr als fünfundzwanzig Jahre sind in den Seichtgebieten immer dann zu hören und zu sehen, wenn sich das gemeine Volk trifft auf öffentlichen Plätzen, an FKK-Stränden, in Ess- und Trinkhallen, beim Zelten oder im Stadion. Der wahrlich blöde Spruch für alle Lebenslagen, die man simpel glaubt dadurch erklären zu können, indem man behauptet, dass so was von so was komme – hier stimmt er mal.

So was kommt wohl tatsächlich von so was.

Serviert wurden die fettigen oder süßen, aber alle gleich wirkungsvoll die Hirne verklebenden Gerichte von Blödmachern, die wegen ihrer ständigen Dienst- und Verfügbarkeit als Pilawa, als Kallwass, als Geissen usw. – den unverdienten Ruf erworben haben, prominent zu sein. Das schaffen Kellner in der Wirklichkeit nie. Es sei denn, sie würden, während sie auftischen, was die Küche zu bieten hat, auch noch italienische Opernarien zum Besten geben, die ihre Gäste mitsingen dürfen, beispielsweise den allseits beliebten Chor der in einem Weinkeller Gefangenen.

Wer aber schreibt die Speisekarten? Wer teilt das Personal für seinen Dienst ein? Wer engagiert die Köche? Wer wählt Winzer und Rebsorten aus? Wer lässt für Beilagen und Nachspeisen Gemüsebeete und Obstgärten bepflanzen, bewässern, bedüngen? Wer kalkuliert Umsatz und Gewinn? Wer lässt die Eier in den Legebatterien einsammeln? Wer schickt Waidmänner auf die Jagd nach Frischfleisch? Wer befiehlt Anglern, auch in trüben Teichen zu fischen?

Wer zum Teufel also gibt den Blöden um Himmels Willen denn letztlich ihr tägliches Futter?

Es sind sowohl die in kommerziellen als auch die in öffentlich-rechtlichen Anstalten fürs Gesamtprogramm Verantwortlichen, es sind die Verleger der wöchentlichen Knallpresse und der täglichen Gassenhauer, es sind die Stationsvorsteher sinnfrei fröhlicher Radiosender mit ihren nervig gute Laune verbreitenden Moderatoren.

Denen ist dieses Kapitel gewidmet. Weil es aber zu viele Gärtner gibt, müssen nur wenige daran glauben. Die stehen deshalb für alle, was ein Oberlehrer pars pro toto nennen würde und der Erstbeste, mit dem es gleich so richtig losgehen wird, selbstverständlich wörtlich übersetzen könnte.

Bühne frei für Günter Struve.

Um Leichtgewichtiges zu verkaufen, war der schwergewichtige ARD-Programmdirektor sechzehn Jahre lang wichtigster Ansprechpartner aller Seichtgewichtigen, die ins Erste drängten. Ihre Ideen für Serien und Showformate durften gern sinnfrei seicht sein. Das waren sie meist auch, und das störte kaum jemanden. Was jedoch so erstaunlich nicht ist. Es liegt nun mal im System. Bei vielen fest angestellten TV-Unterhaltungsverantwortlichen wird aufgrund der eigenen Vorliebe für Eintopf statt für Feinkost und ihrer über Jahre geschulten Abwehrreflexe, etwaige Risiken möglichst zu scheuen wie der Gottseibeiuns das Weihwasser, sinnfrei seicht mit sinnlich leicht verwechselt. Sie haben außerdem verlernt zu staunen und damit ihre wahrscheinlich mal vorhandene Spontanbereitschaft verloren, daran zu glauben, dass im Zweifelsfall viele staunen könnten, falls sie selbst zu staunen vermögen, weil sie schließlich entgegen ihrer Überzeugung eben doch nicht einzigartig sind.

Auch zur Unterhaltung würde Haltung passen. Wer die hat, fällt grundsätzlich nicht unter ein gewisses Niveau. Wer sie nicht hat, hält alles für unterhaltend, was irgendwie singt und tanzt und schunkelt und zotet – und vor allem: quotet.

Falls solche Menüs der Kundschaft dennoch nicht schmecken, weil es einfach an Würze fehlt, werden sie aufgewärmt in den Suppenküchen von RTL 2, Super RTL, Kabel eins etc. und dort zum Einstandspreis verkauft, um wenigstens die Herstellungskosten reinzuholen, oder aber nach Mitternacht entsorgt nach der Devise, möge es sich versenden. Die seit Jahren in Deutschland erfolgreichen Unterhaltungsformate basieren nicht auf hausgemachten Rezepten, sie wurden zuerst in England, den USA, Kanada, Italien ausprobiert: Superstar. Millionär. Dschungelcamp. Ich bin Kanzler. Unsere Besten.

Zuschauer hierzulande interessiert zu Recht nicht, woher die Zutaten kommen. Solange es ihnen schmeckt, essen sie ihre Teller leer. Falls sie sich für ihre Verhältnisse gut unterhalten und durch das Aufgetischte in ihren Bedürfnissen bedient fühlen, bleiben sie vor dem Fernsehapparat sitzen. Beim Entertainment ist, um das Bonmot eines berühmten pfälzischen Gourmands zu variieren, nur entscheidend, was vorne rauskommt.

Diese notdürftige Begründung war auch für Struve gut genug. Er hat sie in ihrer Bedeutung früher als andere begriffen und entsprechend gehandelt. Sobald ihm der betäubend süße Duft einer sich abzeichnenden Quotenblüte in die Nase stieg, ganz egal, woher der Wind ihm den zutrug, sobald es allzu verlockend nach Erfolg roch, stank ihm nichts mehr. Dann setzte er jedes bis dahin im Ersten als unversendbar geltende Niveau von roten Rosen über vom

Schicksal gebeutelte Almhüttler, Stürme der Liebe bis zu Schunkelfesten der Volksmusik hemmungslos nach unten durch. Der gebildete Bürger Dr. phil. Struve genoss es geradezu, von denen, die gebildet waren wie er, verachtet zu werden.

Denn nicht nur die in Quoten messbaren Erfolge, sondern auch die Kritik an deren Qualität begründeten seinen legendären Ruf als Mister ARD. Selbst auf der Schattenseite seiner Macht konnte er sich noch sonnen. Er war der erste gebührenabhängige TV-Manager, der den im Staatsvertrag festgelegten hehren Bildungsauftrag des Fernsehens nicht ernst nahm, sondern sich vielmehr im Gegenteil darauf konzentrierte, die Privatsender auf ihren ureigenen Spielfeldern anzugreifen. Indem er ihr erfolgreich versendetes Angebot von Unterhaltung und Serien sendend adaptierte, statt mit intelligent gemachtem Leichten ein eigenes Profil fürs Erste zu entwickeln, bot er ihnen die Stirn.

Stirn ist hier zwar nur symbolisch gemeint.

Doch Struve ist nicht so blöde wie andere Blödmacher. Er weiß, dass private und öffentlich-rechtliche Sender zwar zu einer Welt gehören, aber in unterschiedlichen Landschaften verwurzelt sind und so wenig wie Regenwälder und Wüsten miteinander verglichen werden können. Sobald er als Seichtgärtner bezeichnet wurde, als Totengräber der ARD, diffamiert als Mitverursacher anwachsender Verblödung, verwies er auf die tägliche Grundversorgung der Bürger mit Wesentlichem, ganz so, wie es das Gesetz vorschrieb, auf den beachtlichen und beachtenswerten Anteil von Information und Aufklärung, von Kultur und Wirtschaft und Politik, also auf die sichtbare Relevanz in allen, auch den dritten Programmen der ARD, und setzte sich damit wortreich ab von Konkurrenten und Kritikern.

Er liebte es, dafür gehasst zu werden. Seine scharfzüngigen Gegenangriffe waren deshalb gefürchtet. Jederzeit wäre er für RTL oder Sat.1 ein idealer Obergärtner gewesen. In den unter privater Aufsicht blühenden Landschaften gab es anders als bei der ARD oder auch beim ZDF keine Gartenordnung per Gesetz, in denen war alles erlaubt. Einer ohne Bedenken wie Struve hätte sich erst recht alles erlauben können. Die kommerziellen Sender werden nicht von manchmal doch recht lästigen Rundfunkräten kontrolliert, sie dürfen ohne Einschränkungen alles anpflanzen – Stinkmorcheln und Löwenzahn und Alpenveilchen und Sumpfdottern –, dürfen Pestizide einsetzen und genmanipuliert aufwachsen lassen, um Neugierige in die eigenen Gärten des Lustigen und der Lüste zu locken. Ihre Züchtungen müssen aber bereits auf den ersten Blick Aufmerksamkeit wecken. Sonst ziehen die Blöden weiter durch die Seichtgebiete und schauen sich in fremden Gärten um.

In ihrem gewöhnungsbedürftigen Jargon – aber was ist schon in ihren Bedürfnisse erfüllenden Anstalten nicht gewöhnungsbedürftig – nennen die Veranstalter diesen Moment der Entscheidung einen *Shitpoint*. Das bedeutet, bis zu einem bestimmten frühen Zeitpunkt eines Unterhaltungsprogramms muss etwas Entscheidendes geschehen sein, das die Zielgruppe anmacht, weil sie sonst »Scheiße, ist nichts für mich« sagt – oder gar denkt? – und mittels Fernbedienung abtaucht in den nächsten Kanal.

Einfache Gemüter mit dem zu füttern, was in geruchsintensiv gedüngten Beeten gesät und geerntet wurde, ist nötig, um die immensen Betriebskosten der rein kommerziell betriebenen Gewächshäuser zu finanzieren und ihren Besitzern Rendite zu generieren. Die Privatanstalten brauchen möglichst viele möglichst teure Werbespots, denn andere Einnahmen als die aus der Werbung haben sie nicht. Die Agenturen wiederum achten vorrangig auf die zu ihren Produkten passenden Zielgruppen. Werden die verfehlt, ziehen auch sie weiter in andere Seichtgebiete und folgen den umschaltenden Zuschauern in deren Kanäle. Am liebsten sind ihnen die im Alter zwischen 14 und 49. Je größer die zuschauende Schar unter denen – Warum eigentlich? Sind alle Zuschauer über 49 mittellos? Können die sich das beworbene Produkt nicht mehr leisten? –, desto höher der Preis pro Minute, den sie für deren Aufmerksamkeit zahlen. Auf welche schamlose Art und mit welchen unterirdischen Inhalten die Quoten erreicht werden, ist ihnen egal.

Nicht die Liebe zählt, nur die Masse.

Dass ihnen in aktuellen Krisenzeiten diese Erlöse weggebrochen sind und deshalb zur Freude vieler Zuschauer die als Störung empfundenen Werbepausen ausbleiben, erfreut klammheimlich ARD und ZDF. Plötzlich sitzen sie wieder in der allerersten Reihe, wenn freie Produzenten bei ihnen um Aufträge buhlen. Man nehme aber nicht jedes Möbelstück, ätzte ARD-Programmdirektor Volker Herres, nur weil es die anderen auf der Straße abgestellt haben, und im Übrigen müsse auch die ARD sparen. Das Erste und das Zweite können jedoch mit festen Einnahmen rechnen und gelassen ihre Jahresetats planen. Gebührenzahler heißen Gebührenzahler, weil sie fürs Einschalten der staatlichen Sender Gebühren bezahlen müssen.

Von anderen Gärtnern in anderen TV-Gärten, die nach Gutdünken düngen und umpflanzen, was ihnen nicht gefällt, berichten Drehbuchautoren. Aber nur dann, wenn sie nicht namentlich zitiert werden. Unter vier, sechs, acht Augen klagen sie wortreich über allzu oft erlebte Situationen, in denen fest angestellte Besserwisser sowohl der öffentlich-rechtlichen wie der privaten Sender angewidert ihre Drehbücher abgelehnt haben, und zwar in einer Art und Weise, die beim Pöbel zum normalen Umgangston gehört.

Die meisten schlucken gleichwohl solche Demütigungen, weil sie auch von der Gnade der Entscheidungsträger leben müssen und den nächsten Auftrag nicht gefährden wollen. Besser als gar kein Auftrag ist allemal ein Auftrag, für den sie sich eigentlich erst mal ein Pseudonym ausdenken müssten.

Die gängigsten Beleidigungen der eigentlich Kreativen seien Sätze wie: Einen solchen Haufen Mist habe man überhaupt noch nie auf dem Schreibtisch gehabt, das hätte sogar ihre Putzfrau nicht abzugeben gewagt, man solle doch bitte mal lesen, was die beiden Volontärinnen der Abteilung in ihrer Beurteilung geschrieben hätten. Und vor allem: Hätten sie, die zuständigen Redakteure, nicht immer wieder darauf hingewiesen, dass der Stoff frauenaffin zu sein habe, was so viel bedeute, dass Frauen nicht nur im Drehbuch eine entscheidende Rolle zugeschrieben werden muss, sondern die ihnen auf Leib und Seele zugeschriebenen Eigenschaften und Probleme viele Frauen bei der Ausstrahlung ansprechen sollten, auf dass sie sich in denen wiedererkennten.

Und so weiter.

In ihrer Ohnmacht fühlen sich Autoren von mächtigen Auftraggebern zu Erfüllungsgehilfen degradiert. Sie wollen stets lesen, was sie selbst nicht schreiben können. Das ist natürlich übertrieben und wie so vieles in diesem Buch gemein verallgemeinert. Es ging in der Branche ja nie anders zu, weil ein herausragender Film zwar von den Einfällen einzelner Genies – Schauspieler, Autoren, Regisseure – geprägt wurde, aber das dann versendete Produkt immer die Leistung eines eingespielten Teams war. Außerdem gibt es auf der anderen Seite nicht nur arrogante Blödmacher, sondern ebenso viele Beispiele von gebildeten menschenfreundlichen Redakteuren, die es tatsächlich besser wissen als bei ihnen vorstellig werdende scheinbar freie Radikale und mit den feinen Heckenscheren professioneller Gärtner die dramaturgischen Verwucherungen zurechtschneiden, um eine ihrem Ressort anvertraute Pflanze vor dem Unterpflügen zu retten, sie doch noch erblühen zu lassen.

Was sichtbar ist, egal, in welchem Kanal, sind dennoch seichte oder doppelschnarchig langweilig verfilmte Kompromisse. Die müssen entweder entstanden sein aufgrund erschöpfender Diskussionen, weil in tiefer Resignation am Ende nach dem Motto verfahren wurde, Augen zu und versenden, obwohl gerade in dieser doch mehrheitlich von Kreativen bevölkerten Branche bekannt sein müsste, dass nicht nur in Gefahr und Not der Mittelweg stets den Tod bringt, sondern auch dann, wenn der kleinstmögliche gemeinsame Nenner im TV-Alltag als großer Zampano die Regie führt.

Oder aber sie wurden sehenden Auges von den Verantwortlichen produziert, weil die außer der Quote nichts mehr im Sinn hatten. Solche Balken im Auge können dennoch erfolgreich Spuren hinterlassen, und dann fragt eh niemand mehr nach Qualität. Wenn es zudem gelingt, ein allenfalls durchschnittliches Movie schon vor der Ausstrahlung zum Event hochzujubeln, glauben anschließend viele Zuschauer, die Schauspielerin Veronica F., eingeladen zu einer politischen Talkrunde des Ersten, habe wirklich deshalb was zu sagen, weil sie einst tatsächlich, nicht nur in einem TV-Zweiteiler, am Checkpoint Charlie in Berlin gestanden und um ihre in der DDR festgehaltenen Töchter gekämpft habe.

Der Zürcher Schriftsteller Charles Lewinsky (»Johannistag«), der als Drehbuchautor, Schlagertexter und Erfinder von unterhaltenden TV-Shows für ARD, ZDF, RTL, Sat.1 und das Schweizer Fernsehen SRG erfolgreich tätig war, gab der »Süddeutschen Zeitung« zu Protokoll, dass man vor allem deshalb privates Fernsehen haben müsse, um »wirklich Scheiße sehen zu können«, differenzierte dann aber, um sich auch denen verständlich zu machen, denen ein Wort wie »Scheiße« in diesem Zusammenhang stinkt: »Die Privaten sind ein Betrieb zur Herstellung von Zuschauern, die man anschließend an die Werbung verkaufen kann. Die Öffentlich-Rechtlichen sind ein Betrieb zur Herstellung von Sendungen.«

In seinem nicht bierernst gemeinten Standardwerk »Der A-Quotient: Theorie und Praxis des Lebens mit Arschlöchern« beweist er anhand seiner langjährigen Erfahrung, dass Menschen sowohl mit dem Kopf denken können als auch mit dem Gegenteil, dem Arsch. Oben werde das Ergebnis mit IQ gemessen, unten mit AQ.

Zumindest in der Theorie.

Zu der gehört ebenso die immer wieder bei den üblichen Symposien oder Tagen der seriösen Fernsehkritik oder bei der Verleihung von Grimme-Preisen unerhört verhallende Forderung, ARD und ZDF grundsätzlich jedwede Werbung zu verbieten und sie im Gegenzug dafür vom selbst auferlegten Quotendruck zu befreien. Dann könnten sie, frei vom Zwang, den Seichten Konkurrenz machen zu müssen mit eigenem Seichten, sich wieder konzentrieren auf das schon einmal erwähnte Wahre, Gute, Schöne. An solchen Stellen musste Struve immer lachen.

In den Jagdgründen der Seichten war der intellektuelle Zyniker so gut wie Winnetou einst in den Wäldern der Komantschen. Ohne Struve ging nichts im Ersten, gegen ihn auch nicht, egal, wer unter ihm gerade sein vorgesetzter Intendant war. Er wusste von seinen Gegnern in den Anstalten stets mehr als die von ihm. Das machte ihn sogar nach dem Skandal um sublim jahrelang praktizierte Schleichwerbung per Product Placement, aufgedeckt von Volker Lilienthal im Evangelischen Pressedienst (epd), intern aus Mangel an Beweisen unangreifbar. Ein möglicher Kronzeuge, der Einsicht anbot in Akten und bestimmte Briefwechsel, verstummte aber bestimmt nicht deshalb, weil ihm die ihn plötzlich ereilende Fülle von TV-Aufträgen die Sprache verschlug.

Wenn Medienkritiker Struve als Totengräber des anspruchsvollen Fernsehens bezeichneten, als geschmacks- und schmerzfreien Förderer von Musikantenstadeln und Seifenopern attackierten, voller Verachtung auf die ARD-eigene Filmeinkaufsorganisation Degeto hinwiesen, die sich ausschließlich am Massengeschmack orientiert und »Schmonzetten im dramaturgischen Einheitsbrei« (so der Bundesverband deutscher Regisseure) ausstößt, konterte er mit der typischen kühlen Gelassenheit des Norddeutschen, er sei als Programmdirektor für die Gesamtquote der ARD zuständig. Also qua Amt für die Nähe des Ersten zum Volk, und nicht dafür, dass ein paar Intellektuelle, zu denen er sich zählt, auf ihrem Level unterhalten werden.

Seine Argumente nicht von ungefähr, sondern von daher: Es gibt schließlich außer den verjodelten und verkitschten und verblödenden Seichtangeboten tatsächlich spannende Krimis, gewichtige Fernsehfilme, erstklassige Dokumentationen. Nicht zu vergessen bei der Aufzählung die Mutter aller Informationssendungen, die *Tagesschau,* und die – von Struve auf dreißig statt fünfundvierzig Minuten kastrierten – Polit-Magazine des Ersten. Man möge doch bitte sehr, so Struve, das ganze Bild ARD sehen, nicht nur die einzelnen Ausschnitte betrachten. Zudem hätten doch alle die freie Wahl, ab- oder umzuschalten.

Das zumindest geht heute einfacher als früher, da sich ein Zuschauer noch erheben musste, um vor seinem Gerät hockend nach Alternativen zu suchen. Die Fernbedienung ist mitverantwortlich für den Quotendruck. Buchstäblich. Wenn sich die Masse langweilt, drückt sie einfach drauf, schaltet um. Was für ein Format, das vielleicht mit besten

Absichten und großen Hoffnungen ins Rennen geschickt worden ist, per Knopfdruck das Todesurteil bedeutet. Die primäre Tugend von Gärtnern, fürsorglich ein zartes, hoffnungsvolles Pflänzchen zu hegen und geduldig zu pflegen und beim Aufwachsen vor Käfern zu schützen, fehlt den Verantwortlichen. Sie würden am liebsten bei Einbruch der Dunkelheit säen und bereits am Tag drauf ernten, wenn ab 9.02 Uhr morgens die Quoten des Vorabends auf ihren Blackberrys und Laptops erscheinen.

Selbstverständlich hat Struve auch recht, wenn er auf die jedem freistehende Alternative hinweist, sich wiederum per Knopfdruck aus einem bestimmten Programm zu verabschieden und sich in ein passendes neues zu zappen. Täglich gibt es in Konkurrenz zum gnadenlos angekündigten und hemmungslos versendeten Schund gut gemachte spannende, unterhaltende, informative Alternativen zur gefälligen Anschauung. Nicht nur in der ARD, nicht nur im ZDF, nicht nur bei Arte und Phoenix und 3sat, sondern auch bei RTL, Sat.1, ProSieben, VOX usw.

Stets war die weißhaarige graue Eminenz der ARD bereit, ihre breite Brust zu öffnen und wie einst der heilige Sebastian die Pfeile der Gegner auf sich zu ziehen. Der Schmerz gehörte zum Amt und war im Gehalt inbegriffen. Schmerzensgeld und Schmutzzulagen in solchen Jobs verpflichten zu manchmal schmerzlichen, schmutzigen Entscheidungen. Sie stehen deshalb auch Chefredakteuren oder Fußballtrainern zu, die über Nacht entlassen werden können. Ein so jähes Ende stand bei Struve aber nie zur Debatte. In öffentlich-rechtlichen Anstalten fest verwurzelte Fernsehschaffende sind wie Beamte unkündbar. Auch das unterscheidet sie von ihren Konkurrenten.

Bei Privaten wird nach dem amerikanischen Hire-and-Fire-Prinzip verfahren. Man ist hierzulande noch nicht so weit wie die drüben, wo ab einer bestimmten Position jede und jeder den kleinen Karton unterm Schreibtisch verstaut hat, in den bei einem plötzlichen Abschied die persönlichen Habseligkeiten passen. Aus dem Fernsehen kennt in diesen verlustreichen Zeiten selbst der durchschnittliche deutsche Zuschauer solche Sitten, nachdem er gesehen hat, wie die bei Lehman Brothers fest angestellten Brüder und Schwestern nach der Pleite der Investmentbank in New York und in London mit ihren Kartons bepackt einen Abgang von der Bühne der Gierigen machten. Das haben wir alle gern gesehen, egal, in welchem Programm es gezeigt wurde. Schadenfreude ist schichtenübergreifend die allerschönste Freude. Da wird nicht umgeschaltet.

Auf welche Art Struve es schaffte, mit dem Ersten nachhaltig Erster zu werden, verstörte zwar seine Kritiker, ihn jedoch störte es nie. Seine Mittel heiligten ihm den Zweck. Hauptsache, es würde ihm letztlich gelingen.

Es gelang ihm.

Nachdem der Ruf erst mal ruiniert war, galt der Mann vom Ersten auch bei jenen Zulieferern der Seichtgebiete, die sich vorrangig um zu vergebende Sendeplätze bei den Privatsendern schlugen, als erste Adresse. Diesem Landschaftspfleger trauten sie als Einzigem in der ARD zu, selbst kümmerliche Pflänzchen bar jeglicher Einfälle so zu düngen, dass sie im Fernsehgarten ARD erblühten.

Struve enttäuschte sie nicht.

Da der oberste ARD-Gärtner klüger war als seine Konkurrenten von den kommerziellen Sendern, muss er strenger beurteilt werden als die. Von den Privaten erwartet niemand Experimente. Niemand verlangt von ihnen den Mut, in der Unterhaltung riskante neue Formate für den Massenmarkt Unterhaltung produzieren zu lassen, wenn die üblichen Verdächtigen nur ausgetretene Pfade beschreiten.

Also alle möglichen Varianten zu senden von unterschichtige Frauen suchenden Bauern oder von halb debilem, nach Bräuten Ausschau haltendem Landadel oder ganz allgemein von der Sehnsucht nach Ruhm und Geld und Sex. Den bislang peinlichsten Einmarsch der Plagiatoren – und das heißt schon was angesichts der vielen versendeten Peinlichkeiten – schickte im Sommer 2009 ProSieben unter dem Titel *Germany's next Showstar* in die Arena. Mitmachen durften Künstler, Akrobaten, Tänzer, Sänger. Es sollten sich nur Paare bewerben. Erster Preis: Die Sieger müssen mit dem Juror DJ Bobo auf Europatournee gehen.

Kommerzielle Sender sind Selbstversorger, müssen sich selbst ernähren. Keiner zahlt ihnen spezielle Pflanzenschutzmittel oder die langjährige, teure Aufzucht seltener, edler Gewächse. ARD und ZDF dagegen verfügen jährlich über mehr als 7,5 Milliarden Euro an Gebühren, eingetrieben durch die GEZ, wovon auch Dutzende von Rundfunkprogrammen zehren. Obendrauf kommen noch einmal 350 Millionen Euro an Werbeeinnahmen, denn bis 20 Uhr ist auch ihnen Werbung erlaubt. Dafür möchte ein Gebührenzahler von ihnen aber nicht nur bei Fernsehfilmen, bei Dokumentationen und Reportagen, bei den Themen Kultur, Wissenschaft, Politik, Wirtschaft, sondern auch bei leichter Unterhaltung mehr sehen als das, was man in den letzten Jahren zu oft zu sehen bekam.

Wieder mal ein Pauschalurteil. Deshalb muss differenziert werden, um Beifall von der falschen Seite zu ersticken. Wo sonst auf der Welt bekäme ein Kunde für etwas mehr als siebzehn Euro im Monat so viele Möglichkeiten geboten, sich zu unterhalten oder nachhaltig seinen Horizont zu erweitern? Eben.

Mit dem Zweiten sieht man, was Unterhaltung betrifft, nur noch verschwommen. Irgendwann sind auch die letzten vorzeigbaren deutschen Besten, moderiert von Johannes B. Kerner, wie ein Drops ausgelutscht, irgendwann wissen alle, wie schlau die Deutschen wirklich sind, weil sie es seit Jahren schon auf RTL bei Günther Jauch spielerisch erfahren haben, irgendwann hat Thomas Gottschalk keine Lust mehr, Freaks mit abartig speziellen Begabungen in Hundescheiße riechen zu lassen, damit sie die kotwerfende Rasse erschnüffeln. Irgendwann reicht der Verweis auf *Neues aus der Anstalt* als ein genialer, aber ziemlich einsam in der ZDF-Landschaft stehender Einfall nicht mehr. An überraschenden U-Ideen herrscht Mangel auf dem Lerchenberg.

Müsste sich deshalb ZDF-Unterhaltungschef Manfred Teubner einer unabhängigen Jury stellen statt einem abhängigen Verwaltungsrat, wäre seine Karriere im TV-Showbusiness gefährdet. Zieht man unterhaltende Veteranen wie *Traumschiff, Leute heute,* Carmen Nebels Willkommensgrüße, *Tierische Schnauzen* oder die alljährlichen Karnevalstumbenfeiern ab, bleibt kaum Innovatives übrig. Es stört der Mangel an Einfällen beim ZDF weniger als bei der ARD, weil sich das Zweite vorrangig – und dafür erstklassig aufgestellt – als Aufklärungsschiff im Dienste der Information und des Journalismus versteht und eben nicht mehr als der Unterhaltungsdampfer, der er früher mal war. Bei jener oft zitierten, Begehrlichkeiten weckenden Zielgruppe im Alter zwischen 14 und 49 sieht das Zweite verdammt alt aus.

Die ARD, einst gegründet als föderales Gegenmodell zum zentral gesteuerten Staatsrundfunk der Nazis, sowie das später gezeugte ZDF sind beide in die Jahre gekommen. Natürliche Falten werden von hauseigenen Maskenbildnern geschickt überschminkt, doch sie bleiben sichtbar. Die Krise der Großen ist zwar nur eine Lebenskrise, wie sie in einem bestimmten Alter jeden, auch außerhalb von geschlossenen Anstalten, ereilen kann. Daraus ließe sich gestärkt wieder auftauchen. Voraussetzung allerdings sind eine ehrliche Diagnose, eine mitleidslose Therapie und für eine dann stabile Zukunft die Einsicht, dass ein Rückfall tödlich sein könnte. Patienten in einen Heilschlaf zu versetzen mag kurzfristig wirken, ändert aber nichts an den Ursachen diagnostizierter Schwächen. Nur eine Radikalkur hilft. Die tut weh. Die dauert. Aber manche Chancen gibt es, wie im echten Leben, nur ein einziges Mal.

Das Erste liegt ja nicht etwa im Koma, es wurde von Struve & Co. nur ruhiggestellt, rührt sich nicht mehr recht seinen Möglichkeiten entsprechend. Es ist ein Fitnessprogramm erforderlich. Unter den täglich ausgestrahlten rund 1400 Stunden Rundfunk und 240 Stunden Fernsehen ist einfach zu vieles, was als Folter durch versendete Dummheit definiert werden darf, als Verletzung der Menschenrechte, die schließlich auch für Gebührenzahler gelten.

Ob die vor Jahrzehnten geschaffenen Strukturen noch zeitgemäß und manche Inhalte nicht mehr perfekt, sondern Plusquamperfekt sind, darf zumindest höflich gefragt werden. Viele der 24 000 fest angestellten Insassen in den neun Anstalten der ARD und viele in der zentralen Bergfestung ZDF fragen sich das auch. Weil die Systemveränderer von innen unter Druck gesetzt werden, muss ihnen durch Druck von außen geholfen werden.

Manche Planstellenbesitzer sind hauptsächlich damit beschäftigt, die Ideen freier Produzenten und kreativer Aushäusiger auszusitzen oder in die öffentlich-rechtliche Ablage zu verbannen. Wenn die hier gemeinten TV-Beamten sparen müssen, kürzen sie als Erstes die Honorare der Freien. Ihre Gehälter samt Zulagen bleiben unberührt. Diese Arroganz der Macht, verbeamtet und verfettet auf Lebenszeit, ist systemimmanent. Um die Verfettung abzubauen, die Verkrustung aufzubrechen, müsste das System radikal geändert werden.

Nötig wäre eine Kulturrevolution. Bei der BBC, traditionsreiches Vorbild für Rundfunk- und Fernsehanstalten in der westlichen Welt, sind nach Amtsantritt des Generaldirektors Mark Thompson 2500 Stellen in der Verwaltung abgebaut und das eingesparte Geld ausschließlich ins Programm gesteckt worden. Denn nur ein gutes Programm sichert die Zukunft derer, die es heute verantwortlich leiten. Macherinnen und Macher mit unverwechselbarem Profil, mit Risikobereitschaft, Fantasie, Haltung, Bildung – ja, Bildung! – sowie einer unzähmbaren Lust am Widerspenstigen, zu ändern, was zu ändern ist.

Aus Angst, ermordet zu werden, wurde seit den Achtzigerjahren des vergangenen Jahrhunderts, als das Zeitalter des privaten Fernsehens begann, von den Öffentlich-Rechtlichen Selbstmord in Raten begangen, statt sich der Herausforderung selbstbewusst zu stellen. Die Formel der ARD und des ZDF darf eben nicht wie bei der Konkurrenz lauten: Qualität *oder* Quote, sondern Qualität *und* Quote und im Zweifelsfall auch Qualität *ohne* Quote. Dafür und nicht für die Startgebühr beim Rattenrennen mit den anderen sind die Einnahmen durch staatlich garantierte Gebühren gedacht.

Das zentral geführte ZDF hat es leichter als das föderale Konstrukt ARD. Es reden auch in Mainz viele mit, manche nicht nur befugt qua politischen Amts, wie Roland Koch oder Edmund Stoiber, sondern qua Leistung und Können, aber am Schluss der Debatten entscheidet einer, der Intendant. Der wirkt grundsätzlich gegen Ende seiner Amtszeit stärker als zu Beginn, was daran liegt, dass Markus Schächter ein aufrechter Mann ist und ihn das für eine Wiederwahl nötige Wohlwollen von graugesichtigen Gremlins nicht mehr interessieren muss. Bei der ARD reden neun Intendanten mit, und irgendeiner steht immer gerade zur Wahl.

Da müsste erstens das bisherige System dran glauben, und auf dessen Trümmern zweitens radikal Neues gebaut werden. Die Intendanten, Direktoren, Chefredakteure der Landesanstalten würden zwar drittens ihre Ämter und Privilegien wie Dienstwagen und Fahrer behalten dürfen. Aber die Intendanten werden viertens qua Amt delegiert in einen Aufsichtsrat, als oberstes Gremium der überregionalen Mutteranstalt ARD. Das gesamte Abendprogramm, das frei von Werbung nach 20 Uhr gesendet wird, machen fünftens zukünftig nur noch Befähigte, vergleichbar dem Vorstand eines Unternehmens in der freien Wirtschaft, der verantwortlich ist für das operative Geschäft. Im Fall ARD ist ein erfolgreiches Programm mit nachhaltigem Inhalt das Geschäft. Die entmachteten Regionalfürsten entscheiden sechstens wie bisher, aber autark, was in ihren heimatlichen Sendern läuft. Sie liefern auf Anfrage oder mit ihren Angeboten dem eigentlichen Ersten siebtens zu, was verlangt wird oder was sie sich ausgedacht haben. Die dritten Programme veranstalten zwar die üblichen Talkrunden und kommen ihren Sendepflichten für Regionales nach – Wie singt der Sachse? Wo jodelt der Braunbär? Was fließt die Saar runter? Wo herrscht Stau im Ruhrgebiet? Wann wackelt die Heide? usw. –, werden jedoch hauptsächlich als Spielwiesen für Talente betrachtet und gefördert. Hier darf sich achtens bereits früh austoben, Frau oder Mann, Ost oder West, was mal zentral für höhere Aufgaben infrage kommt.

Weil diese Vision nie Wirklichkeit werden wird, weil die Theorie an der Praxis scheitert und sofort in den Ablagen verschwindet, sobald es um Namen geht, wird sie hier neuntens wenigstens einmal namentlich ausgemalt:

Erster Generaldirektor wie der bei der BBC wird Nikolaus Brender, dessen Vertrag als Chefredakteur des ZDF im Jahre 2010 ausläuft und dessen Absetzung eine von Betonköpfen gesteuerte CDU-Riege munter betreibt. Er kann, was er macht, und machte im Zweiten vor, was trotz aller Fallgruben sogar innerhalb des Systems möglich ist. Fernsehfilme verantwortet Bettina Reitze vom Bayerischen Rundfunk, sie ist einfach die Beste. Ihre erste Amtshandlung besteht darin, dass sie per Hausmitteilung bittet, zukünftig die Bezeichnung TV-Movie, mit der unzählige unterirdische Plotten geadelt worden sind, den Privaten zu überlassen. Sie hat Weisungsrecht auch bei der Degeto, kann deshalb *par ordre de mufta* geplante Einkäufe oder Eigenproduktionen von allzu Seichtem im Keim ersticken. Der jetzige ARD-Chefredakteur Thomas Baumann wird Koordinator für Gesellschaft und Politik und Kultur und beaufsichtigt Magazine und Dokumentationen, die von starken Ressortchefs geleitet werden.

Für die Unterhaltung, wo die Schnarchquote noch viel höher ist – denn Entertainment lebt nun mal von Kreativität und Wahnsinn –, wird Thomas Schreiber vom NDR mit Kompetenzen ausgestattet. Er muss nicht mehr wie bisher im Land rumreisen und in jeder Anstalt um Beistand für neue Ideen bitten, sondern diese anordnen. Für den Samstagabend müsste vom WDR *Zimmer frei*, heitere Unterhaltung auf bestem Niveau, fürs Erste freigegeben werden. Hape Kerkeling ist teuer, aber das Gehalt von mindestes vier Programmdirektoren wert, falls er nicht schon wieder mal weg ist. Günther Jauch muss endlich wieder dahin, wohin er gehört, koste es, was er wolle. Eine investigative Reportercrew für Dokumentationen mit nutzwertigen Enthüllungen wird als feste Einrichtung für den Montag eingeplant. Die Polit-Magazine leiden unter zu kurzer Sendezeit, aber bis auf *Panorama* und *Monitor* krankt es auch zu oft an Inhalten. Wesentlicher wäre es, Schwerpunkte zu setzen, statt im Alarmdeutsch betextete Aufreger der Güteklasse »Platte

Reifen von Lastwagen in Niederbayern«, »Hartz-IV-Ungerechtigkeiten in Hessen Süd« oder »Ausbeutung von alleinerziehenden Nazi-Großmüttern in Sachsen-Anhalt« zu versenden. Wie gut man ein Magazin machen kann, macht das ZDF mit *Frontal 21* ja vor.

Natürlich müssen für ihre Gebühren auch jene bedient werden, die einfachen Gemütes sind, alle in den Seichtgebieten beheimateten Armen im Geiste. Schunkelnde Dialektbrüderundschwestern reichen aber einmal pro Woche. Für die freiwillige Aufgabe eines festen Sendeplatzes wird wie bei der bundesweiten Aktion gegen Blöde und Verblödung eine Abwrackprämie nur dann bezahlt, wenn parallel zum Antrag eine zündende Idee für ein Alternativprogramm vorgelegt wird. Dass die Deutschen, wir alle also, immer älter werden, ist leider wahr. Aber noch sind nicht alle so verkalkt, so verstützstrumpft, so verblödet, dass sie außer Volksmusik nichts mehr hören wollen. Die Mehrheit ist durchaus noch in der Lage, die Knöpfe auf der Fernbedienung zu ertasten.

Mister ARD Struve wusste genau, was er anrichten würde mit dem, was er über viele Jahre dann anrichten ließ, verachtete insgeheim, was die Zuschauer begeisterte, hätte sich solche Sendungen nie zugemutet, weder Abende der Volksmusik noch Heimatschnulzen der Berge und Täler, weder die *Verbotene Liebe* noch den *Marienhof*, weder den *Sturm der Liebe* noch die *Roten Rosen*, hat lieber die Übertragung einer Mozart-Oper auf 3sat genossen oder sich bei einem intensiven Abendmahl einer aufstrebenden Seriendarstellerin gewidmet.

Erst nach seiner Pensionierung ereilte ihn die gerechte Strafe für sein jahrelanges Treiben und das Schielen nach noch ausbeutbaren Trieben der Unterschicht. Doktor Struve, seit 2008 Rentner mit Ruhesitz in Los Angeles, muss als einer von drei Gastgebern die regionale Talkrunde *Riverboat* in den MDR-Seichtgebieten des Ostens moderieren. Weil offenbar trotz intensiver Castings in allen Sendern der ARD niemand außer ihm als dritter Mann infrage kam, fliegt Struve seit März 2009 regelmäßig aus L.A. nach Leipzig, um freitagabends ein paar Fragen zu stellen. Die ihm verpflichteten alten Freunde aus seinen aktiven Zeiten waren bei der Premiere vor Ort und lobten pflichteifrig das Können des Meisters. Einer hat ihnen das nicht geglaubt, weil er nicht so blöde ist – Struve selbst.

Sein Nachfolger, nunmehr als Programmdirektor zuständig für die Pflege des großen Gartens ARD, Volker Herres, grenzt sich von den Privaten kämpferisch ab, was die eigenen Leute motiviert. Bei der Konkurrenz gebe es bis auf einige wenige Spartenkanäle keine journalistische Berichterstattung mehr, sondern Boulevardmagazine, die sich »den Nachrichten-Pelz nur überwerfen«, wie er in der »Frankfurter Rundschau« betonte: »Wo unsere Information zu 80 Prozent aus Politik, Kultur und Wirtschaft besteht, haben die Privaten Rotlicht und Blaulicht.« Diese beiden Farben stehen im Branchenjargon für allseits beliebte Magazine über Sex and Crime.

In der Beurteilung seines Vorgängers schlägt er ein paar feine, gemeine Töne an. Sie klingen ähnlich wie eine Bemerkung im Arbeitszeugnis, mit der dem scheidenden Mitarbeiter XY attestiert wird, dass er sich immer bemüht habe, recht pünktlich zu sein. Was eine solche Formulierung in Wahrheit aussagt, ist unter Eingeweihten bekannt – der Scheidende habe es leider nicht immer auf den Punkt geschafft trotz all seiner Bemühungen.

In diesem Sinne dürfte das Lob von Herres zu verstehen sein – was er wahrscheinlich umgehend mit Abscheu und Empörung als üble Unterstellung zurückweisen würde: Günter Struve sei eines der »ganz großen Talente im Fernsehen«, das versucht (!) habe, »unter schwierigsten Bedingungen [...] eine Balance zu finden zwischen inhaltlichem Anspruch und dem, was wir leisten müssen«.

Wenn die wollen, können die viel leisten. Konnten die immer schon. Zum Beispiel hohe Qualität verbinden mit hoher Quote. Das eine schließt das andere nicht aus. Im Gegenteil.

Als 1970 die ARD in der fiktiven Show *Das Millionenspiel* zur besten Sendezeit durchspielte (Drehbuch: Wolfgang Menge, Regie: Tom Toelle), was künftig im Fernsehen vielleicht möglich sein, oder besser: was dem Volk drohen könnte, und nicht ahnte, wie nahe sie damit der künftigen Wirklichkeit kam, schrieb der junge Intellektuelle Günter Struve noch geistreiche Reden für den Kandidaten Willy Brandt und himmelte dabei im Wahlkampfbüro der SPD in Berlin die schöne Gudrun Ensslin an. Die seichtreiche Welt, die dann mal seine werden sollte, lag dem Sozialdemokraten damals noch fern.

Im *Millionenspiel* ging es um Leben und Tod, aber nicht wie üblich in einem Krimi bei der Jagd der Guten nach den Bösen, sondern in einer scheinbar normalen Unterhaltungsshow. Ein Mann wird von drei Killern durchs Land gejagt. Falls die ihn erwischen, bekommen sie vom Sender eine Abschussprämie von 120 000 Mark, falls dagegen er lebend das Ziel erreicht, erhält er 1,2 Millionen. Ausgedacht und inszeniert, als sei es eine TV-Show, in der tatsächlich gemordet wird zur allgemeinen Entspannung und Erheiterung, eine konsequent mörderische Fortentwicklung der bis dahin bekannt friedfertigen Showformate. In denen wurden zwar auch Wettkönige gekürt – am Ende sollte dank der stets freundlichen Spielleiter Hans-Joachim Kulenkampff oder Peter Frankenfeld immer einer gewinnen –, aber auch die Ausgeschiedenen überlebten fröhlich ihre Niederlage.

Heute würde man solche Familienshows natürlich anders verkaufen, als die Suche nach dem Samstagabend-Superstar der ARD vermarkten.

Wie genial Menge und Toelle die vergrabenen, bis dahin noch nicht als Potenzial entdeckten Bedürfnisse ihrer Zuschauer eingeschätzt hatten, ließ sich nicht nur ablesen an der hohen Einschaltquote – womit die heute zur Grundausbildung der TV-Verantwortlichen zählende Lehrmeinung, am meisten Quote würden Tote machen, geboren war –, sondern auch an den Anrufen beim Sender am Tag nach der Ausstrahlung. Es meldeten sich viele Männer, die wissen wollten, wann und wo die nächste Auswahl des WDR für Kandidaten stattfinden würde. Sie seien sowohl für die Rolle des Killers als auch für die des Opfers geeignet und selbstverständlich bereit, alle ihnen gestellten Aufgaben zu erfüllen. Auch die, im Fall eines Countdowns notfalls zu töten.

Das meinten sie wirklich ernst. Sie waren tatsächlich bereit, notfalls zu töten. Nicht erst die jungen Verblödeten von heute wären bereit, unter allen Umständen alles zu tun, um bei einem Casting in die Endausscheidung zu kommen und dann je nach Ausgang für zwei Minuten oder zwei Monate berühmt zu werden. Beim allgemeinen Rattenrennen konnte schon damals fest auf Voyeure, Gierige, Irre, Blöde gezählt werden. Dass im *Millionenspiel* einer den Spielleiter verkörperte und die fiktive Menschenjagd moderierend begleitete, der auch im normalen Showleben als Master galt, war ein genialer Einfall der Macher. So was wie Dieter Thomas Heck wurde mit Dieter Thomas Heck ideal besetzt.

Sogar die Reporter, die Heck im Spielrahmen der fiktiven Show losschickte, um in der Wirklichkeit deutscher Fußgängerzonen Passanten zu interviewen – »Darf man so was oder darf man das nicht?«, lautete ihre Frage –, waren aus dem echten Fernsehen bekannt. Die Befragten dachten sich deshalb nichts dabei, als vertraute Fernsehgesichter ihnen das Mikrofon vor- und die Kamera ins Gesicht hielten — sie wollten vielmehr wissen, wann ihre Antworten denn gesendet würden. Die Mehrheit der befragten Normaldeutschen fand die Idee toll, sehr modern und die Show deshalb spannend. Einige wenige fragten entsetzt zurück, ob denn alle verrückt geworden seien.

Ganz so tief wie in dieser einst gemein ernst gemeinten Satire haben die Gärtner der Seichtgebiete auf der Suche nach der ultimativen Quote bislang nicht gegraben. Es gibt noch moralische Grenzen. Es wird noch nicht live gekillt.

Gestorben allerdings schon.

Und zwar live.

Die damals 20-jährige britische Arzthelferin Jade Goody, unbelastet von schulischen Abschlüssen, wurde 2002 in England bekannt durch ihre Auftritte in *Big Brother*. Sie benahm sich, wie sie sich auch ohne laufend auf sie gerichtete Kameras im Alltag benommen hätte. Was einst als unmöglich galt — Prolos in ihrer Ursprünglichkeit zu versenden —, war das Erfolgsgeheimnis der Sendung. Jade vögelte vor laufender Kamera — Warum auch sollte ihr nicht gestattet sein, was Paris Hilton erlaubt ist? —, gab fröhlich zu, so blöd zu sein wie die meisten Zuschauer, belegbar durch ihren Intelligenzquotienten, aber genauso wie die *Big-Brother*-Zielgruppe keinen Anlass zu sehen, sich deswegen schämen zu müssen.

Dafür wurde sie von der englischen Unterschicht — die traditionell auf ihre Klasse stolz ist und mit gestrecktem Mittelfinger die da oben verachtet, von deren Sex- und Machtspielchen sie aus der eigens für ihre Bedürfnisse produzierten Massenpresse weiß — geliebt, verehrt, bewundert. Je heftiger die Oberschicht polemisieren ließ gegen die Show und gegen ihren ordinären Star, desto mehr wuchs in der Unterschicht Miss Piggys Ruhm.

Den vermarktete sie in einer Autobiografie, die sie, wie andere Promis ja auch, nicht selbst verfasste, mit einem Parfüm namens »Shhhh«, das sie selbst betörend fand. Da sie nichts zu verlieren hatte, gewann sie alles. Die als Tochter eines drogenabhängigen Kleinganoven in armen Verhältnissen aufgewachsene Engländerin verdiente am Ruhm der kommenden Jahre drei Millionen Euro, die sie – getreu dem Motto der heimischen Umgebung: Was die da oben können, das können wir auch, falls wir zu Geld kommen – sowohl in einer protzigen Villa anlegte als auch im Statusauto der feineren Briten, einem Bentley.

Bei der nächsten Staffel von *Big Brother* war sie schon nicht mehr nur irgendeine tätowierte Blödtussi aus irgendeinem der zahlreichen englischen Problemstadtviertel, sondern gehörte zu jenen Ikonen der dortigen Seichtgebiete, mit denen das Prekariat vor die Glotze gelockt wird, um die aus ihren Biotopen zu sehen, die es nach oben geschafft hatten. Wie manches Mal im Leben folgte dem schnellen TV-Ruhm der jähe Absturz. Als Jade Goody gegenüber einer in Indien geborenen britischen *Big-Brother*-Konkurrentin mit rassistischen Äußerungen auffiel, die allerdings ihren Fans aus dem Herzen sprachen, flog sie über Nacht aus der Show. Ihre Beleidigungen, bei denen sie sich nichts Besonderes gedacht hatte, weil die in ihrer Nachbarschaft gang und gäbe waren, wurden ihr offiziell verziehen, als sie sich, selbstverständlich medienwirksam live versendet bis ins ferne England, in der indischen Version der Containerspiele tränenreich bei der Frau entschuldigte.

Jade Goodys Bekanntheitsgrad, also ihre persönliche Quote, stieg aber erst dann in bislang unerreichte Höhen, als sie im Februar 2009 live während einer Show bekannt gab, an Krebs erkrankt zu sein, und dass deshalb nur noch wenige Wochen Leben vor ihr lägen. »Ich habe vor laufenden Kameras gelebt, vielleicht werde ich jetzt vor laufenden Kameras sterben«, sagte sie, woraufhin der Sender Livin TV (kein Scherz, der heißt so) und das Magazin »OK« eine Million Pfund, trotz gefallenen Kurses noch 1,3 Millionen Euro, für die Exklusivrechte am Restleben und Sterben bezahlten.

Trash-Lady Jade tat es vorgeblich, um die Zukunft ihrer beiden Kinder zu sichern. Sie heiratete im Zuge der Totalvermarktung ihren Geliebten, der gerade aus dem Gefängnis entlassen worden war und eigentlich unter Hausarrest stand, auf veröffentlichten Druck der Unterschicht aber Ausgang bekam für die Hochzeit – und ließ sich kurz vor ihrem Tod erstmalig sogar feiern von der Oberschicht. Seit ihrer Abschiedstournee, verkündeten britische Gynäkologen, hätten sich zwanzig Prozent mehr Frauen als sonst für Krebsvorsorgeuntersuchungen angemeldet.

Daraus ließe sich schließen, dass sogar *Big Brother* gut ist für die Volksgesundheit, dass die Blöden im Fernsehen keine Verachtung verdienen, sondern hin und wieder Dankbarkeit, weil nur sie die anderen Blöden erreichen.

Am 22. März 2009 starb Jade Goody. Sie wurde 27 Jahre alt. Ein Nachruf hätte wohl selbst ihr noch die Sprache verschlagen. Premierminister Gordon Brown nannte die Prolo-Queen der Herzen in seiner Würdigung eine »mutige Frau«. Er hat ganz offensichtlich gute Berater, die wissen, wie ihr Klient bei der wahlberüchtigten Klientel punkten kann.

Was seit der Gründung des Privatfernsehens bei der Bepflanzung der damals noch brachliegenden Seichtgebiete gelungen ist, wissen die heutigen führenden Landschaftsarchitekten zu schätzen. Sie ernten zwar das, was ihre Vorgänger über zwei Jahrzehnte hinweg gesät haben, werden aber stets daran gemessen, wie sich die von ihnen eingesetzten Sprösslinge entwickeln.

Ob sich jemand in der Gründungszeit etwas gedacht haben mag, meint RTL-Geschäftsführerin Anke Schäferkordt, eine studierte Betriebswirtschaftlerin, weiß sie nicht. Aber dabei herausgekommen sei eine Fernsehlandschaft mit einer beispiellosen Vielfalt an Sendern und Angeboten. Ihre These veranlasste einen Reporter von der «Süddeutschen Zeitung» zu der naheliegenden Frage, ob sie vielleicht dennoch ein gewisses Qualitätsdefizit sehe bei RTL.

Ein solches Defizit, auch ein nur gewisses, sah sie natürlich nicht. Ihre Antwort macht beispielhaft deutlich, warum es vergeudete Zeit ist, den Machern des kommerziellen Fernsehens vorzuhalten, sie würden die Bereiche Information und Bildung vernachlässigen. Sie haben eine ganz andere Vorstellung als ihre Kritiker davon, was Information ist und was der Volksbildung dient und was im Restaurant des Kölner Senders serviert werden muss. RTL-Wirtin Schäferkordt beschreibt die Spezialitäten in ihrem Lokal so: »Wir sind nicht nur auf Unterhaltung spezialisiert. Wir haben ein Vollprogramm und bieten in großem Umfang Informationsformate an.«

Dazu zählt sie in einem Atemzug neben *Stern TV* und *Spiegel TV* – einst von RTL ungeliebte Bastarde, zu deren Ausstrahlung man aber per Rundfunkstaatsvertrag verpflichtet war, über die sie inzwischen jedoch behauptet, es seien immer Wunschkinder gewesen – auch die Magazine *Extra, Explosiv, Exklusiv* und *Punkt 12*. Oder bei den Nachrichten *RTL aktuell* und das *Nachtjournal*. Angeblich sei Information für viele Zuschauer der hauptsächliche Grund, RTL einzuschalten.

Wenn das der Bohlen wüsste!

Klug, wie auch sie ist, spart die Frau nicht mit vergiftetem Lob für die ehrenwerte Konkurrenz, die sich in der Unterhaltung, »teilweise sogar in der Information« ihrem Sender und den anderen Privaten angenähert habe. Genau das werfen viele ja der ARD und dem ZDF vor. Und natürlich hat auch sie recht, wenn sie das Fernsehen in Deutschland insgesamt in Schutz nimmt im Vergleich zu dem, was auf den als vorbildlich gerühmten Sendern der Vereinigten Staaten, Englands, Italiens, Spaniens so alles läuft. »Wir haben die vielfältigste und qualitativ stärkste Fernsehlandschaft weltweit. Es gibt wenige Länder, die das so anbieten«. Sind wir gar die Besten weltweit, oder gibt es außer uns doch noch einige wenige Bessere möchte man da verblüfft nachfragen. Lässt es aber, denn offensichtlich kann das so gesehen werden oder auch so. Anke Schäferkordt sieht das so. Das kommerzielle Fernsehen habe der deutschen Gesellschaft Vielfalt, Qualität und Wettbewerb gebracht.

Aha.

Auch ihr oberster Chef, Gerhard Zeiler, ebenfalls ein Studierter, in seinem Fall mit den Fächern Psychologie und Pädagogik als geisteswissenschaftlicher Gesprächspartner des verhinderten Philosophen Günter Struve vorstellbar, sieht die RTL-Group, die der Wiener leitet, längst auf Augenhöhe mit dem öffentlich-rechtlichen System. Er schämt sich nicht, dem Dschungelcamp »Kultaspekte« zu attestieren, statt einfach nur zuzugeben, dass dieses Format bei der werberelevanten Zielgruppe ein riesiger Erfolg ist und damit beiträgt zum 5,7-Milliarden-Umsatz der neunzigprozentigen Bertelsmann-Tochter. Ihr gehören 45 TV-Stationen und 33 Radiosender in elf Ländern. Sie erreicht mit ihren Erfolgsformaten sowohl die Gierigen bei allen möglichen Superstars-Ausscheidungen als auch die Wissbegierigen bei *Wer wird Millionär?*. In Krisenlagen der Nation schaffen es mehr denn je nur die Harten in die Gärten, und zu denen gehört Obergärtner Gerhard Zeiler.

Natürlich drückt er das gewählter aus. Etwa so, dass in

stressigen Zeiten wie den unseren stressfreie Unterhaltung ein Gebot vieler Stunden sei, die Menschen aufzuheitern. Er hat offenbar von Höherem den Auftrag, die Menschen glücklich zu machen und für ein paar Stunden von ihren alltäglichen Ängsten zu befreien. Besonders stolz ist er darauf, dass RTL bei den jungen Zuschauern seit Jahren schon die Nummer eins ist. Da Zeiler – wie auch Struve – nicht blöde ist, wird er es andererseits nicht für Zufall halten, dass insgesamt die Zahl junger Blöder, die von RTL bedient werden, im gleichen Maße angewachsen ist. Allerdings nie zugeben.

Nur ProSieben hat keine Probleme damit, seine Inhalte zu verteidigen. Weil der Sender von Finanzinvestoren geleitet wird, ist es denen völlig wurscht, womit sie die Rendite steigern. Sie sehen Erklärungsbedarf nur ihren Aktionären gegenüber. Alle anderen Anstalten, ob nun privat oder öffentlich-rechtlich, haben zumindest ein Bewusstsein für das, was sie tun. Dies Sendungsbewusstsein zu nennen wäre zwar zu hoch gegriffen, doch wenigstens machen sie bewusst das, was sie für ihre Zielgruppe für sinnvoll halten.

Es ist am Ende deshalb wohl doch sinnlos, den Gärtnern der Seichtgebiete vorzuwerfen, was durch das kommerzielle Fernsehen und die sich ihm anpassenden öffentlich-rechtlichen Anstalten sowie die ihnen anhaltend hinterherhechelnde gedruckte Konkurrenz alles untergegangen ist: Niveau. Anspruch. Diskursfähigkeit. Kurzum: Kultur. Für eine solche These gibt es keine wasserdichten relevanten Statistiken und Quoten, nur Anschauungsmaterial.

Das lässt sich nachlesen, lässt sich sehen, ist anschaulich, versendet oder gedruckt, immer dann, wenn sich *Leute heute, Hallo Boulevard, Deutschland exklusiv, Explosiv, Taff* treffen. Weil Kinder unter zwölf nicht zugelassen sind, schon deshalb, um sie vor dem Anblick der Anwesenden zu schützen, ruft niemand: Schaut mal, die sind ja alle nackt.

Denn auch so was kommt von so was.
Was?
Dass Blödmacher als gesellschafsfähig gelten, nur weil sie sich auf gesellschaftlichen Veranstaltungen treffen.

KAPITEL IX

Nicht gesellschaftsfähig

Falls ein Friseur auf Glatzen Locken wickeln kann, muss es sich um einen Magier handeln. Falls ein Friseur vor der Premiere des Films *Hilde* eine blonde Locke aus der Tasche zieht, die ihm angeblich Hildegard Knef zu treuen Händen hinterlassen hat, ist es Udo Walz. Der Mann, der auf dem roten Teppich in die Kameras strahlt, ist allerdings kein x-beliebiger Berliner Frisör, sondern als Friseur ein allseits beliebter Berliner. Den Ruf, unter deutschen Haarstilisten der Beste zu sein, hat er sich verdient und verdient wohl auch gut dabei. Walz gilt allein schon wegen seiner berufsbedingt notwendigen Nähe zu prominenten Kunden als Star. Zu denen zählten mal die verblichenen Unsterblichen Romy Schneider und Hildegard Knef und zählen noch die gelegentlich bei ihm in Berlin landenden lebenden Legenden.

In Hollywood, wo Coiffeure schon seit Jahren wie Stars behandelt und gehandelt werden, wäre seine Karriere ein Stoff, aus dem Filme geschneidert werden. So bereits 1975 geschehen mit Kollege Vidal Sassoon, den Warren Beatty in *Shampoo* verkörperte. Hierzulande reicht es bei Friseuren allenfalls zu dem, was inzwischen Bücher genannt wird. »Haargenau. Mein Leben für die Schönen« oder »Mein Berlin«, Ghostwriter im Preis inbegriffen, lauten die Walz-Titel. Sein Bekanntheitsgrad, schrieb die »Frankfurter Rundschau«

in einem Porträt des gebürtigen Schwaben, entspreche etwa dem des deutschen Schäferhundes. Er beißt aber nicht, verbellt niemanden, scheut keine, wirklich keine Kamera und hat für alle, die ihn irgendwas fragen, eine Antwort parat. Im Berliner Lokalsender 91!4 ist er mit seinen unfrisierten Gedanken live täglich um 8.40 Uhr präsent und kämmt dabei wie selbstverständlich auch alle aktuellen politischen Themen durch.

Unstrittig ist, dass Walz über ein Paar goldene Händchen verfügt. Die handwerklichen Fähigkeiten des Barbiers werden als hohe Kunst gepriesen, der Lockenwickler wird als Kunsthandwerker bewundert. Ihm vertrauen deshalb auch Berühmte aus Medien und Politik ihr Bestes an.

Ihre Köpfe.

Es war deshalb Udo Walz, der Angela Merkel den Kopf gewaschen und aus ihrer regionalen Topffrisur einen internationalen Topschnitt geformt hat. Der steht ihr gut und lässt die Kanzlerin selbst dann noch sichtlich jünger aussehen, wenn sie nach haarsträubenden Nachtsitzungen gegen diesen oder jenen europäischen Machozwerg mit müde herabhängenden Mundwinkeln vor die Öffentlichkeit treten muss. Von daher darf sich der Friseur zu den Beratern der Mächtigen zählen, und von daher zählt Udo Walz zur Berliner Gesellschaft.

Im Regierenden Bürgermeister der Metropole, die seit vielen Jahren proletig laut berlinerisch angibt, eine Weltstadt zu sein wie London, Paris, New York, Rom, inzwischen tatsächlich in dieser Liga mitspielen darf und ernst genommen wird, hat die hauptstädtische Society einen zu ihr passenden Repräsentanten. In keiner anderen deutschen Stadt vermischten sich die von unten und die von oben so lange miteinander eng tümelnd, bis natürliche Unterschiede nicht mehr erkennbar waren.

Dagegen erfährt in Hamburg, wo hinter den weißen Mauern der Stadtvillen auch manches Leben tobt, selbst die von »Bild« hemmungslos informierte Öffentlichkeit kaum etwas aus der eigentlichen hanseatischen Gesellschaft. Die bleibt lieber unter sich, also oben. Dass sich die feinen Herrschaften vor Jahren mal gemein machten mit der Unterschicht aus den Randbezirken und einem populistischen Blödmacher ihre Stimmen gaben, ist ihnen inzwischen so peinlich wie die einstige Hitler-Hingabe ihrer Väter und Mütter, Großmütter und Großväter.

Was gesellschaftlich in der Geldmetropole Frankfurt passierte, hat jenseits des Mains noch nie jemanden wirklich interessiert. Seit ihre Türme wackeln, seit in den Gewölben faule Papiere verrotten, seit sie in des Kaisers neuen Kleidern bloßgestellt wurden, halten sich die meisten Banker dort sogar bei ihren Heimspielen bedeckt. Köln braucht keine Gesellschaft, in der Domstadt genügt ein gesellschaftlich relevanter Klüngel. Königin in Düsseldorf ist Gabriele Henkel, die zu ihren legendären Festen aus Politik, Kultur, Industrie und Wissenschaft nur diejenigen einlud, die ihren eigenen Ansprüchen genügten. Kopflose Blöde, egal, wie hoch angesiedelt oder prominent sie waren, mussten draußen bleiben. Hannover war trotz Gerhard Schröder gesellschaftlich keiner Rede wert, bis sich der amtierende Ministerpräsident und einer der besten Steuerzahler Niedersachsens als Gesellschaftslöwen entpuppten, weil sie in der Mitte des Lebens die Lieben wechselten.

In München, Hauptstadt der sich auf Seichtgebieten Bewegenden, Heimat der journalistisch irrelevanten, aber gesellschaftlich höchst relevanten »Bunten«, der Mutter aller Klatschmagazine, des erfolgreichen, oft kopierten, jedoch nie erreichten Pflichtblatts aller, die entweder zu einer Gesellschaft gehören oder wissen wollen, wer zu ihr gehört, ging es stets so klassenlos locker zu wie jetzt an der Spree. Zur Society an der Isar gehörten seit jeher bunte Junge und graue Alte, und die tauschten in allzu menschlichen Bartergeschäften, was sie hatten, gegen das, was sie wollten. Die einen boten Sex, die anderen Geld. Così fan tutte.

Inzwischen aber gehört selbst da bereits dazu, wer neben Daisy bei Rudolph Mooshammers Beerdigung in der ersten Reihe saß oder beim Bussi-Bussi mit einer entsorgten Ex-Freundin eines Ex-Torwarts abgelichtet worden ist oder bei dem sich die Spuren eines nicht ganz geglückten Liftings beim Oktoberfest in den erhobenen Maßkrügen spiegeln, wo vergessene Prominente vorübergehend resozialisiert werden. Falls es nicht mehr reicht für ein Foto in der »Bunten« oder in »Gala« und nicht mal mehr für »Brisant« und »Bild«, bleiben immer noch die Einfältigen der Yellowpress. Die nehmen alles. Hauptsache billig.

Manchmal treibt es unter Föhneinfluss sogar die »Bunte« zu bunt und unterbietet das eigene Niveau. Zwei ausgewachsene Sumpfblüten wurden nicht etwa als sonnenbankgebräunte Prolos vorgeführt, was sie tatsächlich sind, und verbal in die Tonne getreten, wo sie tatsächlich hingehören, oder besser noch einfach übersehen, sondern als Leute der Woche präsentiert. Auf einem halbseitig gedruckten bunten Foto überreicht ein Bordellbesitzer aus Pforzheim einem ehemaligen Saunabetreiber aus dem Linksrheinischen einen Scheck über sechs Millionen Dollar.

Es handelte sich um Vater und Sohn.

Zumindest auf dem Papier.

Der Vater wurde geboren als Hans-Robert Lichtenberg, ließ sich einst gegen entsprechendes Entgelt adoptieren von Marie Auguste Prinzessin von Anhalt und darf sich seitdem Frederic von Anhalt nennen. Im Nebenberuf ist er der Gatte von Zsa Zsa Gabor, 92, die angeblich noch lebt. Das in Kalifornien ansässige Ehepaar adoptierte vor ein paar Jahren, als es knapp bei Kasse war, den ehemaligen Schweineschlächter und späteren Puffbesitzer Marcus Eberhardt, der seitdem Zsa Zsa Gabor Mama und sich Prinz Marcus von Anhalt nennen darf und passend zum Niveau auch bei Mario Barth eingeladen wird.

Adel vernichtet.

Adel verpflichtet.

Als Sohn erfuhr, dass Papa in Not war, flog er nach Los Angeles, und dabei wechselte jener Scheck, als ausgefüllter Pappkamerad von den Anhalts fürs Foto symbolisch hochgehalten, den Besitzer. »Bunte«-Originalton: »Als Marcus hörte, wie schlecht es uns geht und dass wir kein Geld mehr haben, ist er sofort hergeflogen und hat uns einen Scheck über sechs Millionen geschenkt«, erzählt Anhalt erleichtert. Und weiter: Marcus ist ein wirklich guter Junge. Ein Sohn, wie man ihn sich nur wünschen kann.«

Dann doch lieber arm und gesund.

So wie die meisten Deutschen in der ehemaligen DDR. Da haben sich übrig gebliebene Proletarier aller fünf neuen Länder mit den nach der Zeitenwende aus dem Westen Zugezogenen verbündet und eine höchst eigenartige Gesellschaft etabliert. Die Berichte über ihre Vergnügungen sind so bieder wie ihre Vergnügungen, also passend. Eine einheimische ostdeutsche ist innerhalb der gesamtdeutschen Gesellschaft nicht mehr als eine regionale Randgruppe, eine Fortsetzung der einstigen Nischengesellschaft unter anderen Vorzeichen, aufgemischt durch bessergestellte Wessis, die sich aber den Ossis angepasst haben.

Nur in Berlin trafen Selbstgewisse aus dem Westen auf noch Ungewisse aus dem Osten. Der Reiz der Neuen zog beide magisch an. Anfangs fanden sie sich deshalb exotisch und aufregend. Das hat sich, wie auch die allgemeine

Einheitseuphorie, längst gegeben. Nach zwanzigjähriger Ehe gehen sie inzwischen leidenschaftslos miteinander um und aus. So verschieden sind sie nämlich im Grunde gar nicht. Klassisch geschichtete Gesellschaft gab es weder hüben noch drüben. In beiden Teilen waren, im Osten aus ideologischen Gründen, im Westen aus frontstädtischem Gemeinschaftsgefühl heraus, die Grenzen zwischen den Klassen bereits vor der gewonnenen Einheit aufgehoben worden. Ausgerechnet der Mangel machte sie gleich. Für eine heterogene Bürgergesellschaft fehlte beiden Wesentliches: Es fehlten die Bürger, deshalb war ihnen gesellschaftlich alles gleichgültig.

In den einst als Biotopen des Geistes gerühmten Berliner Salons empfingen die klassisch gebildeten deutschen Bürger jüdischen Glaubens ihre christlichen Gäste aus dem Bürgertum und waren selbstverständlich auch bei denen zu entsprechenden Anlässen gern gesehen. In den Salons traf sich die politische und kulturelle Elite zu unfrisierten Gedanken. Die Musen, besonders die in der Weltstadt Berlin so wunderbar leichten, wurden liebend geküsst, wann immer sie vorbeischwebten. So tolerant beschwingt ging es einst zu, als Richard Tauber der König von Berlin war, und deshalb nannte man die Zwanzigerjahre in Berlin rückblickend die goldenen. Gemessen an ihren Ansprüchen ans Dasein empfanden das viele Proleten ebenso. Bessere Zeiten kamen für beide Schichten bis heute nicht mehr.

Die Kultur einer bürgerlichen Gesellschaft, und nicht nur die in Berlin, ist von den Nazis vernichtet worden. Die jüdischen deutschen Bürger, die eine gewachsene Gesellschaft der Gebildeten bildeten, wurden im Namen ihrer christlichen deutschen Nachbarn, die bis zu Hitlers Machtergreifung so liebend gern bei ihnen zu Gast waren und sich blendend unterhielten, in den Gaskammern ermordet oder in die Emigration verjagt. Das Ende einer Kulturnation begann im März 1933.

Spürbar ist dieser Kulturbruch bis heute. Dem Bürgertum fehlen Generationen von Bürgern. Für die kluge Autorin Evelyn Roll von der »Süddeutschen Zeitung« war Berlin nach der Wiedervereinigung eine Stadt, in der »auf beiden Seiten so gut wie nichts übrig geblieben war« von dem, was einst die Berliner Gesellschaft als extraordinär ausgezeichnet hatte: »Die Nationalsozialisten hatten die jüdischen Intellektuellen, das Großbürgertum, die alteingesessenen Familien, die Mäzene [...] vertrieben oder ermordet. Nach dem Krieg erledigten die neuen Herren den Rest. Die Kommunisten im Ostteil kappten alles, was noch da war, auf das Niveau der berufslosen Funktionäre im Politbüro herunter.«

Die Lücken sind anscheinend wieder gefüllt. Die Quote derer, die sich zur Berliner Gesellschaft rechnen, ist hoch. Aber ihre Qualität entspricht nicht der Quote. Es gibt mehr Ordinäre als Extraordinäre. Udo Walz, der Sympathieträger, ist symptomatisch dafür, wie sich die Koordinaten im einst gültigen System verschoben haben. Lässt sich doch an seinem gesellschaftlichen Aufstieg aus der ehrenhaften handwerklichen Unterschicht und an seinem erreichten Status in der Oberschicht aufs Gemeinste fein belegen, warum in der Society, die ihn hofiert und der er zu Diensten ist, zu viele nur bedingt gesellschaftsfähig sind.

Einer derer, die von unten nach oben aufstiegen, ist auch Klaus Wowereit. Er kommt aus Verhältnissen, die man einst in Westberlin freundlich umschrieb als einfache, die in Ostberlin aber Voraussetzungen für einen Aufstieg in der angeblich klassenlosen Gesellschaft waren. Geborene Bürgerkinder wurden fast ausnahmslos gesellschaftlich ausgegrenzt und ihrer beruflichen Chancen beraubt. Gregor Gysi hatte zu seinem Glück die Gnade der zufällig dennoch richtigen

Geburt auf seiner Seite, denn sein Vater gehörte als Kulturminister zur kommunistischen Elite des Staates. Er und seine Familie waren für die Funktionäre unangreifbar, obwohl sie geradezu klassische Vertreter des verfemten Bürgertums waren. Im jüdischen Großbürgertum der Weltstadt Berlin hätten sie einst eine hervorragende Rolle gespielt.

Die Schicht, zu der Wowereit mal gehörte, wird heutzutage als Prekariat bezeichnet. Zwanzig Prozent der Berliner, im Osten wie im Westen, sind in dieser Gesellschaft, um zu überleben, auf das angewiesen, was beschönigend von Staats wegen Sozialtransfers heißt. Der Regierende ist dieser Schicht entwachsen, aber er spricht ihre Sprache, kennt das Milieu, ist stolz darauf, dass er es geschafft hat, obwohl er ohne Vater mit vier Geschwistern groß wurde. »Als Jüngster musste ich früh lernen, mich zu behaupten. Obwohl wir bescheiden lebten, konnte ich als Erster aus meiner Familie aufs Gymnasium gehen und danach studieren. Das war nur möglich, weil die sozialdemokratische Bildungspolitik unter Willy Brandt auch Kindern aus ärmeren Elternhäusern diese Chance bot und weil die ganze Familie zusammenhielt.«

Er hat sich willensstark aus eigener Kraft hochgearbeitet und in der traditionell spießbürgerlichen Berliner SPD durchgeboxt, bewegt sich, und auch das ist gut so, in besseren Kreisen der Stadt inzwischen wie der Fisch im Wasser, als sei dieses Aquarium immer schon sein Bassin gewesen. Seit der kundige Opernliebhaber, den sie oben wie unten Wowi nennen, zusätzlich für die Kultur und die dort zu verteilenden Subventionen verantwortlich ist, müssen ihn auch die in ihre Nachtgebete einschließen, denen er lange von ihrer hohen Warte aus als nicht gesellschaftsfähig galt, obwohl im Zweifelsfall er ihnen die Arie hätte vorsingen können.

Seine Wurzeln hat er nie verleugnet. Er nutzte konsequent wie sein Parteifreund, der ehemalige Bundeskanzler Gerhard

Schröder, die Möglichkeiten einer demokratischen Gesellschaft, die zumindest theoretisch gleiche Chancen für alle bot, bis er an der Spitze angekommen war. Seine Stadt hält der allzeit in Berlin bei relevanten und auch irrelevanten gesellschaftlichen Anlässen einsetzbare Aufsteiger werbewirksam für »arm, aber sexy«, was sich deckt mit der Einschätzung der Avantgarde, die es nach Berlin zieht.

Zu Wowereits Freunden gehört das CDU-Parteimitglied Udo Walz. Man kennt sich. Als der Friseur im Sommer 2008 unter die Haube kam und seinem Lebensgefährten das Jawort gab, traf sich die Gesellschaft, die er in seinen Salons unter die Haube bittet, um die Hochzeit ihres Kopfhegers gebührend zu feiern. Als Trauzeuginnen traten »Bunte«-Chefredakteurin Patricia Riekel und die erste Ex von Boris Becker auf, Barbara. Zum abendlichen Fest gab ihm der Regierende mit seinem Partner die Ehre, und selbstverständlich wurde am Tag danach in der Boulevardpresse über das angeblich gesellschaftliche Großereignis groß berichtet.

Die Unterschiede zu einem anderen Promi sind hörbar, sichtbar, und sie sind gewaltig. Beide Berliner wohnen zwar auf demselben Stern. Allerdings leben sie in verschiedenen Welten. Mario Barth ist das grölende Symbol für den Absturz eines Teils der Gesellschaft ins Untergeschoss, wo sich die Toiletten befinden und der Refrain vom Pullern das normale Plätschern übertönt. Udo Walz symbolisiert den Aufstieg aus dem Proletariat ins Hochparterre, was in der Hauptstadt schon als bürgerliche Beletage gilt. Er ist freundlich, höflich, diskret, und in seinen Salons plätschert nur sanfte Musik vom Band.

Von denen, die sich heute als gesellschaftlich relevant empfinden, wären früher die meisten zu besseren Gesellschaften nicht eingeladen worden. Nicht nur, weil die in anerzogener arroganter Überheblichkeit als unterschichtige

Proleten betrachtet und dementsprechend behandelt wurden, sondern vorgeblich aus reiner Nächstenliebe. Man gab vor, sie vor demütigenden Erlebnissen zu schützen, denn sie gehörten nun mal nicht in diese Spielklasse und kannten deshalb auch die dort geltenden Gesetze nicht.

Mittlerweile haben die Außenseiter der Gesellschaft, erst sachte, sachte, Schritt für Schritt sich vorwagend auf die nächste Stufe, die ihnen als Spielplätze zugewiesenen Hintertreppen verlassen – überall im Land, nicht nur in Berlin, und die Freitreppen betreten. Anfangs fremdelten sie noch auf dem ihnen fremden Terrain. Sobald sie merkten, dass sie unter den angeblich oberen Zehntausend gar nicht weiter auffielen, dass sie den jeweils tonangebenden Angebern im Auftreten und Verhalten ganz ähnlich waren und umgekehrt die ihnen, beschlossen sie zu bleiben.

Viele haben seitdem festen Boden unter ihren Füßen. Das fängt bei Roberto Blanco und Patrick Lindner an und hört bei Dolly Buster und Gina Wild noch lange nicht auf. Wer gemein wäre, würde es mit einem übergeordneten Begriff eine Art von Robertoblancoisierung der deutschen Gesellschaft nennen, was aber nichts mit dem üblen alltäglichen deutschen Rassismus zu tun hat. Roberto Blanco, der irgendwann irgendwas Erfolgreiches gesungen hat, das die Masse zum Schunkeln und Klatschen animierte, ist nicht etwa ein Hofnarr, den sich die Gesellschaft – ein bisschen Spaß muss sein – zum Vergnügen hält. Er steht für alles, was peinlich ist und sich peinlich benimmt. Selbst dagegen wäre nichts zu sagen, wenn sich die Peinlichen nur dann peinlich benähmen, sobald sie unter sich sind. Dann wäre ja, logisch, nichts peinlich.

Aber sie breiten sich aus.

Die aus Film, Funk und Fernsehen bekannten Gestalten, viele aus Zufall gerade frei, dürfen auf zu vielen Gästelisten nicht mehr fehlen. Diese Seilschaften sind im Gegensatz zur eigentlichen Society nicht mehr an einen bestimmten Ort gebunden, wie die es einst war. Die wirklich feine Gesellschaft von Hamburg traf die wirklich feine Gesellschaft von München ja eher selten. Heute fliegen sie sich auf Mallorca oder auf Sylt gegenseitig in die freudig ausgestreckten Arme.

Wenn irgendwo in Deutschland ein Event ansteht, was früher gemeinhin als geselliges Beisammensein oder Betriebsfest bezeichnet wurde und unbemerkt von der Gesellschaft über irgendeine Provinzbühne ging, will der geldgebende Gastgeber vom Organisator wissen, ob welche kommen, die er aus der Glotze zu kennen glaubt. Weil es mehr Feste gibt als freie Prominente, sind auch Drittklassige erste Wahl. Falls zu seinem Fest nicht mal die kämen, würden die Gesellschaftsreporterin und die Fotografen von »Bunte« oder »Bild« oder »Gala« oder »Super Illu« ebenfalls seiner Party fernbleiben, statt den jeweiligen Paten beim Küsschen mit Promis abzulichten oder ihn zu befragen, ob er sein Handicap beim Golf entscheidend verbessert hat. Ohne die Gliederchen vom Ende der gesellschaftlichen Kette hätten selbst Leserinnen der Knallpresse kein Interesse an den Auftritten eines Printenproduzenten aus Aachen, eines Airliners aus Berlin, eines Schnapsfabrikanten aus Dingsda.

Sollten die Hugos, Dirks, Sonjas, Michelles nicht freiwillig erscheinen, weil sie es trotz freier Kost und Logis ablehnen, in Kassel oder Kiel zu übernachten, ist fürs Auftreten der bei Eventmanagern in den Kategorien A, B, C, D gelisteten Prominenten je nach Bekanntheitsgrad ein vierstelliges oder fünfstelliges Honorar eingeplant. Das nehmen sogar ehemalige hohe Politiker gern als Zubrot zu ihrer Pension mit nach Hause. Diskretion Ehrensache. In diesen Kreisen wird über Geld nicht mal dann gesprochen, wenn die vereinbarte

Summe auf dem Konto eingegangen ist oder bei einem der Ihren die Steuerfahndung vor der Tür steht.

Natürlich verhandeln die Begehrten nicht selbst über die Honorare für ihre Auftritte. Das würde sich herumsprechen und ihren Preis mindern. Für Profanes gibt es, im gleichen Maße in ihrer Anzahl gewachsen, wie sich die Gesellschaft zunehmend aus Seichtgebieten rekrutierte, vermittelnde Agenten. Die nehmen für ihre Dienste zwischen 15 und 20 Prozent vom Antrittshonorar und sich selbst wichtig. Sie sind die Mitesser bei Tisch, ohne eigenes Gedeck und ohne anwesend zu sein. In diesem Geschäft, aufteilbar in buch- und bezahlbare, streng gesellschaftlich betrachtet aber irrelevante Klassen, tummeln sich nicht nur die Robertos, die Loddars, die Ginas, die Dollys oder alle, die mit Nachnamen Siegel heißen, egal, ob Ralf, Giulia oder Dagmar. Es gehören dazu alle möglichen Beckers – die allerdings sind teuer –, es gehören dazu TV-Moderatoren, und zwar alle, nicht nur die guten, es gehören dazu Jenny Elvers-Elbertzhagen und Uschi Glas und überregional die kreischende Nervensäge Verona Feldbusch. Die jedoch bis auf Weiteres nicht geholfen wird. Ihr Mann Franjo Pooth muss zu Hause bleiben. Der Gegelte verbreitet seit seiner Pleite ein gewisses Rüchlein, und das sollte sich erst verzogen haben, bevor auch er wieder auf dem Jahrmarkt der Eitelkeiten seinen Duft verbreiten darf.

Der Einwand, dieser Text beruhe bis hierhin doch auf einer ziemlich mürrischen und lustfeindlichen Betrachtungsweise, weil ein glamouröser Auftrieb der Schönen, Reichen, Abgetakelten, Aufgetakelten, Mächtigen, Ohnmächtigen auch einfach nur gelassen-heiter als Beispiel für eine tolerante Gesellschaft betrachtet werden könne und nicht nur als Zeichen eines gesellschaftlichen Niedergangs, ist berechtigt. Manchmal wächst aus Wehmut eben unbewusst doch

Wut. Angeberisch wäre es, weil es einen kleinen gebildeten Fuß macht, John Updike zu zitieren, der in seinem letzten Roman, »Die Witwen von Eastwick«, dieser Art von Society attestierte, den »Talmiglanz des Spießbürgertums beim Spielen auszustrahlen«. Natürlich meinte er aus eigener Anschauung und eigenem Erleben die amerikanischen Spießergesellen, nicht die deutschen. Aber ihr genetischer Code passt.

Ebenfalls berechtigt ist der Einwand, dass die Ärmsten der Armen noch ärmer dran wären, wenn es bestimmte spießige Feste nicht gäbe. Oft wird dabei für einen guten Zweck gefeiert, alle Einnahmen, abzüglich Speisen, Getränke, Aufwandsentschädigungen, bekommen dann diverse soziale Einrichtungen, die auf Spenden der Begüterten angewiesen sind, am liebsten Kinder und noch lieber die in der Dritten Welt. Ein Event für die Deutsche Alzheimer-Gesellschaft käme bei der Klientel nicht so gut an. Kann man getrost vergessen.

Veranstaltet werden Gutmenschen-Treffen von Damen der besseren Gesellschaft, deren Gatten erstens froh sind, dass die eine sinnvolle Beschäftigung gefunden haben, und die zweitens aus gegebenem Anlass gern die sehen, von denen sie schon so viel gehört und gelesen haben. Es handelt sich dabei um eine Gruppe von Frauen, hinter deren Namen bei Vor-Nach-Zwischenberichten in einschlägigen Journalen in Klammern Charity-Lady steht. Etwa so, wie bei anderen in dem Zusammenhang Genannten in Klammern deren Beruf verzeichnet ist, zum Beispiel Fischpapst oder Ex-Banker oder RTL-Serienstar oder Starfriseur.

Den Beruf Charity-Lady gibt es in Deutschland ebenso wie den eines Eventmanagers oder Promi-Agenten, die in selbstherrlicher Unverschämtheit im Namen ihrer Brötchengeber agieren, noch nicht so lange. Es ist ein junger Berufszweig für nicht mehr ganz so junge Damen, aber einer mit Zukunft. Denn gefeiert wird auch in schlechten Zeiten, und da erst recht, weil es denen, für die gefeiert wird, in schlechten Zeiten noch schlechter geht. Dass Intensivkurse bei einem körperlichen Wellness-Programm unter dem Titel »Was muss eine Charity-Lady können?« angeboten werden, ist ein übles Gerücht, denn die Absolventinnen schweigen grundsätzlich alle über ihre Ausbildung. Königin der Charity-Society, Urahnin aller Ladies, die Gutes tun und darüber reden wollen – was in besseren Kreisen als unfein gilt, da tut man Gutes und schweigt –, ist Ute Ohoven. Sie wird bewundert als die erfolgreichste deutsche Spendensammlerin ihrer Klasse, ist Sonderbotschafterin der UNESCO und hat in zwanzig Jahren mehr als dreißig Millionen Dollar erbettelt. Als gemein recherchierte Berichte über angebliche Unregelmäßigkeiten bei der Abrechnung und Weitergabe der Spenden erschienen, nannte Ute Ohoven die Kritiker schmierige Schmarotzer, die »jeder erfolgreiche Mensch um sich herum hat – und die sich von der Made bis zur Motte entwickeln«.

Bekannt geworden ist sie nicht nur durch gute Tätigkeiten, sondern auch durch ihre gleichfalls blonde Tochter, deren Lippen so voll sind wie bei anderen ihrer Klasse nicht mal der Busen, und deren Vorname an das verstorbene Schoßhündchen von Mickey Rourke erinnert, irgendwas mit Chiu oder Chia oder Chichiua. Frau Ohovens Gatte Mario, ein erfolgreicher Anlageberater, vertritt zudem als Präsident des betreffenden Bundesverbandes die mittelständische Wirtschaft. Er fehlt bei keiner Veranstaltung. Seiner beruflichen, nicht auf Charity ausgerichteten Tätigkeit werden schöne Fotos kaum schaden. Der Berliner Wissenschaftler und Autor Thomas Wieczorek fragt zynisch in seinem Buch »Die verblödete Republik«, ob die von ihm kurz Prominenz-Junkies Genannten wirklich immer sagen würden, um »welchen guten Zweck es gerade geht. Um Robbenarmut in Afrika oder Kindersterben im Dschungelcamp?« Er betrachtet Charity, das Geschäft mit dem Guten, kritisch, weil es menschlich verständlich sei, sich ein »Dankeschön oder gar den Ruf eines Wohltäters zu ergaunern«, andererseits es eher das Idealmodell einer »mildtätigen Oberschicht« sei, »verarmten Bevölkerungsteilen uneigennützig und diskret über das Gröbste« hinwegzuhelfen.

Ach, ja, die Oberschicht. Ist auch nicht mehr das, was sie mal war. Ferfried Maximilian Pius Meinrad Maria Hubert Michael Justinus Prinz von Hohenzollern-Sigmaringen, der sich Foffi nennen lässt, gehört qua Geburt nun wirklich nicht in die Unterschicht. In die trieben ihn nur seine Triebe. Durch öffentliches Reiben an einer Blondine, die als Busen-Witwe bekannt war, wurde er vor allem bei jenen bekannt, deren Vorfahren von seinen Vorfahren als Leibeigene behandelt worden wären. Wurde zu Fleisch von ihrem Fleisch. In seiner Person, an seinem Benehmen, an seinem Auftreten ist beweisbar, dass selbst ein jahrhundertelang in der Oberschicht verwurzelter Stammbaum keinen Halt mehr bietet, sobald er in Seichtgebieten steht. Dass dessen edle Früchte so schmecken wie die tätowierten Früchtchen aus den Gärten diesseits von Eden. Dass einfältige Oberschichtler und tumbe Unterschichtler bei der Geburt getrennte Zwillinge sind. Foffi dürfte nicht mal mehr zu Festen der Sonnenstudios Berlin-Ost eingeladen sein.

Gern genommen bei gesellschaftlichen Events wird die Kategorie B. In der Klasse tummeln sich die meisten Promis. Es ist selbst für erfahrene Gesellschaftsreporter schwer auszumachen, wer noch nicht oder nicht mehr ganz oben ist, wer nicht mehr oder noch nicht weiter unten. Manche sind aufgestiegen, manche sind gerade abgestiegen, aber alle sehen auf den ersten Blick gleich aus. Abgestiegen zum Beispiel ist die ehemalige *Tagesschau*-Sprecherin Eva Herman, die nach dem Erscheinen ihres spracharmen Bestsellers kurzfristig unter Kategorie A angeboten wurde, aber inzwischen bei ihrer Ex-Kollegin Susan Stahnke unter D gelandet ist. Aufgestiegen mit allerbesten Aussichten darauf, künftig auch aus eigener Prominenz A-fähig zu werden, was ihm jetzt nur zuteil wurde, weil seine Neue triple A ist, war Anfang 2009 der niedersächsische Finanzdienstleister Carsten Maschmeyer.

Das ist der mit dem Schnauzbart.

Der einst als König der Klinkenputzer und Chef einer überregional agierenden Drückerkolonne bewunderte Selfmademan war bislang nur als Freund des Altbundeskanzlers und als leidenschaftlicher Liebhaber der Farbe Lila in Erscheinung getreten. Es fügte sich, von einem gütigen Schicksal gesteuert, dass an der Seite der viel beschäftigten Schauspielerin Veronica Ferres, die als Mutter der Nation die Nachfolge von Inge Meysel angetreten hat, ein Platz frei wurde. Ihr Gatte, der auf den allerersten Blick oft mit Justus Frantz verwechselt wurde, was man dem aber nicht anlasten sollte, war in Freundschaft von ihr geschieden.

Das musste auch der mit dem Schnauzbart und der lilafarbenen Krawatte im fernen Hannover erfahren haben. Weil er ein Privatflugzeug besitzt, bot er ihr, flugs ihr zufliegend, seine Minnedienste an. Man fand sich. Ihre Präsenz bereichert ihn, so wurde er gesellschaftsfähig auf vielen natürlich bunten Seiten und ist fortan nicht mehr nur der Reiche aus Dingsda an der Leine. Die Gesellschaft hatte mal wieder ein richtig schönes, vorzeigbares Alphatierchenpaar. Perfekt inszeniert wurde die Show von seinem Kommunikationschef, dem gebildeten, gut erzogenen Profi Bela Anda, der früher für Schröder und noch viel früher für »Bild« tätig war.

Zur Kategorie A gehören Stars aus Film und Fernsehen, und bei denen, selbst den deutschen, wird es richtig teuer, sobald sie vorgeben, Besseres vorzuhaben. Diese Klasse konnten sich bis Ende 2008, als die Krise auch Post und Telekom und Daimler und VW beutelte, nur die in ihrer Branche gleichfalls Großen leisten. Inzwischen sind viele Medien- und Wirtschaftsevents, bei denen sich vor Kurzem noch A und B ein Stelldichein gaben und C und D nur dann als Dekoration eingeladen wurden, wenn sie jung, weiblich, sexy, solo waren, aus Geldmangel abgesagt oder gestrichen worden. Es wäre bei der gebeutelten Kundschaft nicht gut angekommen, hätte die Deutsche Bahn zu einem kulinarischen Daten- und Gedankenaustausch nach Berlin gebeten oder die Commerzbank zu einem Abend der Aktien-Jongleure in Frankfurt.

Im Frühjahr 2009 sollen deshalb in vielen Großstädten, hauptsächlich bei »Borchardt« in Berlin, bereits Promis gesehen worden sein, die ihre Speisen und Getränke, sichtlich schwer getroffen, selbst bezahlen mussten, obwohl sie jüngst noch als gesellschaftlich relevant bei freier Kost auf diversen Gästelisten standen. In jenen Zeiten, die nie wiederkommen dürften, hatten sogar Stefan Effenberg und Claudia Ex-Strunz, Hera Lind oder Sandy Meyer-Wölden, C-Klasse also, noch einen Marktwert, den Mario Barth ziemlich geil nennen würde. Der des ehemaligen Fußballtigers Effenberg war gesunken, nachdem eine Dokusoap bei RTL – wo auch sonst? – unter dem Titel *Effenbergs Heimspiel* über sein alltägliches Leben mit Gattin Claudia sogar von der avisierten Zielgruppe der Blöden quotenmäßig versenkt worden war. Seinen gestreckten Mittelfinger auf dem Platz haben seine Fans so gern gesehen wie seine prolligen Ausbrüche während eines Spiels, weil ihnen ungezügeltes schlechtes Benehmen aus dem eigenen Alltag vertraut war.

Aber seit sein A-Quotient den ihren überstieg, schalteten

sie ab. Selbst die Behauptung des friesischen Gentlemans Otto Waalkes, er habe früher mal die blonde Effenberg-Frau Claudia »gerüsselt«, was die Gemeinde so verstand, wie es Ex-König Otto gemeint hatte, half der Seifenoper nicht mehr in die Spur des Erfolgs.

RTL-Gärtner hatten schlicht die falschen Pflänzchen gehegt. Das kann passieren. Sie hätten sich um ein anderes Prolo-Paar bemühen sollen, das ideal ist für die Seichtgebiete – Volksmusik-Ikone Heino, das ist der mit der dunklen Brille (69), und Gattin Hannelore, das ist die helle Blonde (65). Bei denen ist auch im hohen Alter was los, da wackelt nicht nur die Heide, da ist nicht nur die Haselnuss schwarzbraun, da wird nicht nur der Mund voll genommen, da sind nicht nur ein paar Schrauben locker. Dreimal pro Woche schlafe er mit seiner Frau, verkündete Heino in »Bild« – wo auch sonst? –, was bei den 60-plus-x-Unterschichtlern umgehend häusliche Debatten auslöste. Bevor sie beim Blick in den Spiegel zu einem endgültigen Urteil darüber kamen, ob ein solches Treiben beispielhafter Segen sei oder angesichts ihrer hängenden, einst Lust spendenden Vorgärten doch eher ein Fluch, legte Heinos Gattin Hannelore nach. Die Sensation, die sie freiwillig preisgab, stand erneut exklusiv im Zentralorgan der Zielgruppe. »Beim Sex nimmt Heino seine Brille ab«, bekannte sie und fügte ungefragt hinzu, dass es mitunter sogar viermal pro Woche zu ehelichen Pflichtrunden komme.

Bei so viel Offenheit waren selbst abgebrühte »Bild«-Hauer sprachlos und stammelten: »Caramba, Caracho, Orgasmus.« Das passte zu den Aussagen von Frau Hannelore, wonach sich sie und ihr Mann im Bett auch ohne Wort verstehen und einfach nur fühlen würden und Heino dabei seine schwarze Sonnenbrille abnehme, weil ihn da »ja keiner erkennen muss« und ihm auf die Schulter klopfe.

Heino und Hannelore als solche sind nicht gesellschaftsfähig. Deshalb standen ihre Bekenntnisse auch nicht in der »Bunten«. Denn nur »Bild« nimmt die kleinen Leute wirklich ernst und erfüllt, so oft es nur geht, auch deren geheimste Wünsche.

Die früher beliebten arbeitslosen Busenwunder auf Seite 1 der »Bild«-Zeitung, denen einst Bohlen-Ghostwriterin Katja Kessler mit sprachlichem Witz zu Leibe rückte, müssen häufiger deutschen Berufsanfängerinnen weichen. Sie zeigen zwar wie ihre Vorgängerinnen so ziemlich alles, was sie vor sich haben und ansonsten nur ihren Partnern auf Anfrage offenbaren. Aber neu und symptomatisch für inzwischen akzeptables Verhalten in der schamfreien Zone Deutschland sind ihre Lippenbekenntnisse in aller Öffentlichkeit. Sie lassen sich für alle, die sie kennen, erkennbar vorführen mit Namen und Beruf, wofür sich die Redaktion mit 500 Euro Honorar erkenntlich zeigt. Ein der Nackten, Schönen, Guten zugeneigter Leser hat zudem die Chance, sich ihr Foto auf sein Handy herunterzuladen.

»Welt am Sonntag«-Redakteur Alan Posener kam vor Jahren in seinem Web-Log nicht von ungefähr, sondern von daher auf eine Bezeichnung, die man früher im Hause Springer nicht mal hätte flüstern dürfen. »Bild«-Chef Kai Diekmanns Buch-Attacke auf die 68er-Generation griff er auf und an: »Die 68er zwingen ihn noch heute, täglich auf Seite 1 eine Wichsvorlage abzudrucken und überhaupt auf fast allen Seiten die niedrigsten Instinkte der Bild-Leser zu bedienen, gleichzeitig aber scheinheilig auf der Papst-Welle mitzuschwimmen [...]. Man kann nicht die Bildzeitung machen und gleichzeitig in die Pose des alttestamentarischen Propheten schlüpfen, der die Sünden von Sodom und Gomorrha geißelt [...]. Einer muss es ja machen, so wie einer den Dieter Bohlen machen muss, und einer den Papst. Aber wenn Dieter Bohlen den Papst geben würde, müsste man auch lachen, oder?«

Weil es die »Entgleisung eines einzelnen Mitarbeiters« war, der allerdings nicht entlassen wurde, war nach kurzer Zeit sein Beitrag von »Welt Online« verschwunden.

Natürlich war früher nicht alles besser. Und alle scheinbar Bessergestellten waren es natürlich auch nicht. Einem Friseur, der sich wegen seiner Kundschaft ebenfalls zu den Prominenten zählen darf, zu Höheren berufen, obwohl die Höheren von ihm eigentlich nur das eine wollten, hätte man früher geraten, es wie der bekannte deutsche Schuster zu halten und bei seinen Leisten zu bleiben.

In dem Fall bei Föhn, Schere, Haarwasser.

Weil Udo Walz, der Friseur aus Berlin, aber zu einer Marke geworden ist, darf er in verschiedenen TV-Formaten auftreten und sich selbst vermarkten. Das nützt seinem Geschäft, und es steigert seinen Stellenwert in jener Society, die sich für Gesellschaft hält. Wenn der Haarkünstler als Juror bei *Top Cut* seinen Dienst verrichtet, wo – na was wohl? Richtig! – die kommenden Superstars unter jungen Frisösen und Friseuren vorgeführt und getestet werden, ist das ja okay. Weil es in den Rahmen seiner Möglichkeiten passt. Wenn er dagegen in politischen Talkrunden um seine Meinung zu Krieg und Frieden und Mindestlohn und Migration gebeten wird, stehen den Verfechtern der reinen Lehre vom Schuster und seinen Leisten die Haare zu Berge. Da sitzen immer öfter viele seiner Art und reden mit, frei nach Olli Dittrich alias Dittsche: »Von nichts eine Ahnung, aber zu allem eine Meinung.«

Auch in dieser Beziehung ist Udo Walz typisch für die neue Gesellschaftsordnung. Es wird nicht nach Kompetenz ausgesucht, nach Bildung, nach Wissen. Sondern danach, ob jemand bekannt genug ist, um Menschen vor den Bildschirm zu locken oder nach »Bild« greifen zu lassen. Ausgerechnet und vor allen anderen Parteien hat das *Die Linke* aufgegriffen und fiel, weil zu schnell gerufen wurde, dies sei eine geile Idee, prompt auf die Schnauze. Niemand vermag zu erklären, dass nicht verblödete Politiker wie Bisky, Gysi, Lafontaine, Bartsch auf die blödsinnige Idee kamen, einen ehemaligen *Tatort*-Kommissar als ihren Kandidaten für die Wahl des Bundespräsidenten zu nominieren. Peter Sodann trägt bei zur politischen Willensbildung – zum wachsenden Widerwillen gegen Politiker, die aus der demokratischen Kulturlandschaft ein Seichtgebiet für Gaukler machen und sich wundern, dass die Zahl derer ansteigt, die sich angesichts solcher Kandidaten bei der nächsten Wahl enthalten.

Manche von den Blöden sind noch blöder als blöd und bekommen es nicht mit, wenn sie am Nasenring durch die öffentliche Medienarena geführt werden. Oder es ist ihnen egal, weil sie ähnlich wie die von Bohlen gedemütigten Kinder der Unterschicht alles tun würden, um aufzufallen. Die sind in der für dieses Buch entwickelten Strategie, siehe Kapitel eins, keine ernst zu nehmenden Gegner. Mit denen wird sogar ein einzelner Jäger fertig, er muss nur den hinterlassenen Spuren im Seichtgebiet folgen und danach öffentlich machen, was er gefunden hat.

Peter Lückemeier, getreuer Chronist der Unsäglichen, ein journalistischer Komödiant, der sich gelassen lustig macht über den Zustand der Welt, reduziert sie mit seiner »Herzblatt«-Kolumne Sonntag für Sonntag in der »Frankfurter Allgemeinen Sonntagszeitung« auf ihr Normalmaß unter null, indem er die Roberto-Blanco-Brigaden der Lächerlichkeit preisgibt. Er handelt wie das Kind in Andersens Märchen, das beim Anblick des stolzierenden Kaisers ausrief: Aber der ist ja nackt. Überhaupt lässt sich, wie man bis hierher inzwischen lesend erfahren hat, mit genau diesem

Märchen vieles erklären, was sonst nicht zu erklären wäre. Denn würden Blöde lesen können, müssten Blödmacher ja auswandern.

Und bis dahin?
Muss man sich behelfen.
Können wir das?
Yes, we can.

KAPITEL X

Und wo bleibt das Positive?

Am Ende, es hilft wohl nichts, muss die Schlacht, Zug um Zug, auf andere Art entschieden werden. Und mutet es dann letztlich auch wie Wahnsinn an, so wäre es doch eine mutige Methode. Blöde von ihren Blödmachern zu trennen, die sich ja bereits gegenseitig in der fantastischen Arte+3sat-Show *Superstar* erledigt haben, das führerlose Fußvolk also in einen Hinterhalt zu locken und es dann lustvoll zu schlachten, reicht nicht. Denn nach ein paar verbalen Niederschlägen – ihr seid ja alle sooo blöd! – stehen die Angeschlagenen vor dem endgültigen Knock-out wieder auf und machen einfach weiter wie bisher, schauen genau dorthin unter die Gürtellinie, wohin sie immer schon gern geschaut haben, stimmen ihre grölenden Gesänge an, saufen sich die letzten grauen Zellen aus dem Hirn, lehnen weiterhin als ungeil ab, was nach einem Buch riecht oder sich nach Musik anhört und nicht nach den Ausscheidungen einer allen Erstlesern nahen Erstschreiberin oder dem Gestammel eines unterschichtigen Prolo-Rappers aus Dingsda, missachten auch in Zukunft die einfachsten Formen des Benehmens wie »Bitte« zu sagen, wenn sie was möchten, oder »Danke«, wenn sie es denn bekommen haben.

Da sie nicht etwa aussterben werden und so die Biotope der Blöden auf natürliche Weise austrocknen würden, sondern im Gegenteil zeugen, was ihre von Kopfgeburten unbelasteten Lenden hergeben, muss eine neue Strategie her, und vor allem eine nicht der tatsächlichen Lage angepasste, sondern eine, die mit der Wirklichkeit spielt und mit der sie spielerisch besiegt werden kann. Die anfangs ausgeklügelte Taktik, sich einem zahlenmäßig überlegenen Gegner so lange scheinbar feige zu entziehen, bis im Rückzug das eigene Spielfeld erreicht ist, und ihn erst dann anzugreifen, gehört seit dem Jahre 9 nach Christus, als die Germanen im Teutoburger Wald die römischen Legionen von Varus plattmachten, zwar weltweit zum Lehrstoff an allen Guerillaschulen. Aber eben deshalb kennen diesen uralten Trick clevere Blödmacher auch und fallen nicht mehr darauf rein.

Schade, ist aber so.

Sich wie bisher mit einer verbalen Intifada eher einen Jux machen zu wollen, um erheitert statt verdruckst die angestaute Verzweiflung über die allgemeine Verblödung rauszulassen, funktioniert nicht mehr. Der Ausbruch lange schon gärender Wut ist schnell verpufft. Es war in den unterirdischen Depots der Seichtgebiete zwar hier und da eine kleine Explosion zu hören. Es gab bei einer Art Aktionärsversammlung aller Blöden sogar eine recht laute Explosion wie die von Marcel Reich-Ranicki ausgelöste bei der Verleihung der Deutschen Fernsehpreise. Aber kaum hatte sich der Qualm verzogen, versorgte man die Verletzten, kauften Blödmacher bei internationalen Fernsehsendern und Buchverlagen neue Munition mit einem noch höheren, dem Zug der Zeit entsprechenden Dummie-Faktor ein, gaben sich nationale Bauernfänger besondere Mühe, ihre Verluste auszugleichen und die Weichen neu auf Wachstum zu stellen, indem sie ihren Knechten, den Zeitungshändlern, einen Gutschein über zwölf Ausgaben der »Bild«-Zeitung zum Preis von zehn Ausgaben anboten.

Die anderen rüsten also auf. Das ist okay. Das ist ihr gutes Recht. Sie wollen das Feld nicht räumen, sondern ihren Einfluss ausdehnen. Sie haben einzelne Sumpfgebiete entwässert und Schienen verlegt. Sie haben moderne Schnellzüge angeschafft und Fahrpläne drucken lassen. Sie haben ihre Helden als Lokführer dienstverpflichtet und Personal engagiert. Sie lassen an jeder baufälligen Station in der Provinz halten, im Osten wie im Westen. Sie sammeln ihre Truppen auf und ein.

Wo wollen die alle hin? Was haben die vor?

Ihr Ziel ist ein Bahnhof an der offenen Grenze zur deutschen Kulturlandschaft. Dort sollen sie aussteigen und sich dann, aus taktischen Gründen schweigend, um nicht enttarnt zu werden, also das Maul haltend, unter die wartenden Reisenden mischen. Ihr Auftrag lautet, mit denen und dem nächsten Zug in die Hochburgen der Kultur zu fahren und dort vor Ort Untergrundzellen der Blöden zu gründen.

Wie ließe sich ein solcher Schachzug der Blöden am wirksamsten kontern?

Vielleicht durch einen die Gegner überraschenden Gegenzug.

Zunächst muss die in der Überschrift gestellte Erich-Kästner-Frage beantwortet werden, wo denn verdammt noch mal das Positive bleibe. Simple Antwort: Was lange gärt, wird nicht nur Wut, es macht auch Mut. Nach dem trotzigen »Yes, we can«-Vorbild des in den Vorwahlen gegen Hillary Clinton als chancenlos angesehenen Barack Obama, inzwischen nach seinem Sieg Welthoffnungsträger, sind wehmütige Resignation und Sichfügen ins Unvermeidliche und von Schwermut gespeiste Verzweiflung über die Vergeblichkeit allen Trachtens keine erlaubte Optionen. Was der gebildete Außenseiter in den nicht flächendeckend von Intellektuellen bevölkerten Vereinigten Staaten schaffte, müsste in deutschen Seichtgebieten auch hinzukriegen sein.

Mit einer Kulturrevolution?

Wahnsinn. Das kann schon deshalb nicht gelingen, weil in diesem Wort gleich zwei Bestandteile enthalten sind, die sowohl Normalblöde an sich wie auch Deutsche als solche fremdeln lassen – die beiden Fremdwörter »Kultur« und »Revolution«. Welche zutiefst abschreckende Wirkung dürfte da erst recht eine Verbindung von Kultur und Revolution auf die Verbindung von blöde und deutsch haben, also auf Blöddeutsche?

Stimmt im Prinzip. Doch wer in aussichtslosen Situationen doch noch siegen will, muss sich von bisher gültigen Prinzipien verabschieden.

Und tschüss.

Nach dieser Grundsatzentscheidung soll jetzt Schritt für Schritt, langsam und deutlich, im Prinzip so, wie fürsorgliche Eltern kleinen Kindern Sprechen und aufrechten Gang beibringen, gehandelt werden. Diese Methode nennt man Didaktik. Wer nicht belehrt werden mag, und das dürfte die Mehrheit sein, begegnet der Didaktik am besten mit rhetorischen Fragen:

Wer will noch lesen, wie toll Harald Schmidt mit vulgärbrutalen Sottisen und inkorrekten politischen Ansichten sowohl die einen wie die anderen erreicht? Ist das nicht eher vergleichbar mit dem Einrennen von weit offenen Türen? Darf erfolgreich schon Benutztes überhaupt noch als Mittel zum Zweck eingesetzt werden? Wer weiß nicht, dass Anke Engelke ein witziger, intelligenter Tramp und nicht nur ein Ladykracher ist? Wer will schon wieder lesen, dass es typisch sei für real dahinvegetierende Unterhaltungsmacher, noch immer kein ihr gemäßes Sendeformat erfunden zu haben? Wer will überhaupt noch erfahren, dass die Kika-Serie *Cosmic Quantum Ray – relativ viel wissen* mit Axel Huth und Buckingham, dem Roboter, spielerisch wissensvermittelnd ist wie die geliebte *Sendung mit der Maus*, die *Augsburger Puppenkiste*, die *Sesamstraße* und das in den neuen Bundesländern unverwüstliche *Sandmännchen?* Wer würde nicht bestätigen, dass die erfolgreichste RTL-Aufklärungsserie zwar von einer simplen, unterhaltenden Idee lebt, aber auch Blöden vermittelt, welchen Nutzwert in Euro die Bildung haben kann? Wer weiß nicht längst, dass *Wer wird Millionär?* ohne Günther Jauch nur irgendein Quiz wäre, das sogar irgendein Pilawa moderieren könnte? Wer will noch lesen, dass Christine Westermann und Götz Alsmann deshalb auf Augenhöhe bei Tisch in *Zimmer frei* mit ihren Gästen über alles Mögliche plaudern können, weil sie unprätentiös zugeben, auch mal weniger zu wissen als ihre Tischnachbarn? Wer würde nicht bestätigen, dass Olli Dittrich wesentlicher ist als philosophische Quartette, weil seine Weisheiten nach einem tiefen Schluck aus der Pulle des Lebens schmecken? Wer will noch lesen, warum die norddeutsche Entertainerin Ina Müller, die das seltene Talent besitzt, Menschen zu öffnen, indem sie offen mit ihnen umgeht, ein ungeschliffener Diamant im ziemlich leeren Samstagabend-Schatzkästlein der ARD ist? Wer weiß noch nicht, dass die blonde Barbara Schöneberger aufgrund ihrer Bildung und nicht wegen ihres gut ausgebildeten Busens eine ideale TV-Gastgeberin wäre für eine hämische, klatschsüchtige Weiberrunde, die sich über das lustig macht, was in »Bild« und »Bunte« ernst genommen wird?

Das weiß man doch. Das ist doch bekannt. Muss aber dennoch immer wieder erwähnt werden, sobald wie in diesem Kapitel die Frage auftaucht, wo denn verdammt noch mal das Positive bliebe.

Wo denn?

Der Reihe nach, Schritt für Schritt.

Für »Kultur« gibt es Hunderte von Definitionen und

Deutungen und Übersetzungen, und dennoch weiß niemand genau, woraus das Wesen von Kultur tatsächlich besteht. Sonst würden nicht so viele Bücher darüber geschrieben werden. Erschwerend fürs Verständnis kommt hinzu, dass zahlreiche Kulturschaffende mit ihrem Schaffen im Namen der Kultur für die Fortbildung der Allgemeinheit keinen sinnschaffenden Beitrag leisten, also der Kultur eher schaden. Es bietet sich deshalb an, sich zwei wesentliche Interpretationen von Kultur herauszugreifen und die Schlacht zunächst propagandistisch vorzubereiten. Beide dürfen die Zielgruppen nicht überfordern, sonst ziehen die die Notbremse und steigen auf freier Strecke aus.

Kultur ist entfernt verwandt mit Kolter. So nannten die Bauern das Messer vor dem Pflug, mit dem sie ihre Felder umpflügten. Von daher stammen – doch wer's glaubt, wird höchstens selig – Begriffe wie Kulturlandschaft und Agrikultur. Kolter wäre geeignet, um auch heute Felder umzupflügen und in Furchen Neues zu säen, Sinnvolles, Nachhaltiges. Das von Gedanken gerodete brachliegende Ackerland wäre nicht mehr der Natur überlassen, der Mutter aller Kulturen aller Völker – deshalb Mutter Natur! –, es würde im Gegenteil rücksichtsvoll kultiviert.

Die These des englischen Staatsmanns und Philosophen Francis Bacon – bereits im 17. Jahrhundert seiner Zeit voraus- und nachdenkend –, Kultur bedeute so viel, wie den menschlichen Geist zu düngen mit neuen Erkenntnissen, wäre zwar passend aus dem Netz gefischt, darf aber nicht mal erwähnt werden, weil sonst das Heer der Blöden auf Befehl seiner Blödmacher die Bretter vor den Köpfen festzurrt und es den Gebildeten schwer macht, in sie vorzudringen. Gleichfalls muss eine Definition des in Oxford lehrenden Professors Terry Eagleton verschwiegen werden, wonach Kultur grob vereinfacht den Übergang von der Schweinezucht zu Picasso bedeute.

Denn wer wäre in diesem Bild der Züchter? Denn wo würden sich die Schweine grunzend ums Futter drängen?

Eben.

Nicht ganz so revolutionär wie aus der mit Kolter aufzuwühlenden Ackerlandschaft, verschlammt und verkrustet durch Ablagerungen von Dummheit, lässt sich Kultur auch anders aus dem Lateinischen vom Verbum »colere« abstammend deuten. »Colere« heißt so viel wie hegen, pflegen, wachsen lassen. Passt gleichfalls ins Bild von dringend zu düngenden Seichtgebieten. Diese Botschaft sollte jedoch nicht von oben herab mit Flugblättern über den feindlichen Linien abgeworfen, sondern behutsam verbreitet werden.

Was machen Gärtner in der Natur, wenn ein Beet voll Kraut und Rüben vor ihnen liegt? Sie kultivieren (aha!) es, weil sonst weder das eine noch die anderen gedeihen. Damit soll ein Bogen zum eigentlichen Thema geschlagen und ein Gleichnis bemüht werden. Wie bereits erwähnt, waren einfache Gleichnisse die Methoden biblischer Autoren, um einfaches Volk trotz seines eingeschränkten Horizonts mit ihren Botschaften zu erreichen. Ins Heute übertragen würde ein solches Gleichnis lauten: dass eine Gesellschaft nur dann gedeihen kann, falls es gelingt, den Bürgern die richtige geistige Verfassung einzupflanzen. Denn sonst endet der Staat als Wüstenei.

Das Positive leuchtet an vielen Orten und an jedem Tag und in jeder Nacht. In den Kinos, in den Theatern, in den Museen, in den Opernhäusern, in den Konzertsälen, in den Buchhandlungen.

Oje.

Verstehen das die Deppen?

Ohne eine von Vorurteilen freie Sympathie fürs Volk ist die beste Gesinnung nichts weiter als eine ziemlich blöde, arrogante Haltung. Die grundsätzliche Verachtung von Spießbürgern und Prolos und nervigen Blöden muss dennoch unter dieser Bereitschaft, sie behutsam hegend und pflegend in andere Verhältnisse wachsen zu lassen, nicht leiden. Sobald es aber keine andere Chance auf Sieg gibt, darf die erstgenannte Bedeutung von Kultur als Mittel zum Zweck benutzt werden. Erst dann kommt das Pflugmesser zum Einsatz, erst dann wird rücksichtslos umgepflügt, erst dann bleibt kein Stein auf dem anderen, keine Krume in ihrem Bett, erst dann wird frei nach Bohlen zunächst planiert, danach saniert.

Das klingt aber nun verdammt nach jener Klugscheißerei, die man als Autor eigentlich vermeiden wollte und auch sollte und in die man – nobody is perfect – dennoch hin und wieder trotz aller berechtigten Einwände des Lektors verfällt. Sorry.

Was ließe sich wirkungsvoller unternehmen gegen die allgemeine Verblödung? Ist die bisherige Taktik, sich auf die einleuchtende Wirkung eines Märchens zu verlassen und heutige Blödmacher in des Kaisers neuen Kleidern vorzuführen, sie bloß lächerlich zu machen, nur ein blödes Spiel gewesen? Soll man sie nicht einfach tun lassen, was sie wollen? Es könnte doch ein genialer taktischer Schachzug sein, sich im Schutze der Nacht leise vom Acker zu machen und die Blöden sich selbst zu überlassen. Wäre kein triumphaler Sieg, wie er mal in den Geschichtsbüchern stehen würde, oder auch nur in Wikipedia, sondern im Gegenteil nichts weiter als eine peinliche Niederlage.

Selbstverständlich
– könnte man sich zum Beispiel mit Deutschlandradio Kultur zurückziehen in die höheren Sphären der Bildung und

denen da unten ihre unstillbaren Triebe und ihr geselliges Treiben gönnen.
– könnte man beispielsweise den Empfehlungen des gebildeten Literaturliebhabers Rolf Vollmann folgen und sich unter den Hunderten von ihm vorgestellten Romanen in seinem zweibändigen Standardwerk »Die wunderbaren Falschmünzer« spontan in die schönsten verlieben und mit ihnen auf private Abenteuerreisen im Kopf gehen.
– könnte man sich beispielhaft unterhalten lassen mit wahnwitzig guten Parodien auf anderswo versendete Blödmacher bei *Switch reloaded* auf ProSieben.
– könnte man den öffentlich-rechtlichen Anarchisten Dennis Kaupp und Jesko Friedrich von *Extra Drei* (NDR) länger als die ihrer beispiellos gemeinen Kunstfigur Johannes Schlüter gestatteten zweieinhalb Minuten bei der Verarschung von Zeitgenossen mit sicht- und hörbar hohem A-Quotienten zusehen.
– könnte man mit wissbegierigen und wohlerzogenen Zöglingen auf Klassenfahrten zu den auf der ganzen Welt verteilten Stationen der Bildung gehen.
– könnte man am Beispiel vieler junger Frauen, die ihre Kleinen mit dem Kinder- statt dem Geländewagen in die Kita bringen, auch das Hohelied dieser Mütter singen und dann nach der letzten Strophe den anderen die Luft aus den Reifen lassen.
– könnte man am Beispiel von Zeitungen und Zeitschriften belegen, dass trotz hoher Qualität hohe Quoten erreichbar sind.
– könnte man die Frage, warum es nur so wenige Beispiele guter Unterhaltung gibt, mit der Erkenntnis von Karl Kraus beantworten, wonach bei niedrigem kulturellem Sonnenstand auch Zwerge riesige Schatten werfen.

Das Positive bleibt überall da greifbar nah, wo Gutes naheliegt. Es ist nicht nötig, in die Ferne schweifend den Nachtzug nach Lissabon zu besteigen und den Blöden kurz vor der Abfahrt ein letztes Mal auf die Köpfe zu schlagen, um sie Mores zu lehren, anständige Sitten. Mit verlockenden Ködern ließen sich bei klasse-losen Feinden erstaunliche Treffer erzielen, nicht nur, um sie zu versenken – das am liebsten, zugegeben –, sondern um sie so an den Haken zu nehmen und in Kulturbahnhöfe zu ziehen.

Mit nur ein bisschen bösem Willen ist es immer machbar, Spaß zu haben und bei jeder Gelegenheit jeden erreichbaren Topf zu deckeln und sich danach zumindest mal wieder erhaben zu fühlen. Eine kleine Gemeinheit ist reizvoll wie ein großes Lob.

Es ist zwar durchaus nicht ohne Reiz, ausgebildete Kampftruppen zu rekrutieren, statt ungebildete Rekruten zu trainieren und mit denen ins Feindesland zu fahren. Doch reizvoller wäre es, die Blöden zu verblüffen, statt sie mithilfe der Guten zu überfallen.

Vorwärts immer, rückwärts nimmer.

Benötigt wird dafür eine Art Sonderzug. Den finanzieren die Ministerien für Bildung, für Entwicklungshilfe, für Verkehr. Unterhalt und Personalkosten und regelmäßige Mahlzeiten für Bildungshungrige werden abgezweigt aus dem Solidarpakt II unter dem eingängigen Slogan »Aufbau Köpfe, Abbau Tröpfe«. Für den geplanten Kreuz-Zug gegen Verblödung Richtung Seichtgebiete ist der tatsächlich durchs Land fahrende Ausstellungszug »Expedition Zukunft« das Vorbild, der mit seinen Themenwaggons – Was kommt auf uns zu? Wo kommen wir her? Wie funktioniert das Gehirn? Wovon leben wir morgen? Wie schützen wir die Umwelt? – ebenfalls mit einem ausgeklügelten Gegenprogramm der mangelnden Lust aufs Denken entgegenfährt.

In den einzelnen Eisenbahnwaggons des speziellen Braintrains, mit dem die Expeditionen in die Seichtgebiete in diesem Buch enden, wird Kultur verkauft, als handle es sich um die dem gemeinen Volk vertraute Bückware. Als Schnäppchen angeboten werden zum Beispiel: Duftende Sprache. Berührende Melodien. Faszinierende Erzählungen. Blühende Bilder. Rockige Rhythmen.

So kann es gelingen, bei den jeweiligen Zwischenaufenthalten die Neugier der Massen zu wecken. Für deren Gehirnwäsche wird in allen Abteilen von den Besten der Guten die seit Shakespeare bewährte Methode angewendet – Aufklärung durch Unterhaltung! Die Verführung Minderjähriger zum Lesen, Hören, Denken, Fragen ist ihr oberstes Ziel. Im Schnellkurs ausgebildete kleine Gruppen von anschließend nicht mehr ganz so Blöden werden anschließend dann wieder da ausgesetzt, wo sie rein optisch nicht weiter auffallen. Sie können deshalb wie Fische im Wasser hemmungslos ihr neues Wissen einsetzen, ihre Familien indoktrinieren, ihre Mitschüler, ihre Nachbarn.

Die Frage, wo denn das Positive bleibe, wäre beantwortet.

Auf der Strecke blieben bei diesem Fahrplan nämlich nur die Blöden.

Ob das am Ende reicht?

Personenregister

Adamy, Wilhelm 90
Adenauer, Konrad 188
Adorno, Theodor W. 72
Alsmann, Götz 245
Anda, Bela 234
Andersen, Hans Christian 19, 239
Andrack, Manuel 171
Anhalt, Frederic von 222
Anhalt, Marcus von 223
Anhalt, Marie Auguste Prinzessin von 222

Bach, Dirk 140
Balder, Hugo Egon 51, 110
Ballack, Michael 176
Barth, Mario 62–70, 73, 75 ff., 81, 84, 135, 137, 140 f., 149, 154, 174, 185, 223, 227, 235
Bartsch, Dietmar 239
Barzel, Rainer 84
Baumann, Thomas 207
Bause, Inka 51, 143
Beatty, Warren 219
Beck, Kurt 188
Becker, Barbara 227
Becker, Boris 75
Beckmann, Reinhold 83
Beethoven, Ludwig van 158, 161
Benn, Gottfried 146
Bergen, Ingrid van 142
Bergmann, Wolfgang 99
Berlusconi, Silvio 39
Bessin, Ilka 56
Biolek, Alfred 37
Bisky, Lothar 239
Blanco, Roberto 228, 239
Blüm, Norbert 153
Bohlen, Dieter 54 f., 60, 73, 78 ff., 82 f., 100, 108, 135, 138 ff., 143, 149, 154, 172, 174, 181, 185, 215, 237 ff.
Bolz, Norbert 26
Borg, Andy 11, 143
Bradbury, Ray 186
Brandt, Willy 15, 84, 188, 210, 217
Brecht, Bertolt 159
Brender, Nikolaus 144, 206 f.
Brown, Gordon 214
Bruce, Lenny 65
Bueb, Bernhard 99
Bülow, Vicco von 65
Bushido 135, 144, 152, 154, 172
Buster, Dolly 228

Chaplin, Charles (»Charlie«) 65
Cicero, Marcus Tullius 189
Clinton, Hillary 243
Clüver, Bernd 143
Connery, Sean 170
Courths-Mahler, Hedwig 167

Darnell, Bruce 44, 152, 154, 173
Darwin, Charles 47, 56
Dean, James 24
Diekmann, Kai 237
Dietl, Helmut 77
Ditfurth, Christian von 178
Dittrich, Olli 36, 65, 238, 245
DJ Bobo 202
Dörrie, Doris 77

Eagleton, Terry 246
Eberhardt, Marcus siehe Anhalt, Marcus von
Effenberg, Claudia 235 f.
Effenberg, Stefan 173, 235 f.
Eligmann, Barbara 147 ff.
Elstner, Frank 35
Elvers-Elbertzhagen, Jenny 230
Engelke, Anke 35, 148 f., 244
Ensslin, Gudrun 210
Erhardt, Heinz 25

Farrag, Nadja Abd El, 99
Feldbusch-Pooth, Verona 149, 230
Ferres, Veronica 35, 52, 234
Fischer, Joschka 155, 188
Fliege, Jürgen 120
Frankenfeld, Peter 210
Frantz, Justus 234
Freiberg, Konrad 127
Friedman, Michel 65, 139
Friedrich, Jesko 249
Funke, Georg 159

Gabor, Zsa Zsa 222
Gabriel, Sigmar 188
Garbo, Greta 24
Geissen, Oliver 31, 57, 139 f., 190
Geller, Uri 54, 150
Glas, Uschi 230
Goethe, Johann Wolfgang von 30, 33, 159
Goody, Jade 212 ff.
Gottschalk, Thomas 35, 203
Gysi, Gregor 161, 235 f., 239

Haacke, Hans 162 f.
Habermas, Jürgen 72
Hagen, Nina 119
Hahne, Peter 25, 176
Handke, Peter 179
Hauff, Wilhelm 32
Heck, Dieter-Thomas 211
Heidenreich, Elke 47, 155

252

Heino siehe Kramm, Heino
Hellwig, Margot 51
Hellwig, Maria 51
Hendrix, Jimi 24
Henkel, Gabriele 221
Henkel, Hans-Olaf 49
Henzler, Dorothea 189
Herman, Eva 234
Herres, Volker 195, 209
Hilton, Paris 212
Himmler, Heinrich 121
Hinterseer, Hansi 51, 143
Hirschhausen, Eckart von 43
Hitler, Adolf 121, 221
Hohenzollern, »Foffi« Prinz von 233
Hold, Alexander 143
Homer 186
Honecker, Erich 186
Huber, Joachim 152
Hunziker, Michelle 99
Huth, Axel 244

Illic, Bata 143
Immendorf, Jörg 161

Jackson, Michael 52
Jauch, Günther 36, 178, 183, 203, 207, 245
Johic, Dzevad 129 f.
Joop, Wolfgang 82
Jünger, Ernst 72
Jürgens, Udo 160

Kachelmann, Jörg 51
Kahl-Passot, Susanne 106 f.
Kallwass, Angelika 190
Kammann, Uwe 34
Kant, Immanuel 114 f., 118, 120, 129, 133
Kaufmann, Christine 73
Kaupp, Dennis 249
Kerkeling, Hape 171, 207
Kerner, Johannes B. 38, 203
Kessler, Katja 237
Kiefer, Anselm 161
Kinski, Klaus 73
Klinkenberg, Ruth 169
Klose, Hans-Ulrich 188
Klum, Heidi 54, 60, 73, 80 ff., 140, 149, 154

Knef, Hildegard 219
Knigge, Adolph Franz Friedrich Freiherr von 145
Koch, Roland 144, 205
Kocks, Klaus 128
Kohl, Helmut 178, 188
Koons, Jeff 170
Kramm, Hannelore (geb. von Auersperg) 236 f.
Kramm, Heino 236 f.
Kraus, Karl 170, 249
Kraus, Sonya 175 f.
Krenz, Egon 188
Kulenkampff, Hans-Joachim 210
Kürthy, Ildiko von 170
Kuttner, Sarah 170

Lafontaine, Oskar 239
Lagerfeld, Karl 82
Lammert, Norbert 161
Lanz, Markus 38
Le Carré, John 160
Ledig-Rowohlt, Heinrich Maria 179
Lembke, Robert 49
Lenin, Wladimir Iljitsch 123
Lewinsky, Charles 197
Leyen, Ursula von der 144, 149, 151, 188
Lichtenberg, Hans-Robert siehe Anhalt, Frederic von
Lilienthal, Volker 198
Lind, Hera 120, 235
Lindenberg, Udo 159
Lindner, Patrick 228
Lorenzo, Giovanni di 84
Lückemeier, Peter 173, 239
Ludowig, Frauke 143, 151
Lüpertz, Markus 161

Maischberger, Sandra 83
Mann, Thomas 161, 167
Marx, Karl 72, 76, 123
Maschmeier, Carsten 234
Matthäus (Evangelist) 63
Matthäus, Lothar 52
Mazza, Alexander 57

Mehdorn, Hartmut 131
Meiser, Hans 119
Menge, Wolfgang 210 f.
Mentzel, Achim 120
Merkel, Angela 161, 220
Metzger, Oswald 106
Meyer, Stephenie 170
Meyer-Wölden, Sandra (»Sandy«) 235
Meysel, Inge 234
Mißfelder, Philipp 106
Mittermeier, Michael 65
Monroe, Marilyn 24, 73
Mooshammer, Rudolph 222
Morrison, Jim 24
Mozart, Wolfgang Amadeus 160
Müller, Ina 36, 245
Müller, Wolfgang 32 f.
Müntefering, Franz 188

Naumann, Michael 155
Nell-Breuning, Oswald von 72
Neumann, Bernd 141 f., 145–152
Neuss, Wolfgang 32 f.
Niebel, Dirk 151
Niggemeier, Stefan 54
Nipkau, Frank 165

Obama, Barack 243
Ochsenknecht, Cheyenne Savannah 77
Ochsenknecht, Jimi Blue 77
Ochsenknecht, Rocco Stark 77
Ochsenknecht, Uwe 77
Ochsenknecht, Wilson Gonzales 77
Ohoven, Mario 232
Ohoven, Ute 232

Pau, Petra 150 ff.
Picasso, Pablo 170, 247
Piel, Monika 35 f.
Pilawa, Jörg 35, 51, 145, 150, 190, 245
Pocher, Oliver 33 ff., 140, 147, 149, 151

Podolski, Lukas 176
Polak, Oliver 65
Pooth, Franjo 230
Pooth, Verona siehe Feldbusch-Pooth, Verona
Porter, Cole 33
Posener, Alan 237
Presley, Elvis 73

Qualtinger, Helmut 170

Raab, Stefan 34f., 48
Rach, Christian 38f., 162
Reich-Ranicki, Marcel 42, 103, 242
Reitze, Bettina 207
Richling, Mathias 65
Riefenstahl, Leni 58
Riekel, Patricia 227
Roche, Charlotte 144, 152, 170
Roll, Evelyn 225
Rome, Sydne 58
Rourke, Mickey 232
Ruiz Zafón, Carlos 155
Rüttgers, Jürgen 188

Saalfrank, Katharina 150
Salesch, Barbara 143
Salinger, Jerome. D. 24
Sarrazin, Thilo 156f.
Sassoon, Vidal 219
Schächter, Markus 205
Schäfer, Bärbel 139f., 154
Schäferkordt, Anke 142, 148f., 152, 215f.
Schäuble, Wolfgang 161
Schavan, Annette 144, 149, 151
Schily, Otto 155

Schirrmacher, Frank 144
Schmidt, Harald 34, 140, 244
Schmidt, Helmut 82 ff., 185, 188
Schneider, Jürgen 160
Schneider, Romy 219
Schöneberger, Barbara 35, 245
Schreiber, Thomas 34, 207
Schreyl, Marco 11, 50
Schröder, Gerhard 161, 188, 221, 227, 234
Schrowange, Birgit 57, 143
Schwanz, Nicoletta 142
Schweiger, Til 170
Scobel, Gert 141f.
Seeger, Matthias 126f.
Seneca, Lucius Annaeus 90
Shakespeare, William 32f., 251
Siegel, Dagmar 230
Siegel, Giulia 230
Siegel, Ralf 230
Silbereisen, Florian 50, 153
Simonis, Heide 153
Sinatra, Frank 56
Sitte, Willi 161
Sodann, Peter 239
Sontag, Susan 186
Sperber, Manès 167
Stahnke, Susan 234
Steinbrück, Peer 160
Stoiber, Edmund 205
Struve, Günter 152, 191 ff., 198 ff., 208 ff., 216 f.

Tauber, Richard 224
Teubner, Manfred 203

Thompson, Mark 205
Toelle, Tom 210f.
Tuma, Thomas 79

Unseld, Siegfried 179
Updike, John 231
Ustinov, Peter 65

Varus, Publius Quinctilius 242
Volkert, Klaus 160
Vollmann, Rolf 249

Waalkes, Otto 67, 236
Wagner, Richard 161
Walz, Udo 219f., 225, 227, 238
Wehner, Herbert 84
Wendt, Rainer 127
Westermann, Christine 245
Westerwelle, Guido 146f., 161, 188
Whittaker, Roger 56
Wieczorek, Thomas 232
Wild, Gina 228
Willemsen, Roger 46f.
Winterhoff, Michael 99
Witt, Katarina 54, 57, 140, 149, 151
Woolf, Virginia 167
Wowereit, Klaus 161, 188, 225 ff.

Zadek, Peter 161
Zeiler, Gerhard 216f.
Zola, Emile 169f.
Zumwinkel, Klaus 159, 182

Medien- und Titelregister

Adel sucht Braut 147
»Der A-Quotient: Theorie und Praxis des Lebens mit Arschlöchern« (Buch; C. Lewinsky) 198
ARD 10f., 27, 34ff., 44, 49, 51, 54, 60, 95, 144, 152, 193–211, 245
Are U Hot (Viva) 56f.
Arte 24, 26–31, 41f., 45, 47, 98, 168, 200
Augsburger Puppenkiste (ARD) 245

Bauer sucht Frau 147
»Baustelle Body« (Buch; S. Kraus) 175f.
»Baustelle Mann« (Buch; S. Kraus) 175
BBC (GB) 205f.
Bertelsmann (Medienkonzern) 60, 177, 217
Big Brother (GB) 212ff.
Big Brother (RTL 2) 109, 119, 146, 154, 212ff.
Biggest Loser 54, 151
»Bild«-Zeitung 23, 46, 162, 165, 174, 221f., 229, 236f., 239, 242, 245
»Der Bohlenweg – Planieren statt Sanieren« (Buch; D. Bohlen) 174, 181
Boulevard Deutschland 35
Brisant (ARD) 222
Britt 147
»Bunte« 221ff., 229, 237, 245

»Charade« (Buch; H.-U. Klose) 188
Cosmic Quantum Ray – relativ viel wissen (ARD/ZDF) 244

»Deutsche Geschichte für Dummies« (Buch; C. von Ditfurth) 178
»Deutsch–Frau/Frau–Deutsch: Schnelle Hilfe für den ratlosen Mann« (Buch; M. Barth) 72
Deutschland sucht den Superstar (RTL) 11, 36, 54, 79, 94, 100, 109, 139, 149, 162, 192
DMAX 57
Doctor's Diary (RTL/ORF) 34
»Drama, Baby, Drama« (Buch; B. Darnell) 173
3sat 24, 26–31, 40, 42, 45, 47, 142, 175, 200, 208
Dschungelcamp siehe *Ich bin ein Star, holt mich hier raus!*
DuMont (Verlag) 171

Echt gerecht (Super-RTL) 57, 150
Effenbergs Heimspiel (RTL) 235
»Ein Sozialdemokrat« (Buch; K. Beck) 188
Exklusiv (RTL) 215
Explosiv (RTL) 35, 215
Extra (RTL) 215
Extra Drei (NDR) 34, 249

»Fahrenheit 451« (Buch; R. Bradbury) 186
FAS siehe »Frankfurter Allgemeine Sonntagszeitung«
FAZ siehe »Frankfurter Allgemeine Zeitung«
»Feuchtgebiete« (Buch; C. Roche) 170
»Frankfurter Allgemeine Sonntagszeitung« 173, 239

»Frankfurter Allgemeine Zeitung« 99
»Frankfurter Rundschau« 128, 209, 219f.
Frauentausch (RTL) 147
Frontal 21 (ZDF) 208

»Gala« 222, 229
»Die Gartenlaube« 173
»Das Geld« (Buch; E. Zola) 169f.
Germany's next Showstar (ProSieben) 202
Germany's Next Topmodel (ProSieben) 54, 94, 100, 150, 162
Das Glücksrad (Sat.1) 175
»Gong« 139
Grip (RTL 2) 56
Guinness-Buch der Rekorde 76
»Haargenau. Mein Leben für die Schönen« (Buch; U. Walz) 219
Heyne (Verlag) 181
Hilde (Film) 219
Holocaust – die Geschichte der Familie Weiss (ARD) 60f.
Hund sucht Hütte 150

Ich bin ein Star, holt mich hier raus! (RTL) 43, 46, 52, 150, 192, 217
»Ich hab's allen gezeigt« (Buch; S. Effenberg) 173
Ich kann Kanzler (ZDF) 147, 192

Kabel eins 26, 60, 119, 152, 192
KiKa (ARD/ZDF) 27, 244
Kulturzeit (3sat) 24, 175

Lafer! Lichter! Lecker! (ZDF) 37

»Leid – warum lässt Gott das zu?« (Buch; P. Hahne) 176
Lesen (ZDF) 155
Leute Heute (ZDF) 35, 203
»Literaturen« 169
Livin TV (GB) 214
»Lob der Disziplin« (Buch; B. Bueb) 99

»Macht Politik« (Buch; F. Müntefering) 188
»Mängelexemplar« (Buch; S. Kuttner) 170
Männer (Film) 77
Männersache (Film) 68
Marienhof (ARD) 208
MDR 54 ff., 152
»Mein Berlin« (Buch; U. Walz) 219
Das *Millionenspiel* (ARD) 210 f.
Mister Perfect (Sat.1) 57
Mitten im Leben 150
Monitor (ARD) 207
Die Mörderpuppe (Film) 91
Musikantenstadl (ARD) 11

Nachtjournal (RTL) 215
Neues aus der Anstalt (ZDF) 36, 203
9Live 52, 56

»OK« (Magazin, GB) 214
ORF 34, 42

Panorama (ARD) 165, 207
Papa gesucht 147 f.
Phoenix 98, 142, 200
ProSieben 10, 24, 26, 31, 57, 60, 73, 82, 95, 119, 144, 151 f., 171, 182, 200, 202, 217
Punkt 12 (RTL) 215

Random House (Verlagsgruppe) 172
Riverboat (MDR) 34, 152, 208 f.
Rote Rosen (ARD) 208
RTL 10 f., 16, 24, 26, 31, 34, 36, 43 f., 52 f., 57, 60, 67, 73, 80, 82, 94 f., 115, 119, 142, 144, 152, 171, 182, 194, 197, 200, 203, 215, 217, 235 f., 245
RTL aktuell (RTL) 215
RTL 2 47, 56, 60, 73, 94, 192

SAM 35
Das Sandmännchen (ARD) 245
Sat.1 10, 16, 24, 26, 31, 35 f., 57, 60, 73, 94 f., 119, 144, 152, 171, 182, 194, 197, 200
»Schatten des Windes« (Buch; C. Ruiz Zafón) 155 f.
Schillerstraße (Sat.1) 36
Schtonk (Film) 77
Der Schuldendoktor 150
Die Sendung mit der Maus (ARD) 245
Sesamstraße (ARD) 158, 245
Shampoo (Film) 219
»Spiegel« 79, 99
Spiegel TV (RTL) 215
SRG (Schweizer TV-Sender) 197
Stern TV (RTL) 215
Sturm der Liebe (ARD) 208
Style-Show (ARD) 44
»Süddeutsche Zeitung« 100, 197 f., 225
»Super Illu« 229
Super Nanny (RTL) 105
Super RTL 52 f., 57, 60, 89, 94 f., 168, 192
Superstar siehe *Deutschland sucht den Superstar* (RTL)
Superstar-Extra (RTL) 28
Switch Reloaded (ProSieben) 40, 249

Tagesschau (ARD) 199
»Tagesspiegel« (Zeitung, Berlin) 152, 169 f.
Tagesthemen (ARD) 53
Tierische Schnauzen (ZDF) 203
»Titanic« (Satiremagazin) 64

Das Traumschiff (ZDF) 203
Tutti frutti (RTL) 110

»Und das ist auch gut so« (Buch; K. Wowereit) 188

Unsere Besten (ZDF) 192

»Die verblödete Republik« (Buch; T. Wieczorek) 232
Verbotene Liebe (ARD) 208
Viva 56 f., 94
Voll Total 53, 150
VOX 10, 26, 31, 60, 73, 94, 120, 144, 152, 200

»Warum unsere Kinder Tyrannen werden« (Buch; M. Winterhoff) 99 f.
Was bin ich? (ARD) 49
WDR 35, 207, 211
»Welt am Sonntag« 237
»Welt Online« 238
Wer wird Millionär? (RTL) 36, 192, 216, 245
Wetten dass ...? (ZDF) 75
Willkommen bei Carmen Nebel (ZDF) 203
»Die Witwen von Eastwick« (Buch; J. Updike) 231
Das Wirtshaus im Spessart (Film) 32 f.
»Die wunderbaren Falschmünzer« (Buch; R. Vollmann) 249

»Der Zauberberg« (Buch; T. Mann) 161
ZDF 10, 27. 34 ff., 49, 60, 75, 95, 144, 152, 176, 194 f., 197 f., 200, 202 ff., 206 ff.
Zehn Jahre jünger (RTL) 43 f.
»Die Zeit« 84, 99, 165
Zimmer frei (WDR) 35, 207, 245
Zuhause im Glück 150
Zwei bei Kallwass (Sat.1) 147